Colección Tablero

La agricultura española ante los retos de la biotecnología

Francisco García Olmedo
Gonzalo Sanz-Magallón
Enrique Marín Palma

La agricultura española ante los retos de la biotecnología

Prólogo de Pedro Barato

Instituto de Estudios Económicos

C/ Castelló, 128 - 6.ª planta • 28006 Madrid
ISBN: 84-88533-50-0
Depósito legal: M. 13.898-2001

Compuesto y maquetado por JPM GRAPHIC, S.L.
C/ Martínez Izquierdo, 7 • 28028 Madrid

Diseño de la cubierta por RAFO HERNÁNDEZ

Impreso por IMPRESOS Y REVISTAS, S.A.
C/ Herreros, 42 • Getafe (Madrid)

Printed in Spain • Impreso en España

Índice

CAPÍTULO TERCERO

CONSIDERACIONES JURÍDICAS
DE LA BIOTECNOLOGÍA APLICADA AL SECTOR AGRARIO

Prólogo

Desde el punto de vista científico el siglo XXI ha comenzado con la noticia de la revelación del genoma humano y las grandes posibilidades que ello abre para su aplicación en la cura de enfermedades que hoy consideramos incurables o de las cuales el conocimiento de los mecanismos internos desencadenantes no son conocidos. Pero junto a esta esperanzadora noticia, la biotecnología viene proporcionando en los últimos años importantes avances en las ramas de la medicina, la salud, la industria o la agricultura. En esta última, son varias las especies y los campos en los que se está investigando para proporcionar a la humanidad el alimento necesario que consiga suprimir el hambre del planeta; a la agricultura, variedades más adaptadas a las distintas condiciones medioambientales o tendentes a la reducción de ciertas labores o productos fitosanitarios, y a los consumidores, más y mayor diversidad de opciones para su nutrición en el más amplio de los sentidos. Por todo ello, no puede ser más oportuna la iniciativa del Instituto de Estudios Económicos de editar una obra como la que tengo el honor de prologar.

Soy consciente de que la biotecnología y sus aplicaciones para la agricultura nos proporcionarán, en un futuro más o menos breve, una nueva forma de producir donde se tienda a optimizar los recursos disponibles y a permitirnos producciones en unas condiciones que hoy en día, por los procedimientos tradicionales de mejora, precisarían de períodos mucho más largos de tiempo. Esta técnica nos debe servir a los agricultores para, en un futuro inmediato, disponer de varias opciones de producción, para que cada profesional se dedique a producir de la forma en que se encuentre más cómodo, respetando y salvaguardando los otros sistemas productivos, el medio ambiente y la libertad de los consumidores para elegir en sus compras.

Estoy absolutamente convencido de que una mayor, y sobre todo, mejor información de los consumidores acerca de los procesos de obtención de variedades a través del uso de la ingeniería genética comparada con la mejora clásica, hará posible el avance de los productos biotecnológicos producidos por los agricultores, ganaderos o forestales. A esa transparencia y formación de los consumidores españoles contribuye esta obra, en la que sus autores, Francisco García Olmedo, Gonzalo Sanz-Magallón y Enrique Marín Palma, aportan toda su experiencia y conocimientos para conseguir un verdadero manual de biotecnología que supera a todas las publicaciones existentes hasta ahora, porque no se limita a estudiarla desde un solo punto de vista, sino que se aborda simultáneamente desde la pura técnica, el interés económico y toda la regulación jurídica que afecta a los productos de la biotecnología.

Desde que el hombre empezó, hace unos diez mil años, a domesticar las plantas que hasta entonces sólo recolectaba, se han realizado muchos progresos en las producciones de los agricultores; algunas de ellas supusieron auténticas revoluciones en su momento, pero sin ellas no hubiéramos podido llegar a tener una agricultura competitiva como la actual. Por el camino hubo que salvar obstáculos como la aclimatación de especies cultivadas en zonas distantes de sus áreas de origen, o la selección orientada hacia unas determinadas propiedades o actitudes deseadas por los investigadores o los cultivadores, etc. Durante el siglo XX los híbridos intraespecíficos o interespecíficos contribuyeron a mejorar los rendimientos y el vigor de las semillas cultivadas. La incorporación de la ingeniería genética a la obtención de nuevas variedades, y las posibilidades que ello proporciona, es el reto que ya es realidad en más de cuarenta millones de hectáreas a nivel mundial, y probablemente sea el objeto principal de la mejora vegetal en los próximos años.

En este horizonte, la presente publicación del IEE hace un esfuerzo por aclarar al lector la nueva terminología empleada para nombrar los resultados o los procesos que supone la introducción de la biotecnología en la consecución de variedades y productos. En la misma línea, el libro hace un esfuerzo por recapitular las aplicaciones biotecnológicas y pone al alcance de todos, con un lenguaje sencillo, algunas de las principales cuestiones que rodean a la obtención, el uso y el empleo de las variedades obtenidas mediate ingeniería genética.

La evaluación del riesgo de la utilización de los productos de la biotecnología y el concepto de equivalencia sustancial son tratados con claridad y realidad, huyendo de interpretaciones catastrofistas que frenan la extensión de esta nueva técnica a algunos países y la posibilidad de producir alimentos más baratos que sean asequibles para más personas.

El análisis de la producción agraria a partir de material conseguido mediante procedimientos biotecnológicos no podía escapar a un libro como éste, pero, huyendo de quedarse en generalidades, hace una aproximación a la realidad actual y potencial en España del impacto de estas producciones. En cualquier caso, el éxito de estos productos pasará por conseguir la confianza de los consumidores hacia ellos, hacia el sistema productivo y hacia los controles y la capacidad para realizarlo de las autoridades encargadas de su ejecución. A esas autoridades es a las que corresponde sopesar individualmente las ventajas y los riesgos de cada nuevo producto obtenido por ingeniería genética que se pretenda producir y comercializar. Por encima de otras consideraciones, se antepone la seguridad medioambiental y la salud de los consumidores.

Los autores son conscientes de que, pese al notable desarrollo de las superficies sembradas con semillas genéticamente modificadas (GM), son sólo un pequeño avance frente a las posibilidades que ofrece la biotecnología y anticipa la aparición próxima de variedades doblemente resistentes a insectos y herbicidas, sintetizadoras de moléculas, etc., lo que, desde nuestro punto de vista de agricultores, contribuirá de forma notoria a la aparición de un nuevo tipo de agricultura «factoría», donde el hombre pueda modificar las características de las plantas de forma que se consigan variedades con aquellos contenidos nutritivos o comportamientos que se deseen por la industria transformadora o el mercado. La capacidad de desarrollo de nuevos sistemas de producción y una potente estructura comercial son necesarios para que el valor añadido por las nuevas variedades no se pierda, de modo que los agricultores podamos recibir ese diferencial de precio por la mejora cualitativa introducida.

El análisis de la demanda y la extensión del conocimiento sobre los productos transgénicos precisarán de mayores dotaciones para su divulgación, porque sólo con un mejor conocimiento la respuesta de los consumidores y agricultores será mayor hacia estos cultivos y productos, que, como cualquier novedad, precisan de un tiempo más o menos largo antes de ser aceptados y generalizada su utilización.

Los requerimientos tecnológicos y legales que se exigen para la obtención de variedades GM, sobre todo en el área de la UE, están limitando el interés y las posibilidades de investigación sólo a algunas grandes empresas o instituciones con capital público. Por ello, coincido con los autores en la necesidad de aumentar las inversiones para dotar de medios a los centros públicos de investigación españoles, para ampliar la competencia entre las obtenciones, y que las variedades puedan ser seguidas en su evolución en años posteriores a su aprobación con el objeto de que siempre se salvaguarde su comportamiento no lesivo para las personas o el medio ambiente. Pese al esfuerzo realizado en los últimos años, las cantidades que el Estado español destina para ayudar y promover la investigación son todavía modestas en relación con los principales países de nuestro entorno. Vale la pena hacer un esfuerzo presupuestario en materia de I+D, o I+D+I, si con ello se consigue no perder el tren biotecnológico agrario, lo que podría acarrear importantes pérdidas de rentas en los próximos años y la dependencia exterior en unos productos imprescindibles para la producción y el ejercicio de la actividad agrícola.

Los precios de estas nuevas semillas deberían mantenerse, según nuestra opinión, en niveles razonables con los de las variedades tradicionales, e incluso su introducción debería suponer un ahorro en el coste de este medio de producción. Desde mi punto de vista, precio y resultados, en el más amplio sentido, deben ser los parámetros que determinen el éxito o el fracaso de estos cultivos en lo que se refiere a su aceptación por los agricultores españoles.

El lector puede comprobar, con la lectura de este verdadero manual, la cantidad de información, posiciones y datos que se manejan en torno a la biotecnología y sus productos. Lo novedoso de esta técnica exige una regulación que proporcione tranquilidad a los usuarios y a los productores de estas nuevas obtenciones. En este ámbito, la tercera parte de este manual aborda de forma sencilla la tarea de informar sobre toda la regulación y las consideraciones jurídicas que rodean a las pruebas, ensayos y comercialización de los productos GM, así como la diferente sensibilidad observada entre los distintos Estados o áreas comerciales respecto a estos productos.

La evolución de estas regulaciones en el tiempo ha ido incorporando nueva metodología, posibilidades técnicas de identificación de productos y alimentos, sus aprovechamientos y destinos, etc. Se ha pasado de una normativa vinculada a la regulación de los Estados, a una legislación común emanada de los órganos decisorios en las áreas más importantes, que se puede distinguir a nivel mundial. No quiero olvidarme de los grandes acuerdos supranacionales que, de forma directa o indirecta, también afectan al desarrollo de la biotecnología, como, por ejemplo, el Protocolo de Biodiversidad, que trata de poner un poco de orden en la cesión del material vegetal de base por los Estados donantes, garantizando la conservación de una fuente de diversidad que puede ser sumamente interesante en caso de que se produzca algún desequilibrio grave en los recursos utilizados para la defensa contra plagas y enfermedades o para la mejora de las calidades de las distintas especies utilizadas en la agricultura y la agroindustria.

El rápido desarrollo de la biotecnología exige que la legislación se adecue rápidamente, tratando de que los desfases sean los menores posibles, y, como proponen los autores, se eviten posibles disparidades en las regulaciones nacionales que originan condiciones de competencia desigual.

PEDRO BARATO
Presidente de ASAJA

CAPÍTULO PRIMERO

Biotecnología agrícola

Francisco García Olmedo
Catedrático de Bioquímica y Biología Molecular
Universidad Politécnica de Madrid

I. INTRODUCCIÓN

Este capítulo tiene por objetivo dar una visión sucinta sobre los nuevos avances de la biotecnología en relación con la práctica agrícola, como preámbulo del tratamiento de los aspectos económicos y legales del tema, especialmente referidos estos últimos a las circunstancias de nuestro país. Para cumplir dicho objetivo, se pretende resumir —en el lenguaje más sencillo posible— conceptos e ideas que hemos desarrollado de forma más extensa en otras publicaciones (García Olmedo, 1998; 2000a,b; 2001). Para una visión más amplia de la biotecnología molecular y de la mejora genética clásica puede acudirse a algunos textos recientes (Hayward *et al.*, 1993; Glick y Pasternak, 1998; Cubero, 1999; Izquierdo Rojo, 1999).

En el ámbito tecnocientífico, el final del siglo XX viene marcado por dos revoluciones, una biológica y otra informática. La biológica se apoya en dos pilares: la capacidad de leer genomas completos de los seres vivos y la de transferir genes por ingeniería genética, más allá de las barreras sexuales de la especie.

En las aplicaciones de la ingeniería genética a las plantas cultivadas se han realizado mayores progresos que en las relativas a los animales, a pesar de que el problema de la transformación se resolvió antes en los animales que en las plantas. En la actualidad se cultivan plantas transgénicas en más de 40 millones de hectáreas, distribuidas por una docena de países. Este avance se ha dado en las plantas porque se prestan más fácilmente que los animales a las alteraciones transgénicas, al ser organismos menos integrados funcionalmente y más plásticos desde el punto de vista genético.

Los últimos avances científicos y técnicos que se han incorporado a este proceso son el resultado de los nuevos conocimientos sobre las plantas que han propiciado la biología molecular y las posibilidades experimentales que ofrece la ingeniería genética vegetal. Los métodos moleculares no han de sustituir a la ya madura tecnología establecida, sino que la complementan y le confieren nuevas posibilidades de aplicación. Antes como ahora, lo relevante es la naturaleza de la alteración genética introducida —la característica modificada— y no el método empleado para conseguirlo.

Antes de adentrarnos en la descripción de la nueva tecnología es preciso establecer cuáles son los retos a los que pretende responder, así como hacer historia de la evolución de la tecnología genética a lo largo de los diez milenios transcurridos desde el invento de la agricultura.

II. RETOS ACTUALES DE LA AGRICULTURA

La humanidad está mejor alimentada que nunca y la proporción de hambrientos ha disminuido, aunque no tanto como sería de desear. El número de personas con hambre estricta en África, Asia y América del Sur pasó de 935 millones en 1970 a 730 millones en 1990, a pesar de que en esas regiones casi se duplicó la población. Para el año 2020 se estima que la cifra de hambrientos podría reducirse hasta unos 600 millones de personas. Aun así, la desnutrición supone una de las mayores lacras actuales de la humanidad.

Los incrementos anuales en la producción de alimentos se están atenuando y factores esenciales de la producción agrícola, tales como la energía, el agua dulce y el suelo laborable, están al límite de su disponibilidad. Aunque se está retardando el crecimiento de la población mundial, la proyección más optimista para el año 2025 se cifra unos 7.800 millones de personas.

El principal factor limitante de la producción agrícola es el agua de riego. Ya se está destinando más del 54% del agua dulce accesible a usos humanos: agrícolas, industriales y urbanos. En la actualidad, 550 millones de personas padecen escasez de agua para sus usos más esenciales y para el año 2025 pueden ser 3.000 millones los que se encuentren en esa situación. Todas estas consideraciones excluyen que el futuro incremento de la producción agrícola pueda venir sustancialmente de nuevas puestas en regadío. Solamente hay margen para mejorar la eficiencia del uso que estamos haciendo de este recurso, pero no para aumentar significativamente la cantidad global disponible.

Algo similar ocurre con el suelo laborable. Hace 40 años disponíamos de alrededor de media hectárea de suelo agrícola por persona. En la actualidad sólo se dispone de poco más de la mitad de esa cifra y dentro de cuarenta años es probable que la reducción alcance hasta un décimo de hectárea por persona. Esto es el resultado del aumento demográfico y de la dificultad de conseguir un aumento neto del suelo laborable.

Si queremos salvar nuestro futuro alimentario no queda más opción que aumentar la productividad, pero una agricultura intensiva como la que se va a requerir no puede basarse en la tecnología actual. El uso intensivo de fertilizantes y de productos agroquímicos tiene un indudable impacto ambiental negativo.

Se hace necesaria la obtención de nuevas variedades de mayor rendimiento, menos sensibles a factores adversos y que requieran menos tratamientos agroquímicos. Además, para estos tratamientos se deberán utilizar productos de nueva generación: más activos (eficaces a dosis menores que los actuales), más específicos (que no afecten a otros organismos distintos del nocivo) y biodegradables (que no se acumulen en el medio ambiente). En conclusión, los dos retos principales de la agricultura son la obtención de un mayor rendimiento por hectárea y el logro de una mayor compatibilidad con el medio ambiente: una agricultura más productiva y más limpia.

III. CIEN SIGLOS DE MEJORA GENÉTICA VEGETAL

1. La domesticación de las plantas cultivadas

La domesticación de las especies vegetales que hoy cultivamos fue el elemento culminante de la invención de la agricultura, invento que supuso el ensamblaje de aportaciones técnicas muy diversas. Para poner ciertas especies silvestres bajo su dominio, el ser humano debió introducir cambios sustanciales en los genomas de éstas. Dichos cambios fueron *contra naturam* desde el principio, hasta el punto de que las especies domesticadas perdieron su capacidad de vivir por sí solas en la naturaleza y, en este sentido, dejaron de ser «naturales».

Las alteraciones genéticas introducidas afectaron a caracteres de interés agronómico fundamental, cada uno de ellos dependiente de uno o pocos genes: semillas que no se dispersan en la madurez y que germinan de modo uniforme; frutos y semillas de mayor tamaño y maduración uniforme, o plantas de porte erecto. Algunos de estos caracteres fueron los que afectaron de forma severa a la posibilidad de supervivencia en vida libre de la especie domesticada.

Así, por ejemplo, un cereal cuya espiga no disperse la semilla en la madurez (raquis tenaz) o una leguminosa que tenga dañado el mecanismo automático de apertura de la vaina al madurar son susceptibles de ser recolectadas, pero al mismo tiempo tienen severamente menguada su posible supervivencia en el medio natural porque ésta depende de una eficaz diseminación de la descendencia. Algo similar ocurre si las semillas tienen dañado el mecanismo de dormancia que determina su germinación escalonada: germinan sincrónicamente, a gusto del agricultor, pero son en extremo vulnerables en vida libre, ya que una primera humedad a destiempo puede acabar con su estirpe.

La domesticación alteró también las propiedades moleculares de los alimentos recolectados. En efecto, los frutos, semillas, raíces y tubérculos de las especies silvestres no parece que fueran creados para el sustento de la especie humana, a juzgar por las altas concentraciones de sustancias tóxicas e inhibitorias que poseen. Los humanos primitivos ya sabían que «natural» no es sinónimo de bueno o inocuo. Así, por ejemplo, la patata domesticada tiene bloqueada la ruta de síntesis de un alcaloide tóxico que en la silvestre se acumula a razón de un gramo por kilogramo de peso fresco.

Se operó en todos los casos sobre alteraciones accidentales de los genes, llamadas mutaciones, que, al ser deletéreas, no hubieran perdurado en la descendencia sin su concurso. Mucho más tarde se aprendería a favorecer la aparición de dichas mutaciones mediante agentes físicos o químicos (radiaciones, mutágenos) y recientemente, gracias a la ingeniería genética, se ha logrado dirigirlas con gran precisión. Con independencia de la forma de obtenerla, el resultado de una mutación es la alteración de un gen y, por tanto, del carácter que éste determine. En consecuencia, lo importante es la naturaleza de la alteración y no el método seguido para lograrla.

2. La etapa precientífica

Los mismos procedimientos genéticos que posibilitaron la domesticación sirvieron para introducir cambios adicionales en el genoma que mejoraron la aptitud para el cultivo y la adaptación de la especie doméstica a nuevos hábitats. Así, por ejemplo, la patata se importó por los españoles a Europa hacia 1570, pero tardó casi tres siglos en convertirse en una de las cosechas fundamentales del continente. Para implantarse en Europa, esta cosecha no sólo debió vencer los temores irracionales de sus habitantes, que preferían morir de hambre antes que consumirla, sino que debió someterse a alteraciones genéticas significativas: hubo de ser adaptada al régimen de día largo y a las condiciones de cultivo de los distintos sistemas agrícolas europeos.

A finales del siglo XVIII existían unas cuarenta variedades de patata en Europa que diferían entre sí en caracteres tales como el tamaño y la forma del tubérculo, la pigmentación de la flor y de la piel del tubérculo, la maduración temprana o tardía, buenas o malas propiedades de almacenamiento e incluso la susceptibilidad a ciertas enfermedades. Toda esta variabilidad tenía como punto de partida un repertorio genético muy reducido, ya que fueron muy pocas las plantas (genotipos) importadas de América.

En el curso del siglo XVIII se generaliza el intercambio de material vegetal y el aprecio de las mejores variedades, tanto de especies leñosas como de herbáceas. Siguiendo con el mismo ejemplo, los mismos cultivadores descubren el inconveniente de producir la patata de siembra en su propia explotación y las ventajas de importar material sano desde zonas apropiadas. Estas circunstancias estimulan dos actividades fundamentales para la mejora vegetal: la aplicación a ésta del método científico y el comienzo de una actividad comercial importante basada en ella.

En 1727 se creó la empresa de semillas Vilmorin en Francia, que ha perdurado hasta nuestros días. Louis de Vilmorin, miembro de la familia fundadora, ideó la prueba del pedigrí, método de evaluación de genotipos o de variedades basado en los rendimientos de sus descendencias, que habría de dar excelentes resultados. Entre los logros importantes basados en este método destaca la mejora de la remolacha azucarera durante el período napoleónico.

El alemán Margraff observó en 1747 la presencia de azúcar (sacarosa) en las raíces de la remolacha, y su discípulo Achard desarrolló el procedimiento para su extracción industrial. Además, este último sometió a selección la variedad forrajera Blanca de Silesia, elevando su contenido en azúcar del 6 al 11%. Introducida esta variedad en Francia a principios del siglo XIX, los Vilmorin lograron elevar dicho contenido hasta el 16% mediante la aplicación del método del pedigrí.

La introducción de la hibridación en la mejora tuvo una enorme transcendencia porque supuso una forma de aumentar grandemente la variabilidad a partir de la cual se selecciona. En efecto, a partir de dos variedades —que han ido acumulando alteraciones genéticas por las infrecuentes mutaciones espontáneas— puede generarse por hibridación una enorme gama de nuevas combinaciones de dichas mutaciones (no es éste el lugar de explicar cómo ocurre lo que se denomina recombinación). Entre las nuevas combinaciones pueden seleccionarse aquellas que posean mejores propiedades agronómicas. Esta forma de generar variabilidad genética sigue siendo el motor de la mejora vegetal al cabo de más de dos siglos.

3. Después de Mendel y Darwin

En la segunda mitad del siglo XIX ocurre el descubrimiento de las leyes que rigen la segregación de caracteres en la descendencia de los híbridos, la formulación de las hipótesis evolucionistas y la identificación de los cromosomas como sedes de la información genética. Bien entrado el siglo XX se culmina la gran síntesis mendeliano-darwiniana que vertebra la biología moderna.

Estos avances científicos tardaron mucho en influenciar las técnicas de la mejora vegetal, tecnología cuyo indudable éxito hace al que la practica un técnico conservador y poco abierto a la novedad, pero por fin la biología moderna acabó influenciando la mejora vegetal a mediados del siglo XX. La mejora artificial de las plantas ha consistido desde su mismo origen en la imitación por el mejorador del proceso evolutivo natural.

En un principio, la mejora había aprovechado la diversidad existente mediante la selección artificial, y sólo en el período premendeliano había incidido con timidez en el proceso de creación de diversidad. La mejora vegetal moderna, según Borlaug, consiste en la introducción consciente de diversidad genética en las poblaciones —por cruzamiento de progenitores con características sobresalientes y complementarias— y en la selección de plantas con genes que confieren los caracteres agronómicos deseados, hasta alcanzar niveles altos de adaptación, uniformidad genética y estabilidad agronómica.

Los objetivos de la mejora vegetal han sido siempre los mismos: aumentar el rendimiento y mejorar la calidad nutritiva y tecnológica de los productos agrícolas. El rendimiento máximo de una especie cultivada es el de la mejor variedad, en el suelo más adecuado y el año más favorable, y está muy por encima del rendimiento medio que se alcanza en la práctica. Los rendimientos medios de las principales cosechas representan menos del 22% de sus rendimientos récord (Cuadro 1). La diferencia se debe sobre todo a los factores ambientales adversos, tales como la competencia de las malas hierbas, los suelos no óptimos y las condiciones meteorológicas desfavorables, así como a los efectos de plagas y enfermedades, causadas por insectos y microorganismos, respectivamente. La mejora se orienta con prioridad a obtener plantas menos vulnerables a factores adversos del suelo y del clima (plantas con mayor adaptabilidad), así como más resistentes a plagas y enfermedades, que al incremento del rendimiento potencial (rendimiento en condiciones óptimas).

CUADRO 1

RENDIMIENTOS Y PÉRDIDAS
CIFRAS MEDIAS PARA LAS 8 COSECHAS PRINCIPALES EN EE.UU.*

Concepto	*Cantidad (%)*
Rendimiento récord	100,0
Rendimiento medio	21,6
Pérdidas por malezas	2,6
Pérdidas por plagas	2,6
Pérdidas por enfermedades	4,1
Pérdidas por otras causas	69,1

* Adaptado de J.S. Boyer, *Proc. Natl. Acad. Sci. USA* 218: 443-448 (1982).

Los métodos concretos aplicados a la mejora de una especie dada dependen de su forma de reproducción y propagación.

Muchas de las plantas cultivadas se reproducen sexualmente y se propagan por semillas, mientras que algunas se propagan mediante la plantación de partes vegetativas o por injerto.

La mejora genética de los cereales —maíz, trigo y arroz, que se reproducen sexualmente— ha permitido mantener el incremento de la producción de alimentos por delante del crecimiento demográfico en la segunda mitad del siglo. El maíz es una planta de polinización cruzada o alógama, mientras que el trigo y el arroz son plantas autógamas, que se autofecundan.

El político norteamericano H.R. Wallace creó en los años 20 la primera empresa de semillas híbridas de maíz, Pioneer Inc. Esta empresa se originó para explotar el vigor híbrido o heterosis, que es el aumento del vigor y del rendimiento que se produce en un híbrido con respecto a sus progenitores.

Las variedades tradicionales, que permitían al agricultor usar como semilla el grano cosechado por él, acabaron desapareciendo ante los rendimientos superiores de las variedades híbridas, cuya semilla debía comprarse cada año. Los costes de producción de semilla híbrida disminuyeron de forma notable como resultado de dos innovaciones técnicas: los híbridos dobles, obtenidos a partir de dos híbridos sencillos (a partir de 4 líneas puras), y la manipulación genética de la esterilidad masculina (androesterilidad), que ahorraba la mano de obra necesaria para la eliminación manual de la flor masculina.

Las nuevas variedades de maíz daban mayores rendimientos, eran más resistentes a plagas y enfermedades y tenían un tallo corto y robusto que permitía cosechar de forma mecánica. En algunas zonas productivas de Estados Unidos, los rendimientos medios obtenidos por los agricultores se fueron aproximando a los obtenidos en las estaciones experimentales. Los agricultores debían comprar cada año la semilla híbrida, ya que la semilla producida por el híbrido no es homogénea, pero se veían compensados de forma clara por el incremento del rendimiento.

No se han desarrollado variedades híbridas de trigo por dos circunstancias: la hibridación manual es costosa en extremo (comercialmente imposible), ya que se han de eliminar con unas pinzas tres anteras por cada flor de las numerosas que forman cada espiga, y un aloploide como es el trigo, al incorporar más de un tipo de genoma, es como si fuera un híbrido permanente, por lo que no cabe esperar tanta heterosis como en el maíz. La hibridación manual se ha empleado en el trigo sólo para crear diversidad.

Norman E. Borlaug, en el Centro Internacional de Mejora de Maíz y Trigo (CIMMYT) en Méjico, habría de llevar la mejora de esta especie a sus más altas cimas, labor que fue reconocida con la concesión del Premio Nobel de la Paz en 1970. La aportación de Borlaug incidió en el rendimiento potencial, al conseguir unas variedades semienanas con alto índice de cosecha, y afectó a la capacidad de adaptación de las nuevas variedades a condiciones agronómicas muy diversas.

Hasta entonces se consideraba un dogma de la mejora vegetal que para obtener variedades bien adaptadas y de alto rendimiento había que hacer la selección en las mismas localidades donde iban a ser cultivadas. Imprevisiblemente, Borlaug refutó este dogma con sus resultados experimentales. Con objeto de acortar de 8 a 4 años el tiempo necesario para obtener una nueva variedad, este investigador decidió realizar dos ciclos completos de mejora por año. Para ello eligió en Méjico dos campos experimentales de características muy distintas, separados entre sí por 10 ° de latitud (diferentes en la duración del ciclo día/noche) y por 2.600 metros de altitud. Las variedades obtenidas —seleccionadas por su buen rendimiento en dos ambientes tan dispares— resultaron ser capaces de dar altos rendimientos no sólo en Méjico, sino también en una variada gama de suelos y climas de todo el mundo, algo que hasta entonces se consideraba imposible.

La mejora del arroz se realizó a partir de 1958 de modo similar al trigo en el International Rice Research Institute (IRRI, Los Baños, Filipinas). Las variedades de alto rendimiento poseían caracteres bien concretos: ciclo corto (posibilidad de dos cosechas por año), floración independiente de la duración del día, talla semienana, resistencia a las plagas y enfermedades predominantes y buenas propiedades culinarias.

4. A modo de balance

La mejora no se ha restringido a las especies que hemos tomado como ejemplo, aunque éstas son las más importantes, sino que ha incidido sobre todas las especies de interés agronómico. Por ejemplo, en Estados Unidos, la producción media de las 17 cosechas principales se multiplicó por un factor de 2,4 entre 1940 y 1980, sin apenas incrementar la superficie en cultivo. Y entre 1950 y 1992, el grano disponible por habitante y año pasó de 250 kg. a más de 350 kg. a escala global, y de 170 kg .a 250 kg. en los países en desarrollo. De hecho, según datos del Banco Mundial (Cuadro 2), en los últimos años se han producido aumentos en la producción de alimentos por habitante en todas las áreas geográficas, con excepción del Sahel.

CUADRO 2

VARIACIONES DE LA DISPONIBILIDAD DE ALIMENTO PER CÁPITA EN LA DÉCADA 1980-1990

Países	*Renta per cápita (dólares)*	*Variación (%)*
Todo el mundo	4.200	+12
Países pobres	350	+20
Países intermedios	840	+16
China e India	360	+29
Sahel (Sur del Sáhara)	340	–10
Oriente Próximo y Norte de África	1.790	+ 3
América Latina y Caribe	2.180	+ 6
Países de la OCDE	20.170	+ 2

IV. NUEVO TIEMPO DE REVOLUCIÓN

1. El confuso lenguaje de la biotecnología

La rapidez de los cambios introducidos por los nuevos avances de la biotecnología en general y de la aplicada a las plantas, en particular, ha perturbado el buen uso del lenguaje. Denominaciones tales como organismos genéticamente modificados (OGMs), alimentos transgénicos, ingeniería genética, ADN recombinante, transferencia génica, clonación, alimentos naturales, mejora genética e, incluso, biotecnología han aparecido en el lenguaje cotidiano de forma desordenada e inexacta, lo que hace precisas algunas aclaraciones pertinentes.

La definición de biotecnología abarca a todas las tecnologías mediadas por un ser vivo o por partes de él, sean éstas células o enzimas aisladas. Bajo esta definición se incluyen desde la propia agricultura, inventada hace diez milenios, y la inmemorial fabricación de la cerveza, hasta la última forma de producir insulina humana. No es apropiado, por tanto, usar el término de forma restringida para referirse exclusivamente a los últimos avances basados en la biología molecular. Para esto último resulta más adecuado el uso de la expresión «biotecnología molecular», concepto que cubre todas las tecnologías asociadas al manejo del ADN en el tubo de ensayo.

Prácticamente todo el alimento que consumimos ha sido genéticamente modificado. La domesticación de plantas y animales supuso una alteración muy drástica de sus genomas y la mejora genética subsiguiente ha ido añadiendo modificaciones extensas y sustanciales. La ingeniería genética es sólo un método más —una modalidad más de mejora genética— y sólo sirve para modificar uno o pocos genes de forma muy selectiva. No serviría para obtener razas de perro tan distintas —en su tamaño, morfología y temperamento— como el chihuahua y el pit bull terrier, que en cambio han surgido de la mano del hombre gracias a los métodos genéticos más tradicionales. En consecuencia, resulta absurdo denominar OGMs sólo a los productos de la ingeniería genética para contraponerlos a los supuestamente «naturales».

Ya hemos indicado que nada de lo que consumimos es natural, debido a que la mayoría de los organismos de los que derivamos nuestro alimento han perdido su capacidad de sobrevivir en vida libre. Es más, han debido sufrir alteraciones genéticas que les eliminen sustancias naturales que son tóxicas o inhibitorias para el ser humano. Una variedad moderna, modificada por ingeniería genética, está tan lejos de ser natural como las que la precedieron. ¡Por fortuna! Ya que —insistimos— natural no es sinónimo de inocuo.

2. Organismos transgénicos

Son organismos transgénicos aquellos cuyo genoma ha sido alterado por ingeniería genética o, si se prefiere, por sastrería genética, ya que las operaciones fundamentales de esta vía experimental consisten en cortar y coser (unir) piezas de ADN. Un gen es un tramo de ADN (una secuencia construida con las bases A, T, G, C) que, en general, determina una proteína (una secuencia de aminoácidos), de acuerdo con las equivalencias plasmadas en la clave genética. Mediante la nueva tecnología se puede alterar un genoma por la adición de uno o varios (pocos) genes que previamente no formaban parte de él o por la inutilización de uno o varios genes entre los ya existentes. Estas operaciones se hacen para conferir caracteres deseables y para eliminar caracteres indeseables del organismo, respectivamente, objetivos que no difieren de los de la mejora genética tradicional.

En lo que sí difieren la vieja y la nueva tecnología es en el repertorio génico que se puede manejar —genes de la misma especie, en el caso de la vieja, y de cualquier especie, en el de la nueva— y en el modo de introducir y transferir la modificación genética, por vía sexual o por adición exógena (transformación), respectivamente. Los organismos modificados por transformación se suelen denominar transgénicos. Llamar transgénicos a los alimentos derivados de dichos organismos resulta menos apropiado. Por ejemplo, es absurdo llamar transgénico al azúcar procedente de una remolacha transgénica, ya que es un producto químico puro, esencialmente indistinguible del aislado de la remolacha normal o de la caña de azúcar.

Al principio de los años cincuenta, Watson y Crick confirmaron la naturaleza molecular del material genético, iniciando así el desarrollo de la biología molecular que dos décadas más tarde alumbraría métodos para aislar genes, para determinar su secuencia de bases, para recomponerlos en el tubo de ensayo y para devolverlos a una célula viva del mismo o de distinto organismo del inicial. El problema de introducir genes foráneos en plantas (transformación) no se resolvió hasta 1982, en el Laboratorio de Genética de la Universidad de Gante, gracias a Mark Van Montagu y Jeff St. Schell, en competencia con la norteamericana Mary Dell Chilton y con la empresa Monsanto.

3. Nociones sobre procedimientos

Se sabía desde antiguo que la bacteria *Agrobacterium tumefaciens* inducía tumores en el tallo de muchas plantas y se suponía que lo conseguía por influencia externa de alguna sustancia que ella misma fabricaba. Van Montagu y Schell lograron demostrar que la bacteria introducía un trozo de su propio ADN en la célula vegetal, que este ADN se integraba en un cromosoma de dicha célula y, finalmente, que los genes incluidos en el ADN transferido se expresaban. Una vez resuelto este problema, inventaron cómo alterar la bacteria para que introdujera en la célula vegetal cualquier gen de interés.

Para crear una planta transgénica es preciso integrar una pieza apropiada de ADN en el genoma de una célula y después regenerar una planta completa a partir de dicha célula. Al contrario de otros tipos de organismos, las plantas tienen la singularidad de que sus células son totipotentes (capaces de regenerar el organismo completo) si se las cultiva en medios adecuados. La introducción de ADN foráneo (transformación) y posterior regeneración es fácil en algunas especies, tales como tomate, patata, tabaco, colza o la antes mencionada *Arabidopsis thaliana*, mientras que algunas plantas de gran cultivo, tales como trigo, cebada, maíz y arroz, son más difíciles de transformar y requieren considerable experiencia en el cultivo de tejidos. Una vez integrados, los genes se transmitirán a la descendencia del mismo modo que lo hacen los que componen el genoma original.

Para transformar aquellas especies más refractarias al método del *Agrobacterium* se han desarrollado métodos que permiten introducir ADN de forma directa en cualquier célula. Entre éstos merece mención especial el llamado método biolístico o de microbombardeo. Partículas microscópicas de oro o wolframio se revisten con el ADN que se quiere introducir y luego se depositan en la punta de una bala macroscópica. El conjunto se acelera por pólvora, por descarga eléctrica o por helio a presión en un dispositivo, que vulgarmente llamamos la pistola génica, y la bala macroscópica es parada por un tope a la salida del cañón, el cual interrumpe su camino pero no impide que los microproyectiles sigan el suyo hasta penetrar en el tejido vegetal expuesto. Estas partículas recubiertas de ADN atraviesan la pared y la membrana celulares, introduciéndose en la célula sin afectar su viabilidad.

4. Estrategias básicas

Sabemos que un gen es un tramo de ADN (una secuencia de bases) que, en general, determina una proteína (una secuencia de aminoácidos), de acuerdo con las equivalencias plasmadas en la clave genética. No todo el tramo de ADN al que llamamos gen en términos moleculares se transcribe y se traduce; sólo lo hace una región que denominamos codificante. Esta región está precedida por otra no transcrita, que se designa promotor, y seguida por un tramo donde residen las señales de terminación.

En la región codificante —que en organismos superiores puede ser discontinua— reside la información que determina la estructura del producto génico (proteína), mientras que en el promotor se concentran la mayor parte de los receptores informáticos del gen, los cuales determinan en qué células se ha de fabricar la proteína que codifica, en qué período del desarrollo del organismo (o en respuesta a qué estímulo externo) y en qué cantidad.

Los genomas de los organismos superiores se componen de decenas de miles de genes y de una proporción variable de ADN repetitivo para el que no se ha encontrado una función. El conocimiento completo de un genoma implica la determinación de la secuencia de bases de todo el ADN que lo compone. Un genoma vegetal puede tener un tamaño entre 150 y 16.000 millones de bases y contener entre 20.000 y 30.000 genes.

Aparte de la investigación de los promotores génicos, interesa la de las piezas de la maquinaria celular que son las proteínas, cuyas estructuras están determinadas por las partes codificantes de los genes. Se siguen dos estrategias principales: bloqueo del gen para examinar las consecuencias de la ausencia de la proteína correspondiente y, alternativamente, hacer que aparezca la proteína de interés en una célula o tejido donde antes no estuviera presente —alterando convenientemente el promotor— para averiguar los efectos de dicha presencia. Estas estrategias no sólo son básicas para los avances del conocimiento botánico sino también para la mejora genética molecular: para añadir caracteres de interés o para eliminar caracteres perjudiciales en una variedad cultivada. Examinemos los objetivos de la mejora molecular.

V. ANTIGUAS Y NUEVAS APLICACIONES BIOTECNOLÓGICAS

1. Antes y ahora

Antes del desarrollo de la ingeniería genética, el mejorador forzaba la generación de variabilidad y luego descartaba la mayor parte de las variantes generadas, seleccionando sólo una mínima fracción de ellas. Ahora se trata de aumentar la variabilidad de la planta de interés mediante la adición o alteración de unos pocos genes elegidos *a priori*, por lo que se hace innecesaria, o se reduce en extremo, la selección posterior.

Ya hemos dicho que los métodos moleculares de mejora no sustituyen a los mendelianos sino que los complementan. En general se parte de una variedad productiva obtenida por los métodos tradicionales para abordar la mejora molecular. Las técnicas de la mejora clásica siguen siendo óptimas para el manejo de caracteres que dependen de muchos genes, como, por ejemplo, el rendimiento potencial, mientras que las de ingeniería genética ofrecen indudables ventajas para la mejora de caracteres que dependen de uno o pocos genes, como ocurre con la resistencia genética a plagas y enfermedades.

Respecto a los objetivos de la mejora, en la nueva etapa se siguen asumiendo los de las etapas anteriores, pero se abre la posibilidad de plantear otros nuevos que no se podían abordar con las técnicas clásicas. Entre los objetivos heredados hay que distinguir los que responden a los retos fundamentales de la agricultura —que, recordemos, debe ser más productiva y más limpia— de los que responden a otras demandas sociales, sean de la industria o de los consumidores.

Entre los objetivos nuevos se incluyen todos aquellos que implican la introducción de genes que proceden de fuera del reino vegetal para obtener aplicaciones o productos distintos de lo tradicionales: nuevos productos industriales no alimentarios —como, por ejemplo, plásticos biodegradables— que pueden suponer una significativa demanda potencial de suelo laborable; productos farmacológicos, de alto valor añadido y baja demanda de suelo; plantas útiles para la descontaminación ambiental (fitorremediación) o para otras aplicaciones medioambientales. Se ha progresado en distinto grado para los distintos objetivos propuestos: mientras que en unos casos se ha aprobado el uso comercial de variedades transgénicas, en otros se está en fase de laboratorio, de ensayo de campo o no se ha pasado del terreno de la hipótesis.

2. Respuesta a los dos retos principales

La nueva tecnología está ya incidiendo sobre los objetivos que tienen que ver con un aumento de la productividad y con la práctica de una agricultura más compatible con el medio ambiente (Cuadro 3).

CUADRO 3

OBJETIVOS RELACIONADOS CON EL RENDIMIENTO
Y CON UNA MENOR CONTAMINACIÓN

Tipo de objetivo	*Ejemplos*
Alteración de la reproducción	Androesterilidad y restauración de ésta (para obtención de híbridos) Adelanto de la floración en plantas leñosas Frutos partenocárpicos (sin semillas)
Resistencia a plagas y enfermedades	Resistencia a insectos (proteína Bt)
Resistencia a herbicidas	Resistencia a glifosato Resistencia a fosfinotricina
Resistencia a factores del suelo	Resistencia a la salinidad Resistencia a la acidez del suelo
Resistencia a factores climáticos	Resistencia al choque térmico Resistencia a la helada Resistencia al estrés oxidativo

La primera aplicación importante de índole molecular que ha encontrado gran aceptación entre los mejoradores comerciales no ha implicado la obtención de plantas transgénicas. Se trata de la elaboración de mapas de marcadores moleculares de los genomas de las principales especies cultivadas. En uno de estos mapas es posible situar los genes responsables del control genético de cualquier carácter agronómico de interés (resistencia a una enfermedad, talla baja, maduración temprana, etc.), lo que simplifica sobremanera algunas de las manipulaciones de la mejora clásica, tanto de los caracteres mono u oligogénicos como de los poligénicos.

Otra aportación de gran transcendencia consiste en la obtención de híbridos por ingeniería genética de especies en las que no era factible. Esto permite extender o facilitar la explotación de la heterosis o vigor híbrido a numerosas especies, tales como la colza o la endivia.

En general, tienen alta prioridad todas las modificaciones que afectan a los mecanismos de reproducción de las plantas. Así, por ejemplo, la obtención de frutos sin semillas (partenocárpicos) o el adelanto en años del momento de floración en especies leñosas, mediante ingeniería genética, son ya realidades aunque no hayan alcanzado todavía el mercado. El conocimiento básico sobre los modos de respuesta de las plantas a los retos de la sequía, de los factores adversos del suelo (la salinidad o la acidez) y de los del clima (fríos o calores extremos) ha experimentado avances muy notables. Sin embargo, la complejidad de los mecanismos involucrados ha dificultado hasta ahora la traducción de estos avances en aplicaciones prácticas.

Las innovaciones de la ingeniería genética relacionadas con la obtención de plantas transgénicas resistentes a herbicidas, microorganismos patógenos y plagas de insectos inciden sobre el rendimiento, al evitar pérdidas importantes; sobre los costes de producción, al ahorrar mano de obra y productos químicos, y sobre el impacto ambiental, al disminuir el uso de estos últimos y paliar la erosión. En efecto, el uso de productos fitosanitarios (herbicidas, plaguicidas, fungicidas, etc.) representa no sólo un capítulo de gastos importante en la producción agrícola, sino que plantea serios problemas de contaminación del medio ambiente.

Los estudios moleculares han permitido caracterizar los genes de defensa que los mejoradores venían manipulando empíricamente y diseñar nuevas estrategias de lucha que implican una reducción considerable en el uso de los mencionados productos. Hay que citar también las plantas resistentes a distintos tipos de virus, ya que para éstos se conocían hasta ahora pocas fuentes de resistencia genética y se carecía de métodos curativos.

La primera generación de plantas transgénicas resistentes a insectos es ya comercial. La resistencia se basa en la expresión de distintas variantes de una proteína bacteriana, la proteína *Bt*, que tiene propiedades insecticidas y que procede de la bacteria *Bacillus thuringiensis*. Se conocen variantes de esta proteína *Bt* capaces de dañar de manera específica a distintos tipos de insectos. Esta propiedad, su especificidad, ha hecho que la bacteria liofilizada (desecada) se haya usado como insecticida desde casi medio siglo, ya que permite combatir una plaga determinada sin dañar a otros insectos o a otros animales. Además, por ser fácilmente biodegradable, no perjudica al medio ambiente. La posibilidad de expresar el gen que codifica la proteína *Bt* en la planta facilita una aplicación agrícola más limpia y eficaz.

3. Otros objetivos tradicionales

La mejora genética tradicional ha venido persiguiendo objetivos que aunque no corresponden a los retos fundamentales de la agricultura, representan demandas sociales diversas que están plenamente justificadas, tales como la mejora de los distintos tipos de calidad (Cuadro 4).

CUADRO 4

OBJETIVOS TRADICIONALES QUE TAMBIÉN ABORDA LA INGENIERÍA GENÉTICA

Tipo de objetivo	*Ejemplos*
Alteraciones morfológicas y ornamentales	Talla de la planta (enanismo) * Color y forma floral Arquitectura vegetal
Calidad nutritiva	Aminoácidos esenciales Enriquecimiento en vitamina A Enriquecimiento en hierro Eliminación de alergenos Eliminación de toxinas
Calidad organoléptica	Prevención de la decoloración Proteínas edulcorantes Modificación de aromas
Calidad tecnológica	Maduración controlada Consistencia del fruto en el transporte Alteración de la lignina

* La talla también afecta al rendimiento.

La mejora de la calidad nutritiva de los productos agrícolas y de sus propiedades tecnológicas relacionadas con la recolección mecánica, la distribución y el procesamiento industrial ha sido desde antiguo uno de los objetivos de la mejora genética. La ingeniería genética ofrece múltiples oportunidades de incidir sobre estos aspectos. El retraso de la maduración de los frutos o de la senescencia de las flores, la alteración de la composición nutritiva de los alimentos o la alteración de sus propiedades organolépticas son otras de las modificaciones posibles.

4. Nuevos objetivos

Las plantas pueden alterarse por ingeniería genética con fines distintos de los tradicionales. En este sentido cabe señalar su posible uso como biorreactores y como agentes para la descontaminación (Cuadro 5).

CUADRO 5

NUEVOS OBJETIVOS DE LA INGENIERÍA GENÉTICA VEGETAL

Tipo de objetivo	*Ejemplos*
Las plantas como biorreactores	
1) Productos de alto consumo	Producción de plásticos biodegradables Producción de aceites industriales
2) Productos de alto valor añadido	Producción de hormonas y fármacos Producción de vacunas y anticuerpos
Fito-remediación	Plantas para recuperar suelos contaminados con arsénico, metales pesados y otros productos

Gran parte de la actividad agrícola está encaminada a la recolección de órganos y tejidos de reserva (granos de cereales o leguminosas, tubérculos de patata, raíces de remolacha, etc.) o, si se quiere, de las proteínas, hidratos de carbono y lípidos (grasas) contenidos en ellos. Las plantas producen diversos tipos de biopolímeros, entre los que cabe destacar por su abundancia la celulosa, que es biodegradable pero no digerible por el hombre, y el almidón, que es la principal fuente de las calorías de nuestra dieta. Ahora se puede hacer que las plantas produzcan biopolímeros no vegetales de interés industrial.

Las materias primas para fabricar estos productos finales son sintetizadas en el tejido foliar y transportadas al tejido de reserva. La nueva tecnología permite cambiar el producto acumulado en dicho tejido: basta con bloquear la ruta de síntesis del producto habitual, e introducir los genes que codifican las enzimas necesarias para la síntesis de un producto alternativo.

Por ejemplo, una especie bacteriana (*Alcaligenes eutrophus*) fabrica un tipo de polímero de reserva (polihidroxibutirato y otros polihidroxiácidos, PHAs) cuyo interés radica en que sirve como materia prima para la fabricación de envases y utensilios de un plástico biodegradable. Se ha visto que la expresión transgénica en plantas de los genes bacterianos que determinan la síntesis de PHAs confiere a éstas la capacidad de acumular dicho plástico. Además, se ha podido restringir la acumulación a los compartimentos donde se almacena el almidón en los tejidos de reserva, donde no tiene efectos deletéreos para la planta y donde la recolección es fácil. También, en la planta de algodón, se ha logrado incorporar los PHAs a las propias fibras celulósicas, dando lugar a una fibra textil con nuevas propiedades.

Lo mismo que se han empleado bacterias, levaduras o animales para producir por ingeniería genética numerosos productos de interés farmacológico —tales como hormona del crecimiento, insulina, antígenos para vacunas, anticuerpos, hormonas peptídicas, etc.—, pueden utilizarse las plantas con el mismo fin. El que sean más apropiadas que los otros tipos de organismos depende en cada caso de los costes de producción y purificación. De cualquier manera, estas aplicaciones de las plantas carecen de relevancia agronómica porque requieren muy poca extensión de suelo laborable.

En los últimos años se ha puesto de manifiesto que ciertas plantas pueden ser utilizadas para regenerar suelos contaminados, aplicación a la que se suele denominar «fitorremediación». El uso de plantas transgénicas para este fin es todavía incipiente, pero ya se tienen algunos resultados esperanzadores. Dentro de este tipo de aplicación, pueden citarse unas plantas transgénicas de *Arabidopsis* que contienen el gen de una enzima que transforma el ión mercúrico y que parecen ser eficaces en la recuperación de suelos contaminados por mercurio. También se han obtenido plantas que expresan genes que codifican enzimas que son capaces de degradar compuestos orgánicos, tales como nitroglicerina o cloroformo.

VI. RIESGOS REALES E IMAGINARIOS

1. Conceptos generales

Hablar de los riesgos de las plantas transgénicas y de los alimentos derivados de ellas —como de los de cualquier otra tecnología, sea la eléctrica o la del acero— no cabe hacerlo más que aplicación por aplicación. De hecho, la aprobación del cultivo y consumo de plantas transgénicas se hace caso por caso, según un riguroso proceso en el que se tienen en cuenta todos los riegos imaginados, por desdeñables que parezcan. Nunca en la historia de la innovación se han tomado precauciones tan extremas. En todo caso, el cultivo aprobado es sometido a seguimiento y la autorización puede ser revocada en cualquier momento en que surja una alarma fundada.

No existe el riesgo nulo. Toda actividad humana conlleva un cierto riesgo que ha de ser siempre evaluado en función de los beneficios que dicha actividad reporta: la vacuna de la viruela causó problemas serios a algunos individuos, pero salvó millones de vidas. Las aplicaciones de los nuevos avances biológicos pueden comportar algunos riesgos, pero éstos son evitables mediante la restricción o la prohibición de aquellas aplicaciones que sean peligrosas.

Además, la manipulación genética de las plantas cultivadas ha tenido como uno de sus objetivos, desde el neolítico hasta la actualidad, la eliminación de algunos riesgos de los productos naturales, tales como la presencia de sustancias tóxicas: la cereza silvestre posee sustancias nocivas que fueron eliminadas por selección gracias a que el mal sabor asociado a ellas o su toxicidad manifiesta permitían detectar su presencia sin recurrir al análisis bioquímico. Por otra parte, en algunos casos se ha seleccionado a favor de la presencia de sustancias nocivas: en ciertas variedades de pimiento —algunas muy apreciadas— se encuentran concentraciones altas de capsaicina, una sustancia citotóxica que destruye las membranas celulares empezando por las de las propias papilas gustativas.

Entre los posibles riesgos que puedan derivarse de la producción y consumo de productos vegetales transgénicos hay que distinguir los que incidirían de un modo directo en el hombre y los que afectarían de distintas formas al medio ambiente.

2. Seguridad para los humanos

Es evidente que las proteínas codificadas por los genes ajenos que se introducen en una planta transgénica —o las sustancias cuya síntesis pueda depender de dichas proteínas— deben carecer de toxicidad para el hombre. Si expresamos en el tomate el gen de la toxina botulínica, incurrimos en un riesgo cierto y de graves consecuencias. De aquí que la aprobación de productos transgénicos deba hacerse caso por caso y que la carencia de toxicidad se deba averiguar en los antecedentes bibliográficos e investigar según ensayos bien establecidos.

Otro aspecto a considerar es la posible alergenicidad de las plantas transgénicas. El polen del ciprés o del chopo, la harina de trigo o de soja, las almendras y otros frutos secos, las frutas, los mariscos y tantos otros alimentos habituales con los que estamos en contacto pueden causar reacciones alérgicas en individuos susceptibles. La introducción de genes ajenos implica añadir nuevos componentes que se irán a sumar a las decenas de miles que ya componen cualquier alimento. Algunos de estos componentes ajenos pueden poseer propiedades alergénicas notables y en ese caso debe evitarse su incorporación por expresión transgénica.

No sólo se excluye transferir genes que codifiquen alergenos conocidos, sino que también se evita, en principio, transferir genes procedentes de organismos de los que se derivan alimentos que producen alergia, a no ser que se demuestre que el gen en cuestión codifica una proteína que no es responsable de la alergia observada.

Finalmente, carece de fundamento en términos reales el miedo a que los genes incorporados al alimento transgénico puedan incorporarse a nuestro propio organismo. Después de todo, llevamos consumiendo durante cientos de milenios células animales que poseen los genes necesarios para fabricar cuernos y no se ha observado ningún ser humano con tal característica.

3. Flujos génicos

Una preocupación muy generalizada es la de que los genes añadidos a un organismo transgénico se transfieran a otros organismos. Los genes (uno o pocos) foráneos añadidos se incorporan al genoma de la planta, que, como ya se ha dicho, contiene entre 20.000 y 30.000 genes. Una vez incorporados, estos genes corren la misma suerte que los preexistentes en el genoma. El flujo génico de unos genomas a otros es muy limitado, pero ocurre en ciertas circunstancias. Veamos en cuáles es improbable y en cuáles no puede descartarse.

No debemos temer la transferencia de genes desde el genoma vegetal —transgénico o no— a los microorganismos del tracto digestivo. No se ha observado dicha transferencia en experimentos especialmente diseñados para tal propósito y, por otra parte, tampoco es ésta de esperar desde el punto de visto teórico. Los genes de resistencia a antibióticos, que se emplean como auxiliares en la ingeniería genética, han sido especialmente señalados en este contexto, ya que, de transferirse, interferirían con el uso clínico del antibiótico correspondiente. A pesar de no existir un riesgo objetivo y de que los antibióticos afectados ya no se usan en clínica, se ha acordado no utilizar en el futuro dichos genes y sustituirlos por otros como auxiliares.

Una segunda vía de posible flujo génico a considerar es la transmisión por polen a plantas cultivadas de la misma o de distinta especie y a plantas de especies silvestres. Para que dicha vía opere es preciso que se den las siguientes circunstancias: que el polen sea transportado, que la planta receptora esté en el momento apropiado para ser polinizada, que el polen sea compatible, que la planta resultante sea fértil y que su descendencia sea viable.

En el caso de plantas no transgénicas de la misma especie, el riesgo es desdeñable si son autógamas (autofértiles) y medible si no lo son. Si la semilla es híbrida, como en el maíz, no hay riesgo de transmisión a la descendencia, por lo que basta con rodear la parcela de maíz transgénico con varias filas de maíz no transgénico, para que las parcelas próximas no reciban polen transgénico por encima de los límites legales. De todas formas, existen soluciones tecnológicas que, por así decirlo, pueden hacer inviable el polen en plantas distintas de la transgénica.

No hay posibilidad de que el polen transgénico fertilice plantas cultivadas de otras especies y, aunque de forma restringida, sí la hay de que lo haga a especies silvestres taxonómicamente próximas. Como ya hemos dicho, una vez incorporado a un genoma, el gen foráneo corre la misma suerte que el resto de los miles de genes de dicho genoma. La transferencia a otras especies ocurre con muy baja frecuencia y hay que distinguir entre distintas situaciones.

No hay problema si no hay una especie silvestre afín en el hábitat donde se lleva a cabo el cultivo o si la especie cultivada es autógama. Si la planta es alógama, se pueden dar circunstancias de distinta probabilidad según la mayor o menor facilidad con que se produzca la fertilización cruzada. Así, por ejemplo, la colza representa una situación de probabilidad más baja que la alfalfa. En Canadá se han sembrado varios millones de hectáreas de colza transgénica y se lleva a cabo un seguimiento exhaustivo. Hasta ahora no hay motivo para la alarma.

La posibilidad de que se generen «supermalezas» al hacer las plantas cultivadas resistentes a ciertos herbicidas carece de fundamento, aunque la maleza que recibiera el gen de resistencia no sería controlable por el herbicida concreto en la parcela de cultivo, pero no le supondría ventaja alguna fuera de ella. Por otra parte, es muy improbable que la adición de uno o pocos genes a una planta cultivada la asilvestren. Como se ha discutido ya, el proceso de domesticación es complejo y supone cambios radicales en el genoma, por lo que en esencia no es reversible por la introducción de características agronómicas adicionales.

Se han expresado dudas sobre la estabilidad y localización de los genes foráneos que se incorporan a una planta transgénica. Esto no son más que problemas técnicos de fácil solución que en ningún caso suponen un riesgo. Sí debe someterse a un escrutinio cuidadoso la incorporación de genes que codifican proteínas de virus, ya que, aunque confieren resistencia al virus, pudieran en algunos casos dar lugar a cepas virales recombinantes.

4. Seguridad para el medio ambiente

Aparte de los flujos génicos que acabamos de considerar, el riesgo que las plantas transgénicas podrían suponer para el medio ambiente tiene dos vertientes principales: la inducción de resistencia a los productos transgénicos por parte de los patógenos y de las plagas que se quieren controlar con dichos productos y los posibles daños de la planta transgénica a otros organismos que entren en contacto con ella.

La posible inducción en un organismo de resistencia al principio activo que se usa para combatirlo es un problema común a los antibióticos, a los productos fitosanitarios convencionales y, por supuesto, a las plantas transgénicas. El uso de estrategias de aplicación que retrasen al máximo la aparición de dicha resistencia es de interés tanto para la empresa de semillas como para el agricultor.

En cualquier caso, la posibilidad de aparición de resistencia no justifica dejar de usar un sistema de protección mientras funcione, del mismo modo que el que un antibiótico vaya a dejar de ser eficaz no implica que no lo usemos mientras pueda salvar millones de vidas. Deberemos usarlo con buen juicio para alargar su vida útil. En el caso de las plantas transgénicas, se sigue una estrategia de refugios no transgénicos que dificultan la aparición de resistencia y, por otra parte, es importante recordar que pueden ser un elemento más en la lucha integrada.

Los posibles daños que las plantas transgénicas resistentes a un determinado organismo puedan causar a otros organismos que entren en contacto con ellas han sido objeto de debate. En particular, ha dado mucho que hablar el caso concreto del maíz transgénico resistente al taladro europeo y los daños potenciales a la mariposa monarca. Si se fuerza a dicha mariposa a consumir dosis altas de polen de maíz transgénico su viabilidad es menor que si consume polen no transgénico. Sin embargo, la mariposa no consume maíz ni polen en condiciones de campo, ya que vive de una planta euforbiácea, y los daños cuando está próxima a los campos de maíz son mínimos. En contraste, el tratamiento con productos químicos desde una avioneta le afecta significativamente y, si se renuncia a tomar medidas protectoras, los taladros pueden destruir en buena parte la cosecha de maíz.

VII. EVALUACIÓN DEL RIESGO

1. El concepto de «equivalencia sustancial»

El punto de partida para la evaluación de los posibles riesgos de una planta transgénica consiste en establecer por vía experimental si ésta es equivalente sustancialmente a la no transgénica de la cual se derivó, si es equivalente excepto para unas características completas o si no es equivalente. En el primer caso hay que concluir que la transgénica no comporta riesgos adicionales con respecto a la no transgénica. En el segundo caso hay que evaluar los posibles riesgos derivados de la característica o las características diferenciales. En el caso de no equivalencia, el riesgo de la planta transgénica debe ser evaluado *ex novo*, sin apoyarse en la no transgénica como referencia.

Cuando se obtiene una planta transgénica, se pretende introducir en ella unos caracteres de interés o suprimir propiedades no deseables. Es natural que estos efectos pretendidos sean los primeros a investigar en el marco conceptual que acabamos de enunciar. Sin embargo, hay que tener en cuenta posibles efectos no pretendidos. Estos últimos pueden ser predecibles, ya que conocemos en qué consiste la modificación esperada, o no ser predecibles debido a alguna interacción inesperada según nuestro conocimiento actual. Las modernas técnicas bioquímicas, tales como la cromatografía de alta resolución o la espectrografía de masas, permiten abordar la identificación de estos últimos.

En cualquier caso, hay que señalar que la aplicación de estos conceptos no tendría por qué estar restringida a las plantas transgénicas, ya que reflejan una problemática que sería aplicable a todas las modificaciones genéticas que se han introducido en los genomas vegetales en los últimos diez milenios.

2. La evaluación en la práctica

Los distintos países y regiones han establecido normativas y procedimientos de aprobación que, aunque similares, reflejan diferentes marcos legales y tradiciones culturales: más pragmáticas las culturas anglosajonas que las mediterráneas y latinas. Así, por ejemplo, en Estados Unidos se aplica la legislación vigente para nuevas variedades y nuevos productos fitosanitarios, junto con la referente a medio ambiente. Esto implica que tienen competencia la *Food and Drug Administration* (FDA), el *United States Department of Agriculture* (USDA) y la *Environmental Protection Agency* (EPA). Esta tendencia se da en los diferentes países, incluidos, como veremos más adelante, la Unión Europea y España.

Los dos primeros productos transgénicos comercializados que han llegado a Europa, un maíz resistente a un insecto y una soja resistente a un herbicida, han suscitado una encendida controversia. A título de ejemplo, describiremos los aspectos considerados en la aprobación del maíz transgénico.

El maíz comercializado es un híbrido de Ciba Seeds (Novartis) que expresa el gen de la proteína *Bt* de la bacteria *Bacillus thuringiensis*, gen que le confiere resistencia al «taladro europeo» (*Ostrinia nubilalis*), un insecto devastador que, como su nombre vulgar indica, taladra y destruye los tallos del maíz. Su desarrollo en el interior de la planta hace muy difícil su eliminación por tratamiento fitosanitario. Las pérdidas que causa son cuantiosas y los gastos y la contaminación derivados de su tratamiento químico son considerables.

La evaluación que se ha hecho de este maíz en relación con su seguridad para el hombre y con su comportamiento agronómico ha cubierto los siguientes aspectos:

— Análisis molecular y genético del maíz transgénico, que incluye una descripción detallada de las construcciones génicas introducidas a la determinación del lugar de inserción del nuevo gen en el genoma y la comprobación de la estructura molecular exacta de la proteína bacteriana, tal como se expresa en la planta.
— Estudio cualitativo y cuantitativo de la distribución de la proteína foránea en las distintas partes del maíz transgénico.
— Comprobación de que los productos de los genes usados con carácter auxiliar en la obtención de la planta transgénica no se encuentran en cantidades detectables.
— Determinación de que los productos de los genes introducidos, con independencia de que se expresen o no, no son tóxicos para humanos y son degradables de forma rápida en su sistema digestivo.
— Demostración de que la composición en nutrientes del maíz transgénico no difiere de la del híbrido no transgénico del que se partió.

— Comprobación de que el comportamiento agronómico del maíz transgénico no difiere del no transgénico excepto en su resistencia al taladro.

La evaluación de los posibles riesgos para el medio ambiente ha comprendido las siguientes pruebas:

— Estudios de toxicología ambiental, los cuales han incluido la determinación de la toxicidad por vía oral en aves de la proteína bacteriana *Bt*, el ensayo de la toxicidad del polen transgénico para dáfnidos, y de distintos tejidos del maíz transgénico para invertebrados del suelo, tales como las lombrices, y la comprobación de que la proteína *Bt* expresada es inocua para insectos que no sean plagas del maíz.
— Una justificación especial de que la planta transgénica de maíz es inocua para especies de insectos amenazadas de extinción.
— Comprobación de que no hay riesgos de la supervivencia del maíz transgénico por sí mismo o de la transferencia de sus genes a especies silvestres próximas o distantes.

La soja *Roundup Ready* de Monsanto, que posee un gen que le confiere resistencia a dicho herbicida, permite su cultivo con laboreo mínimo y un control de malas hierbas más fácil, barato y eficaz. La evaluación de esta soja ha seguido un proceso similar al descrito para el maíz y ha supuesto la realización de centenares de estudios.

En síntesis, a las plantas transgénicas se les están aplicando criterios de precaución que no cumplirían muchas plantas no transgénicas, ni los productos de la mal llamada agricultura biológica, ni muchos productos alimentarios habituales —como el azúcar, el té, el café, la pimienta, el perejil o las setas llamadas comestibles—, y, por supuesto, tampoco numerosos elementos de nuestra vida cotidiana, como el tabaco, el automóvil o el avión.

VIII. LA BIOTECNOLOGÍA AGRÍCOLA EN ESPAÑA

1. Las especies importantes

En el Cuadro 6 se consigna la extensión de algunos de los cultivos principales, incluidos aquellos para los que se han solicitado autorización de variedad transgénica en la CEE. Todos los cultivos en los que se van a producir innovaciones tienen cierta importancia en España, con excepción de la soja, que apenas se cultiva, y, por otra parte, sólo para el olivo se carece por el momento de tecnología transgénica apropiada.

CUADRO 6

SUPERFICIES CULTIVADAS (MILES DE HECTÁREAS) DE ALGUNAS ESPECIES VEGETALES (1998)*

Cultivo	*Secano*	*Regadío*	*Total*
Trigo	1.706	206	1.912
Cebada	3.252	283	3.535
Arroz	—	113	113
Maíz	38	422	460
Patata	41	89	130
Remolacha	32	118	150
Algodón	6	93	99
Tomate	1,3	44+15 (protegido)	60
Tabaco	—	15	15
Viñedo	1.165	—	1.165
Olivar	2.346	178	2.346
Colza	13	74	87
Soja	—	3	3

* Manuales de Estadística Agraria 2000. Ministerio de Agricultura, Pesca y Alimentación.

Las semillas y las plantas de vivero son suministradas en España por unas 350 empresas. El tamaño medio de estas empresas no ha cambiado desde 1985 y la industria sigue estando bastante atomizada. Además, el tamaño de las empresas es muy variable y la mayor parte de las más importantes pertenecen a organizaciones multinacionales.

2. La investigación

Se solicitaron las primeras patentes a escala mundial sobre la obtención de plantas transgénicas en los días 13 y 17 de enero de 1983. Las solicitudes fueron presentadas de forma independiente por investigadores de la Universidad de Gante, en Bélgica, y de la empresa Monsanto, en Estados Unidos. Así se inició un proceso que ha desembocado en la reciente comercialización de los primeros cultivos transgénicos. Unos meses antes de que fuera presentada la primera solicitud de patente sobre la transformación de plantas por ingeniería genética, en el verano de 1982, los rudimentos de dicha tecnología fueron transferidos desde el grupo de investigación que la desarrolló en la Universidad de Gante a un grupo de investigadores de la Universidad Politécnica de Madrid.

A partir de 1983, dicha tecnología se empezó a aplicar para los fines de la investigación básica en dos o tres grupos de investigación, principalmente en Madrid y Barcelona. En la actualidad existen unos 170 grupos de investigadores en todo el territorio español —distribuidos en unos 70 centros públicos de investigación y situados en 17 ciudades distintas— que declaran usar dicha tecnología en mayor o menor grado. Una buena parte de esa aplicación tiene fines básicos, de mero avance de nuestro conocimiento sobre las plantas cultivadas, pero otra parte nada desdeñable está dando lugar a aplicaciones agronómicas.

Los centros que en la actualidad albergan un mayor número de investigadores dedicados a la biotecnología vegetal son el Centro de Biología Molecular y Celular de Plantas, establecido en Valencia de forma conjunta por la Universidad Politécnica y el Consejo Superior de Investigaciones Científicas (CSIC), el Centro de Investigación y Desarrollo de Barcelona, dependiente del CSIC, el Departamento de Biotecnología de la Universidad Politécnica de Madrid, y la división de plantas del Centro Nacional de Biotecnología (CNB) en Madrid, también adscrito al CSIC.

En relación con este último centro, hay que señalar que entre las prioridades gubernamentales en materia de investigación hacia

1982, la biotecnología ocupó un lugar preeminente y que la decisión de crear el CNB constituyó la primera expresión práctica de esa prioridad política. Sus excelentes instalaciones, que tardaron más de media docena de años en completarse, son hoy plenamente funcionales.

Las aplicaciones más generalizadas de la biología molecular a la mejora de las plantas cultivadas en nuestro país tienen que ver con el uso de marcadores moleculares (RFLPs, RAPIDS, etc.) en la identificación de variedades y en la mejora genética de plantas. Adicionalmente, se han hecho contribuciones importantes en las áreas de la patología vegetal (interacción patógeno-planta) y del estrés abiótico, principalmente en relación con la tolerancia a la salinidad.

Algunas de estas aplicaciones han dado lugar a un número reducido de patentes de ámbito internacional, incluida su aprobación en los Estados Unidos de Norteamérica, la primera de las cuales fue solicitada en 1991. Debido a la estructura de la industria de semillas en España, las innovaciones tecnológicas y los correspondientes derechos de uso (licencia de uso, exclusiva o no) han sido generalmente vendidos a compañías internacionales.

Todo este desarrollo de la ingeniería genética vegetal ha sido encuadrado a partir de 1988 en los sucesivos Planes Nacionales de Investigación: 1988-1991, 1992-1995 y 1996-1999, diseñados bajo el marco legal de la Ley de la Ciencia de 1986. Una fracción importante de los fondos económicos destinados a dicho plan ha sido dedicada a la Biotecnología Vegetal, tanto en el ámbito del programa de biotecnología como dentro de los de agricultura y de medio ambiente.

3. Ensayos de campo

Los ensayos con plantas transgénicas en España se iniciaron en 1993, año en que se realizaron 3 ensayos. Cada uno de estos ensayos suele incluir un número variable de parcelas en una localidad o región. En los años 1997 y 1998 se realizaron 44 y 42 ensayos, respectivamente, y hasta el presente se han completado un total de 128 ensayos en todas las regiones del territorio español, con excepción de Baleares y Cantabria. Andalucía, con 67 ensayos, ha sido la región española en la que más se ha experimentado con plantas transgénicas.

Los ensayos realizados con cada una de las especies se consignan en el Cuadro 7. Los tipos de modificación genética de las plantas ensayadas incluyen de forma prominente los que afectan a la obtención de híbridos (androesterilidad), la tolerancia a herbicidas y la resistencia a insectos, así como a otras posibles aplicaciones (Cuadro 8).

CUADRO 7

NÚMERO DE ENSAYOS POR ESPECIE

Especie/Número		*Especie/Número*		*Especie/Número*	
Tomate	14	Colza	2	Maíz	27
Remolacha	11	Tabaco	5	Algodón	7
Melón	6	Patata	3	Calabacín	2
Soja	2	Eucaliptus	1	Alfalfa	1
Girasol	1	Trigo	2	Naranjo	1
Ciruelo	1	Fresa	2	Rhizobium *	3

* Bacteria simbiótica.

CUADRO 8

TIPOS DE MODIFICACIONES GENÉTICAS DE LAS PLANTAS ENSAYADAS

Tipo de modificación/Número de ensayos		*Tipo de modificación/Número de ensayos*	
Tolerancia a sequía	1	Terapia génica	1
Expresión génica	10	Mod. características biol.	22
Androesterilidad/Tol. herbicida	3	Res. Insectos/Tol. herbicida	6
Resistencia a virus	13	Resistencia a insectos	26
Tolerancia a herbicida	32	Androesterilidad	3

Con objeto de apoyar y asesorar a las autoridades competentes, sean centrales o autonómicas, se ha creado la Comisión Nacional de Bioseguridad. Entre sus funciones se encuentran el estudio y la evaluación de los dossiers con los que se informa a la autoridad competente respecto a la comercialización de productos que se basen en OGMs o que los contengan.

Desde el punto de vista ético, las plantas transgénicas no suscitan controversia alguna en la sociedad española, en contraste con otras aplicaciones de la ingeniería genética a la reproducción humana o a los animales domésticos. Como hemos discutido anteriormente, las preocupaciones sociales tienen que ver más bien con los posibles problemas de seguridad en relación con la salud humana y con el medio ambiente. El público español desconoce con frecuencia la existencia de mecanismos institucionales que actúen de garantes de esta seguridad y desconfían de que las administraciones estén protegiendo efectivamente los intereses de los consumidores a este respecto.

Resulta palpable que las administraciones deben realizar (están realizando) un esfuerzo de comunicación con los administrados para dar a conocer los mecanismos de control. Los garantes de la biotecnología vegetal son órganos y comisiones que actúan principalmente bajo la tutela de los ministerios de Medio Ambiente y de Agricultura, Pesca y Alimentación.

Como resumen, puede decirse que los mecanismos de garantía respecto a las innovaciones de la biotecnología en el aspecto agronómico-vegetal están organizados y en período de prudente rodaje.

4. Cultivos autorizados

Hasta el momento sólo están autorizadas para su cultivo en España las dos primeras variedades de maíz resistente al taladro mediante la expresión de la proteína *Bt* de *Bacillus thuringiensis*, 950242 COMPA CB y 950243 JORDI CB, progenie de la modificación genética CG176, que ha sido comercializada por Novartis Seeds, S.A. Más de 20.000 hectáreas anuales se vienen sembrando desde 1998 con las nuevas semillas. Las pérdidas anuales debidas al taladro del maíz en España han sido en el pasado del orden del 5%-20% de la cosecha, lo que representa entre 4.000 y 17.000 millones de pesetas por año.

Hay también una docena de variedades de diferentes empresas que contienen modificaciones genéticas plenamente autorizadas para su cultivo en la Unión Europea (CG176, Mon 810, T25), pero que aún no han recibido la autorización para su venta en España.

Adicionalmente, están pendientes de autorización tres modificaciones genéticas para las que España actúa como ponente ante la CEE en el trámite de aprobación comunitaria. Dichas modificaciones genéticas son las siguientes: una de tomate con la maduración retrasada de la empresa Zeneca y dos de algodón de la empresa Monsanto, una resistente a lepidópteros y la otra tolerante a glifosato.

5. Aceptación de los cultivos transgénicos

Puede decirse que si examinamos las posturas públicas de las distintas instituciones y entidades relacionadas con el tema de la biotecnología para la agricultura, se encuentra toda la gama de posiciones que se han dado en otros países europeos, aunque en algunos casos, como el del movimiento ecologista, la reacción se haya dado más tarde.

La Administración central del Estado parece inclinarse a seguir las tendencias predominantes en la CEE y adoptarlas a escala nacional con una cierta cautela.

El movimiento ecologista, con algunos matices, se opone frontalmente a la nueva tecnología tanto en el plano estrictamente técnico (seguridad sanitaria, medio ambiente, etc.) como en el político-económico (concentración del poder en compañías multinacionales) y en el ideológico.

Entre las organizaciones de agricultores, las hay que han adoptado en esencia el mismo ideario que el ecologismo radical; otras parecen estar a la expectativa, después de una oposición inicial, y, en fin, otras han adoptado una postura consistente en recabar información sobre la biotecnología, mediante talleres y seminarios, con objeto de incorporarla si les supone ventajas concretas.

Las asociaciones de consumidores ponen el acento en los aspectos de seguridad para la salud humana e insisten generalmente en que las normas de etiquetado sean aplicadas de forma rigurosa. El estamento científico, en general, y la Sociedad Española de Biotecnología, en particular, han adoptado posturas de claro apoyo a la introducción de la nueva tecnología. Esta última sociedad, que representa a los investigadores de la especialidad, viene realizando una activa campaña de información al público. Entre los científicos es frecuente ver con recelo la concentración del comercio de las semillas en unas pocas empresas multinacionales, si bien dicha objeción no se restringe a este sector industrial.

Se ha realizado un cierto número de encuestas entre agricultores con objeto de averiguar su actitud frente a los cultivos transgénicos y tiende a predominar el desconocimiento completo respecto a dichos cultivos. Resumiremos a continuación algunos de los resultados más relevantes.

Una encuesta completada en junio de 1997, entre 600 agricultores de cinco regiones españolas representativos del cultivo del maíz, mostró que sólo un 39% de los encuestados había oído hablar del maíz autoprotegido contra el taladro. Entre éstos, el 76% tenían una opinión favorable respecto a dicho maíz en términos de mejor producción y comodidad de manejo, así como de mayor beneficio para el medio ambiente; un 5% tenían una opinión desfavorable, ante el temor de tener problemas para vender la cosecha, y el restante 19% se mostraba indiferente. Por otra parte, el 92% creía que Europa no debe mantenerse al margen de estas nuevas tecnologías.

En una encuesta más reciente —realizada sobre el algodón resistente a lepidópteros a 100 agricultores en las provincias andaluzas de Cádiz, Córdoba y Sevilla en octubre de 1988— el 61% de los encuestados afirmaron conocer las nuevas variedades. Un 97% de estos últimos estimó que las nuevas variedades podían ser muy útiles y se mostraron dispuestos a utilizarlas al precio apropiado (40%, claramente sí; 56%, probablemente sí).

CUADRO 9

ENCUESTA SOBRE LOS POSIBLES BENEFICIOS DE LA REMOLACHA RESISTENTE A GLIFOSATO

Beneficio	*Sí (%)*	*No (%)*	*Indiferente (%)*
Económico	79,7	2,1	17,2
Medio-ambiental	43,0	3,2	53,8
Facilidad control malas hierbas	92,5	0,0	7,5

En relación con el cultivo de la remolacha resistente a glifosato se ha realizado una encuesta a agricultores que previamente habían visitado los campos de ensayo y habían recibido una explicación sobre plantas transgénicas durante la visita. Como en los casos anteriores, sólo un 70% de los encuestados tenían conocimiento previo sobre el tema. Sin embargo, tal como se refleja en el Cuadro 9, sus opiniones respecto a la innovación fueron aún más favorables que en las encuestas arriba reseñadas.

En relación con los consumidores, puede citarse una encuesta realizada en 1992 por el Ministerio de Obras Públicas, responsable entonces del medio ambiente.

CUADRO 10

ENCUESTA A LOS CONSUMIDORES SOBRE PLANTAS TRANSGÉNICAS RESISTENTES A INSECTOS

Pregunta	*Sí (%)*	*No (%)*	*Indiferente/ No sabe (%)*
¿Ha hablado con alguien sobre biotecnología?	33	67	0
¿Son útiles a la sociedad las plantas resistentes a insectos?	65	20	15
¿Comportan riesgos?	43	35	22
¿Son aceptables moralmente?	59	23	18
¿Deben ser fomentadas?	56	24	20

Casi un 70% de los encuestados se mostraron favorables a los posibles beneficios de las plantas transgénicas tolerantes a herbicidas, aunque entonces el nivel de información del público español sobre las nuevas tecnologías era bastante escaso.

En el Cuadro 10 se muestran datos referentes a las opiniones de los consumidores españoles sobre plantas transgénicas resistentes a insectos.

Dichos datos han sido extraídos de una encuesta difundida por el Ministerio de Medio Ambiente e indican una actitud moderadamente favorable.

IX. EL FUTURO GLOBAL Y EL EUROPEO

Producir una tonelada de alimento con una variedad moderna de maíz o de trigo requiere menos energía, menos suelo laborable y menos productos fitosanitarios y fertilizantes que con una de las que se cultivaban hace treinta años. Sin embargo, en ese período el número de toneladas de alimento que deben producirse se ha más que duplicado para alimentar a una población que ha pasado de 3.000 millones a 6.000 millones de personas. Esto ha hecho que, a pesar de los perfeccionamientos conseguidos, el impacto de la actividad agrícola sobre el medio ambiente se haya agravado.

Si extrapolamos los rendimientos agrícolas al año 2025, basándonos en las tasas de mejora obtenidas en los últimos años, y los confrontamos con la demanda prevista para dicha fecha, según el crecimiento de la población y el de la demanda per cápita, nos encontramos con grandes déficits en casi todas las regiones del mundo (Cuadro 11). Esto significa que necesitamos un mayor ritmo de innovación para resolver este conflicto potencial.

Muchos agrónomos y biólogos opinamos que no es seguro que en el futuro se vaya a poder estar a la altura de los retos planteados por las necesidades de alimentos. No creen lo mismo la mayoría de los ecologistas y muchos economistas liberales. Según los primeros, no sólo se produce ya suficiente para alimentar a la población del año 2025, sino que además se debe volver a un sistema de producción —el de la agricultura llamada biológica— cuyos rendimientos son la mitad de los de la agricultura intensiva moderna. Para algunos economistas, la necesidad es la madre del ingenio y basta su aparición para que inexorablemente surja la respuesta productiva adecuada.

Cuadro 11

DÉFICIT PROYECTADO DE LA DISPONIBILIDAD DE CEREALES EN EL AÑO 2025

Concepto	*Magnitud*
Área cosechada en 1989-91	703 millones de hectáreas
Rendimiento medio en 1989-91	2.711 kg/ha
Incremento anual de rendimiento en 1981-1997	39 kg/ha
Proyección del rendimiento al año 2025	4.076 kg/ha
Producción proyectada para el año 2025 (misma superficie)	2.977 millones de toneladas
Déficit en el África subsahariana en 2025	89 millones de toneladas
Déficit en Asia en el año 2025 (excluido Oriente Próximo)	152 millones de toneladas
Déficit en el Oriente Próximo en 2025	133 millones de toneladas
Déficit en América Latina en 2025	47 millones de toneladas
Superávit en países desarrollados en 2025	351 millones de toneladas
Déficit mundial en el año 2025	68 millones de toneladas

Adaptado de T. Dyson, *Proc. Natl. Acad. Sci. USA* 96: 5929-5936 (1999).

Se dice con mucha frivolidad que la solución del problema del hambre en el mundo carece de una componente tecnológica, ya que se trata de un mero problema de reparto. Los que eso dicen ignoran que, aunque en efecto el hambre no es *sólo* un problema técnico, sí que tiene una componente técnica esencial. Así, en muchas regiones del mundo coexiste el hambre con los excedentes alimentarios. Es su precio la barrera que separa al alimento del hambriento. Los avances tecnológicos y los incrementos de producción de estas últimas décadas han abaratado los alimentos a un cuarto del precio que tenían (en divisas constantes) al principio del período. Si esto no hubiera ocurrido, no cabe duda de que el número de los que sufren hambre extrema sería varias veces superior al actual.

Como hemos indicado, la obtención de plantas transgénicas es una tecnología que ha madurado a lo largo de los últimos veinte años. La superficie sembrada con semillas transgénicas ha pasado de poco más de 1 millón de hectáreas en 1996 a 40 millones de hectáreas en 1999 (Cuadro 12). A corto plazo, el futuro aumento va a depender de la opinión pública en Europa, volátil y erróneamente informada. A medio y largo plazo, no debe caber duda de que la nueva tecnología acabará consolidándose. La mejora genética vegetal —la mendeliana junto a la molecular— es una de las herramientas más poderosas que pueden ayudarnos a aumentar los rendimientos de la actividad agrícola y a hacer ésta más compatible con el medio ambiente.

CUADRO 12

SUPERFICIE MUNDIAL CON CULTIVOS TRANSGÉNICOS

	Millones de hectáreas	
	1998	*1999*
Cosecha		
Soja	14,5	21,6
Maíz	8,3	11,1
Algodón	2,5	3,7
Colza	2,4	3,4
Patata	<0,1	<0,1
Calabaza	0,0	<0,1
Papaya	0,0	<0,1
Carácter		
Tolerancia a herbicida	19,8	28,1
Resistencia a insectos (Bt)	7,7	8,9
Combinación de las anteriores	0,3	2,9
Resistencia a virus/otras aplicaciones	<0,1	<0,1

Desde el punto de vista de los países menos favorecidos, el peligro no es que se aplique la nueva tecnología, sino que no se aplique. En efecto, la revolución verde liderada por Norman Borlaug estuvo dirigida a dichos países y el 80%-90% de los trigos producidos actualmente en ellos se debe a esta iniciativa. Sin embargo, la nueva revolución está enfocada principalmente al mundo desarrollado, aunque países tales como China, India o Brasil hayan entrado de lleno en la nueva tecnología. Los peligros que merecen discutirse son el posible monopolio de la tecnología por muy pocas manos y la falta de mecanismos para abordar problemas que puedan ser específicos de los países más necesitados.

REFERENCIAS BIBLIOGRÁFICAS

CUBERO, J. I. (1999): *Introducción a la Mejora Genética Vegetal*, Ediciones Mundi-Prensa, Madrid.

GARCÍA OLMEDO, F. (1998): *La Tercera Revolución Verde*, Editorial Debate, Madrid (trad. italiana, Il Sole/24Hore, 2000).

– (1999): «La biotechnologie per l'agricoltura in Spagna», en *VII Rapporto Nomisma sull'agricoltura italiana*, Il Sole/24 Hore.

– (2000a): «Mejora Genética Vegetal», en *La Ciencia al alcance de la mano, Ciencia para todos* (P. García-Barreno, ed.), Sociedad Estatal España-Nuevo Milenio.

– (2000b): «Todo lo que nunca deseó estudiar sobre biotecnología molecular y que tampoco quiso preguntar», *Revista de Libros* 43-44: 28-31.

– (2001): *La biotecnología agrícola en España,* CEFI (en prensa).

GLICK, B. R. y PASTERNAK, J. J. (1998): *Molecular Biotechnology,* 2.ª edición, ASM Press, Wahington D.C., EE.UU.

HAYWARD, M. D., BOSEMARK, N. O. y ROMAGOSA, I. (eds.) (1993): *Plant Breeding. Principles and Prospects,* Capman & Hall, Londres.

IZQUIERDO ROJO, M. (1999): *Ingeniería Genética y Transferencia Génica,* Ediciones Pirámide, Madrid.

Capítulo Segundo

La economía española frente a la biotecnología agraria*

Gonzalo Sanz-Magallón
Profesor de Economía Aplicada
Universidad San Pablo-CEU

I. INTRODUCCIÓN

El objetivo de este trabajo es analizar los efectos de los recientes avances de la biotecnología vegetal[1] sobre la economía española. Con esta finalidad se analizarán los efectos de la amplia adopción de los nuevos organismos genéticamente modificados (OGM o GM) que ya se encuentran en el mercado y cuya introducción resulta adecuada y viable en el marco natural español. La mayor parte de las variedades GM que se comercializan actualmente se caracterizan por presentar unas características para el consumidor (nutritivas, sabor, forma, etc.) equivalentes a las de los alimentos convencionales, si bien su estructura genética ha sido modificada para que el productor pueda obtener tres tipos de ventajas durante su cultivo:

---

* El autor agradece al Director de Análisis del Instituto de Estudios Económicos, D. Gregorio Izquierdo, sus brillantes ideas y sugerencias, fundamentales para la elaboración de este trabajo.

[1] Denominamos biotecnología vegetal al conjunto de técnicas que permiten alterar las características de un organismo vegetal mediante la modificación dirigida y controlada de su genoma, añadiendo, eliminando o modificando alguno de sus genes. *Vid.* Sociedad Española de Biotecnología (2000): *Plantas transgénicas. Preguntas y respuestas* (Madrid, Sebiot).

un mayor rendimiento por hectárea, una menor utilización de pesticidas o herbicidas y/o un ahorro de tiempo y de la mano de obra necesaria.

Por ello, en este trabajo se repasan los estudios que existen en los que se analizan las ventajas de sembrar nuevas variedades transgénicas[2] para el agricultor, comparando el mayor precio de las semillas GM con los ahorros de costes e incrementos de rendimientos. La generalización del empleo de semillas GM permitirá un incremento de la productividad del sector agrario, con efectos beneficiosos sobre otros sectores de la economía, al trasladarse las mejoras de productividad a los precios.

En la actualidad existen dudas en la opinión pública europea acerca de la conveniencia de aceptar y desarrollar en mayor medida los nuevos alimentos transgénicos. Por ello, en este estudio se estiman tanto las principales ventajas de un mayor desarrollo de la biotecnología como las consecuencias previsibles de la no aceptación de las nuevas variedades, ya sea por imperativo legal o simplemente porque el consumidor las rechace.

Efectivamente, el desarrollo de los nuevos productos GM ha coincidido con importantes crisis alimentarias en la Unión Europea, que han provocado una notable pérdida de confianza de los consumidores europeos en las autoridades responsables de la seguridad alimentaria, fomentándose un cierto sentimiento de que los productos GM pueden ser un caso más de riesgo elevado para la salud. No obstante, la biotecnología en nuestro país presenta un menor nivel de rechazo en comparación con el resto de Europa, al tiempo que España es el primer país de la Unión Europea por número de hectáreas de cultivos transgénicos, a lo que hay que unir una elevada actividad en materia de ensayos experimentales.

Nos encontramos, por tanto, ante una tecnología incipiente y sobre la que existe una gran confusión en la población española sobre la naturaleza, seguridad y posibilidades que ofrecen los

[2] En un sentido estricto, para poder hablar de producto transgénico es preciso que se haya incorporado al nuevo organismo un gen procedente de otra especie. Sin embargo, en la práctica es habitual emplear este término para referirse al conjunto de nuevos alimentos procedentes de ingeniería genética, aunque no implique una transferencia de genes.

alimentos modificados genéticamente[3]. Como se demostrará a lo largo del trabajo, las principales aplicaciones de la biotecnología vegetal presentan indudables ventajas económicas, por lo que es tarea de todos proporcionar una información veraz al respecto, para que la economía española afronte con éxito los nuevos retos que se plantean en los sistemas agrarios del siglo XXI, donde la tecnología jugará un papel cada vez más importante. Sólo de esta manera el sector agropecuario español podrá mejorar su posición competitiva internacional y generar mayores niveles de renta y empleo.

II. TENDENCIAS ACTUALES DE LA BIOTECNOLOGÍA VEGETAL

1. Innovación y productividad en la agricultura

A lo largo del siglo XX, especialmente durante su segunda mitad, ha tenido lugar un intenso proceso de desarrollo agrario, basado en la incorporación de factores nuevos a la agricultura, procedentes del sector industrial y de servicios, y que ha permitido alcanzar un notable incremento de la productividad agraria. Efectivamente, de no haber sido por la aplicación sistemática de la ciencia, de los conocimientos mecánicos, químicos y biológicos a los procesos productivos de la agricultura, no hubiera sido posible alcanzar los espectaculares incrementos de productividad que han tenido lugar.

---

[3] Sirva como buen ejemplo de desinformación las declaraciones publicadas en la contraportada del diario *La Vanguardia* el 23 de noviembre de 2000, en las que M. Arias, directora de la revista *The Ecologist* en España, en relación con la crisis de las «vacas locas» afirmaba:

«...Una de las más poderosas cadenas de comida rápida está utilizando para sus hamburguesas la ingeniería genética, con la que fabrican pedazos de carne viviente, sólo los trozos más rentables de los animales.

Pregunta: ¿Monstruos sin cabeza?

Respuesta: Sí, y sin patas, ni cola, ni ojos... Tanto es así que les han prohibido utilizar la mención "carne de res", pero han salido airosos argumentado que "res" significa cosa...»

Estas declaraciones provocaron una reacción de protesta mediante recogida de firmas y una serie de cartas al director de ese periódico por parte de investigadores españoles del campo de la biotecnología.

Así, entre 1880 y 1980 la producción agraria se multiplicó en Estados Unidos por 5,1, en Japón por 4,8 y en el Reino Unido por 3,6[4]. Al tiempo, el número de trabajadores empleados en el sector agrario se redujo de forma dramática: en Estados Unidos disminuyó hasta aproximadamente la quinta parte, mientras que en Japón y Reino Unido lo hizo hasta la tercera parte.

El incremento de la productividad agraria hasta los años ochenta estuvo basado en la introducción de dos grandes bloques tecnológicos: la tecnología mecánica, responsable del aumento de la cantidad de tierra cultivada por cada trabajador, y la tecnología biológica, cuyo logro fue la obtención de una mayor producción por cada hectárea utilizada o por cabeza de ganado.

Los avances de la tecnología biológica han pasado más desapercibidos que los de la tecnología mecánica, hasta la introducción de variedades de maíz y arroz de alto rendimiento en algunos países subdesarrollados a partir de los años sesenta, proceso que se denominó Revolución Verde. En este caso, la tecnología biológica permitió la introducción de variedades de alto rendimiento, aunque lo más específico de las mismas fue su adecuación para el uso de fertilizantes, ya que las cosechas comenzaron a responder con grandes incrementos a los mayores niveles de fertilización.

Sin embargo, durante los últimos años se ha registrado un cierto estancamiento de los rendimientos por hectárea en los países desarrollados, toda vez que ya se están utilizando las tecnologías químicas y biológicas tradicionales al máximo de sus posibilidades. No obstante, en los países en vías de desarrollo, al incorporar con cierto retraso la tecnología disponible, han continuado aumentando de manera importante los rendimientos medios durante los últimos años, proceso que ha permitido que acerquen sus niveles a los de los países más desarrollados (véase Tablas 1 y 2).

---

[4] *Vid.* Hayami, Y. y Ruttan, V. (1985): *Agricultural Development. An International Perspective,* Baltimore and London, John Hopkins Univ. Press.

TABLA 1

PRODUCCIÓN OBTENIDA POR CADA HECTÁREA EN EXPLOTACIÓN POR ÁREAS GEOGRÁFICAS, 1961-1998
(Dólares a precios de 1989-1991)

	1961	*1973*	*1986*	*1998*
América del Norte y Centro	181	239	294	362
América del Sur	89	111	152	200
Europa	nd	nd	nd	577
Asia y Pacífico	128	176	254	391
África	36	48	63	88
Oceanía	29	39	48	61
Desarrollados	187	251	299	293
Vías de desarrollo	95	128	185	274
Mundo	**134**	**183**	**229**	**262** (a)

nd: no disponible.
(a): 1999.
Fuente: Elaboración propia con datos FAO.

TABLA 2

CRECIMIENTO DE LA PRODUCCIÓN OBTENIDA POR CADA HECTÁREA EN EXPLOTACIÓN POR ÁREAS GEOGRÁFICAS
(Etapas. Crecimiento anual acumulativo, en %)

	1961-1973	*1974-1986*	*1987-1999*	*1961-1998*
América del Norte y Centro	2,4	1,6	1,8	1,9
América Latina	1,8	2,4	2,3	2,2
Asia y Pacífico	2,7	2,9	3,7	3,1
África	2,3	2,1	2,8	2,4
Oceanía	2,5	1,6	2,1	2,0
Desarrollados	2,5	1,4	-0,2	1,2
Vías de desarrollo	2,5	2,8	3,4	2,9
Mundo	**2,7**	**1,7**	**1,1**	**1,8** (a)

(a): 1961-1999.
Fuente: Elaboración propia a partir de la tabla anterior.

2. Las nuevas técnicas. El papel de las semillas genéticamente modificadas

La base de los avances tecnológicos aplicados a la agricultura se sustenta en unas pocas áreas técnicas: mecanización, fertilizantes inorgánicos, protección de las cosechas, nutrición animal, salud animal y, por último, genética de plantas y animales. Dentro de éstas, la genética ha desarrollado una función clave en el desarrollo agrario del siglo XX, y se le atribuye cerca del 50% de los incrementos de productividad obtenidos[5].

La ingeniería genética, entendida como aquella técnica basada en la modificación de genes de forma selectiva, es un instrumento muy útil que se añade a los instrumentos convencionales de mejora de las variedades y que presenta en el corto plazo un potencial muy elevado para la mejora de ciertos cultivos, si bien en otros cabe esperar que las mejoras se produzcan a más largo plazo. Las aplicaciones de la biotecnología son innumerables y las nuevas aplicaciones de la ingeniería genética pueden afectar a todas las etapas de la vida de una planta[6]:

a) Métodos diagnósticos: los tests biotecnológicos rápidos permiten detectar la contaminación por los agentes infecciosos de las plantas cultivadas, y para el control de la calidad de las semillas y de los cultivos, permiten una selección y cambios seguros y más eficaces.
b) Nuevos genes para plantas cultivadas: la mejora del patrimonio genético de las plantas cultivadas mediante la incorporación de nuevos genes ha sido el objetivo de la producción vegetal desde el comienzo de la agricultura. Entre las posibilidades de los nuevos métodos de modificación genética destacan: incrementos de los rendimientos de las plantas ante su mayor resistencia a los virus, insectos y otras enfermedades, así como a la sequía, a la salinidad, al frío, al calor, etc.

---

[5] Véase Frisvold, G., Sullivan, J. y Raneses, A. (1999): «Who Gains From Genetic Improvements In U.S. Crops?», *AgBioforum*, vol. 2, n.° 3 y 4.

[6] Paillotin, G.: «The Impact of Biotechnology on the Agro-Food Sector», en *The Future of Food. Long Term Prospects for the Agro-food Sector*, OCDE.

c) Mayor eficiencia en el proceso para la mejora de plantas. Mediante la biotecnología se reducen los costes y los plazos en la producción, el crecimiento y evaluación de gran número de plantas, mediante la identificación rápida de genes interesantes y nuevos métodos para la producción de semillas híbridas.
d) Aumento de la producción vegetal y reducción de *inputs*. Los recientes avances de la biotecnología permiten reducir la influencia de factores que inciden en el rendimiento obtenido, como la naturaleza del suelo, la influencia de parásitos y enfermedades. De esta forma se puede reducir el nivel de *inputs* químicos en la agricultura al tiempo que la producción aumenta.
e) Mejora de la calidad de los vegetales. Las nuevas técnicas posibilitan mejorar las características de las producciones agrarias, incrementando sus valores nutricionales u otras características: plazo de maduración, sabor, etc.

Junto a las anteriores ventajas, existen otras en toda una serie de aplicaciones de la biotecnología sobre la ganadería, la alimentación y las plantas no alimentarias[7].

El desarrollo de las distintas aplicaciones de la biotecnología ha sido relativamente rápido. La primera vez que se consiguió introducir genes foráneos en una planta data de 1983, al tiempo que los primeros cultivos comerciales de semillas OGM tuvieron lugar en 1994. Sin embargo, en los últimos años el ritmo innovador se ha visto frenado ante los altos niveles impuestos en materia de seguridad alimentaria y medioambiental, a lo que se une la oposición frontal de algunas asociaciones ecologistas y organizaciones de consumidores.

---

[7] Así, en el campo de la ganadería destacan las posibilidades de la biotecnología para la mejora de la salud animal (control de las enfermedades, las vacunas sintéticas, los nuevos principios activos y las modificaciones transgénicas en la descendencia), mejora del crecimiento animal y de la lactación, etc. Con relación a los peces, los avances permiten mejorar la eficacia de la producción y la disminución de enfermedades. Dentro de la alimentación destacan las numerosas aplicaciones de las enzimas en las industrias de los alimentos, los tests para detectar la contaminación de alimentos, la conservación biológica, cultivos de células vegetales y micro-algas. Por último, en la utilización no alimentaria de plantas sobresale la obtención de biomasa a precios competitivos con otras energías, el tratamiento de residuos, las mejoras en plantas ornamentales, céspedes, tabaco y algodón, etc.

Así, para reducir al mínimo los riesgos que pudieran presentar los nuevos productos genéticamente modificados, ante la posibilidad de que pudieran provocar alergias u otro tipo de problemas, así como para asegurar que sus valores nutricionales no son inferiores a los de la variedad no modificada, la mayor parte de los países han ido estableciendo desde hace 10 ó 12 años toda una serie de rigurosos procedimientos para autorizar las nuevas variedades, mediante los cuales deberá demostrarse que la nueva variedad es segura, tanto para la salud como para el medio ambiente, y «sustancialmente equivalente» a la no modificada.

De esta forma, la empresa que desee comercializar nuevas variedades de OGM deberá asumir los gastos de realización de numerosos y costosos estudios, lo que dificulta la rentabilidad de esta actividad y su expansión. Por otra parte, las inversiones necesarias no están al alcance de las empresas de menor dimensión, por lo que actúan como importantes barreras de entrada en esta actividad, limitando el número de competidores potenciales en este sector.

3. Desarrollo de los productos genéticamente modificados y perspectivas

Los primeros cultivos transgénicos comerciales a gran escala aparecieron en 1996, la mayor parte en Estados Unidos. A partir de ese año, en el que se plantaron 2,8 millones de hectáreas de cultivos GM, su crecimiento fue espectacular, al contabilizarse tan sólo cuatro años después 44,2 millones de hectáreas. Del total de hectáreas con cultivos GM destacan las dedicadas a la soja (58% del total), seguido de maíz (23%), algodón (12%) y colza (6%). En la Tabla 3 se recoge la evolución de las superficies dedicadas al cultivo de OGM según tipo de productos.

El 74% de las hectáreas de cultivos GM son semillas en las que la modificación introducida provoca una resistencia de la planta a herbicidas, lo que permite al agricultor emplear productos de amplio espectro y de menor efecto residual, esto es, con menor riesgo de contaminación de aguas y suelos, y por tanto más seguros que los herbicidas tradicionales. Además, las variedades GM

TABLA 3

EVOLUCIÓN DE LA SUPERFICIE DEDICADA A CULTIVOS CON MODIFICACIÓN GENÉTICA SEGÚN PRODUCTOS, 1996-2000

Millones de hectáreas	*1996*	*1997*	*1998*	*1999*	*2000*	*% en 2000*
Soja	0,5	5,1	14,5	21,5	25,8	58,3
Maíz	0,3	3,2	8,3	11,2	10,3	23,3
Algodón	0,8	1,4	2,5	3,6	5,3	12,0
Colza	0,1	1,2	2,4	3,6	2,8	6,3
Patatas	0,01	0,01	0,03	0,04	0,04	0,1
Tabaco (a)	1	1,6	1	nd	nd	nd
Tomate	0,1	0,1	nd	nd	nd	nd
Total	**2,8**	**12,8**	**28,7**	**39,9**	**44,2**	**100,0**

nd: no disponible.
(a): Se excluyen los cultivos de tabaco genéticamente modificado de China iniciados a finales de los años ochenta con tecnología propia.
Fuente: International Service for the Adquisition of Agri-Biotech Applications ISAAA (2000), Comisión Europea (2000) y elaboración propia.

GRÁFICO 1

SUPERFICIE DEDICADA A CULTIVOS GM

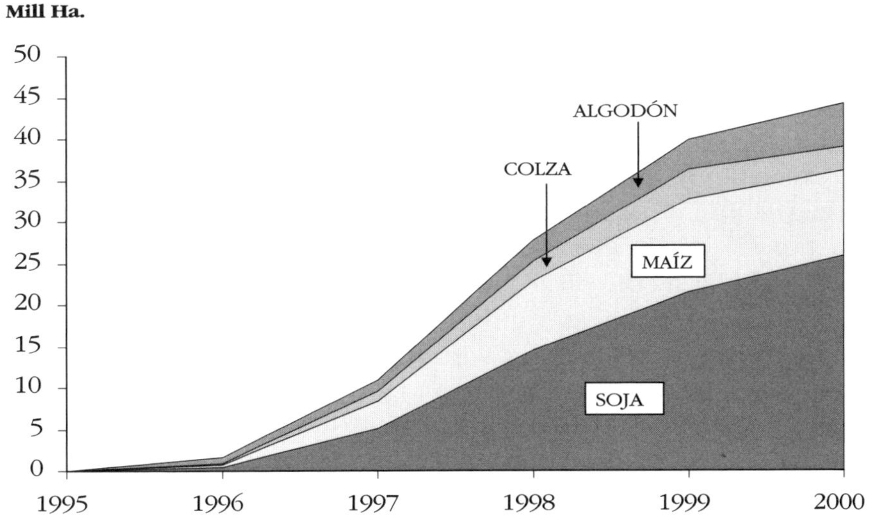

Fuente: Elaboración propia a partir de la tabla anterior.

resistentes a herbicidas toleran su aplicación después de la germinación de la semilla y a lo largo del desarrollo de la planta, lo que permite realizar aplicaciones según cada año y lugar, y no de forma rutinaria y preventiva, por lo que se reduce la cantidad total aplicada. Las plantas transgénicas resistentes a insectos se sitúan a continuación al suponer el 19% del total. Mediante la expresión de una toxina de origen bacteriano, *Bacillus thuriengensis* (Bt), la planta queda protegida frente a determinados grupos de insectos, ya que cuando éstos comiencen a alimentarse, su digestión se verá interrumpida y morirán posteriormente. Por su parte, el 7% de las plantas GM combinan las dos modificaciones anteriores, esto es, tanto la resistencia al herbicida como a los insectos. A continuación se sitúan los cultivos con resistencia a virus, que suponen aproximadamente el 0,1% de la superficie total. Mediante la resistencia a virus, los cultivos de patatas y tabaco permiten ahorrar cantidades importantes de insecticidas. Por último, y de forma marginal, existen aproximadamente 50.000 hectáreas en Estados Unidos y Canadá con cultivos en los que se han introducido ciertas mejoras en la calidad del producto.

Hasta la fecha, los cultivos transgénicos presentan una alta concentración en tres países, Estados Unidos, Canadá y Argentina, de tal forma que en 2000 sus producciones superaron conjuntamente el 98% del total mundial (véase Tabla 4).

Las variedades de semillas GM que actualmente están en el mercado son sólo un pequeño avance frente a las posibilidades que ofrece la biotecnología. En este sentido, se prevé que en el corto plazo surja un mayor número de semillas que incorporen dos modificaciones genéticas, como es el caso de la resistencia tanto a insectos como a herbicidas. A medio plazo, se estima que se introducirán este tipo de mejoras (resistencia a virus, insectos y herbicidas) a nuevos productos como las frutas y verduras, el trigo, el arroz, la patata y la remolacha. Por su parte, en el largo plazo, cabe esperar que aparezcan nuevos productos con cambios en su composición, aumentando la calidad (sabor, olor, textura, forma) o su valor nutritivo, mediante un mayor contenido de proteínas y vitaminas, y la modificación de la composición de la grasa.

TABLA 4

DESARROLLO DE LA SUPERFICIE DEDICADA A CULTIVOS CON MODIFICACIÓN GENÉTICA POR PAÍSES, 1996-2000

Millones de hectáreas	*1996*	*1997*	*1998*	*1999*	*2000*	*% en 2000*
Estados Unidos	1,5	8,1	20,5	28,7	30,3	68,6
Argentina	0,1	1,4	4,3	5,6	10	22,7
Canadá	0,1	1,3	2,8	4	3	6,8
China	1,1	1,8	1,0	0,3	0,5	1,1
Brasil (a)				0,9	nd	nd
Australia	<0,1	0,1	0,1	0,2	0,15	0,3
Sudáfrica			<0,1	0,2	0,2	0,5
México	<0,1	<0,1	<0,1	<0,1	<0,1	0,0
Europa			<0,1	<0,1	<0,1	0,0
España			<0,1	<0,1	<0,1	0,0
Francia				<0,1		0,0
Portugal				<0,1	<0,1	0,0
Rumania				<0,1	<0,1	0,0
Ucrania				<0,1		0,0
Bulgaria					<0,1	0,0
Uruguay					<0,1	0,0
Total	**2,8**	**12,8**	**28,7**	**39,9**	**44,2**	**100,0**

<0,1: Superficie inferior a las 100.000 Ha.

a) La legislación brasileña no permite la siembra de semillas GM, si bien, se calcula que en 1999 cerca de 1 millón de hectáreas estaban dedicadas a estos productos, mediante importaciones de semillas procedentes de Argentina.

Fuente: ISAAA (2000), Comisión Europea (2000) y elaboración propia.

III. ECONOMÍA Y BIOTECNOLOGÍA AGRARIA

1. Análisis de la oferta

El desarrollo comercial de la biotecnología agraria requiere disponer de una elevada capacidad financiera así como dominar dos tipos de activos. En primer lugar, es preciso desarrollar una plataforma líder de conocimientos e investigación en materia de biotecnología a nivel global. En este sentido, las recientes fusiones entre empresas dedicadas a la biotecnología molecular agraria, venta de semillas y productos fitosanitarios se explican por la complementariedad de las tecnologías de cada sector. Pero además, la explotación comercial de la biotecnología exige contar con una potente estructura de comercialización, con capacidad para el desarrollo de los nuevos sistemas de producción y que permita crear y capturar el valor generado desde el nivel agrario hasta el consumidor final.

De esta forma, en los últimos años han surgido toda una serie de grupos empresariales, con capacidad para desarrollar las economías de escala que se presentan en las actividades de I+D y distribución, y con presencia directa o alianzas en toda una serie de sectores muy variados, que incluyen las actividades de investigación, producción de semillas, piensos y productos fitosanitarios, así como en los sectores de la alimentación y el farmacéutico. Estas empresas, que llegan a alcanzar cifras de facturación anual cercanas al billón de pesetas, cuentan con presupuestos de investigación cercanos a los 100.000 millones de pesetas, lo que les permite liderar el avance del conocimiento en estas áreas (véase Tabla 5).

TABLA 5

FACTURACIÓN DE LAS 10 PRIMERAS EMPRESAS AGROQUÍMICAS

	Ventas mundiales. Millones de dólares
Novartis	4.224
Monsanto	4.032
Dupont	3.156
Zeneca	2.895
AgrEvo	2.384
Rhone-Poulenc	2.286
Bayer	2.248
American Cyanamid	2.194
Dow Agrosciences	2.132
Basf	1.932

Nota: Durante 2000 tuvo lugar la fusión de Novartis y Zeneca, que dio lugar a Syngenta, al tiempo que AgrEvo se unió a Rhone-Poulenc para crear Aventis.

Fuente: Comisión Europea (2000).

Más recientemente, los principales operadores del sector han practicado una estrategia de segregación de los negocios de biotecnología agraria de los de productos farmacéuticos. De esta forma, AstraZeneca PLC y Novartis AG acordaron separar sus unidades de negocio agrarias para crear Syngenta, lo mismo que Monsanto y Pharmacia & Upjohn decidieron fusionar sus unidades de negocio farmacéutico para crear una compañía común, dejando de forma independiente el negocio agrario. Más recientemente, durante el año 2000 el grupo franco-alemán Aventis anunció su intención de vender su división agroquímica. Esta tendencia hacia la segregación de los negocios de carácter agrario de los farmacéuticos es consecuencia de la progresiva diferenciación de las características de ambos negocios[8].

Además, el avance de la biotecnología agraria potenciará a medio plazo nuevas adquisiciones y alianzas de las grandes empresas del sector con otras dedicadas a la transformación de materias primas y la alimentación[9]. Esta integración permitirá a las empresas de biotecnología adueñarse de mayor parte del valor añadido de los nuevos productos, participando en la cadena de transformación y distribución, así como proveer a los transformadores de un acceso preferencial a los nuevos productos de valor añadido que irán surgiendo.

2. Análisis de la demanda

Las nuevas semillas GM han gozado de una gran aceptación y creciente demanda por parte de los agricultores en los países en los que han comenzado a utilizarse. Según los distintos estudios realizados, los agricultores esperan obtener beneficios económicos directos mediante la compra de semillas GM, al alcanzar, en general, mayores producciones o una menor utilización de

---

[8] Véase *The Economist*, 18-11-2000.

[9] Ejemplos de este proceso son la adquisición de Protein Technologies, empresa especializada en la transformación de soja, por parte de Dupont en 1997; también la formación de una *joint venture* entre Monsanto y Cargill y entre Novartis y Land O'Lakes. *Vid.* Shimoda, S. (1998).

productos fitosanitarios. Junto a ello, los productores se benefician de un ahorro de mano de obra y de la mayor simplicidad que ofrecen los cultivos GM, al no tener que estar pendientes de la posible aparición de las plagas para las que son resistentes.

La aceptación por parte del consumidor de los nuevos alimentos GM presenta importantes diferencias entre Norteamérica y Europa. Así, mientras que en Norteamérica los nuevos productos fueron aceptados de forma generalizada, en la mayor parte de los países de la Unión Europea existe una cierta desconfianza de los consumidores hacia ellos (véase Cuadro resumen con resultados del Eurobarómetro de marzo de 2000, sobre *Los Europeos y la Biotecnología*).

Las actitudes de rechazo hacia los productos GM por parte del consumidor europeo pueden explicarse por tres tipos de razones: económicas, políticas y sociales o educativas, y todas ellas se han amplificado como consecuencia de las acciones llevadas a cabo en su contra en los países occidentales desde mediados de los años noventa. En este sentido, el núcleo del movimiento opositor está formado por algunas de las más importantes organizaciones ecologistas (Greenpeace y Amigos de la Tierra), a las que se han unido asociaciones de distinto tipo: algunas organizaciones feministas, de consumidores, sindicatos y juveniles. No obstante, en gran parte de las ocasiones las críticas en contra de la biotecnología se centran en cuestiones ideológicas, como el control que ejercen las multinacionales sobre el sector, los efectos negativos de la globalización económica, los supuestos perjuicios económicos de las patentes para el Tercer Mundo, etc.

Desde el punto de vista económico, es lógico que exista un cierto rechazo por parte del consumidor frente a la primera generación de productos transgénicos, ya que los cambios introducidos por la biotecnología suponen ventajas directas para el productor e indirectas para el medio ambiente, pero, contrariamente a lo que ocurrirá a medio plazo, hasta ahora los nuevos productos no implican un menor precio o una mayor calidad para el consumidor final. Efectivamente, los estudios realizados sobre los impactos de los alimentos GM muestran que las principales ventajas han recaído en

CUADRO 1

EUROBARÓMETRO: *LOS EUROPEOS Y LA BIOTECNOLOGÍA*

Los resultados del Eurobarómetro proceden de una encuesta realizada en los países miembros de la Unión Europea entre el 1 de noviembre y el 15 de diciembre de 1999, por la Dirección General de Educación y Cultura, por encargo de la Dirección General de Investigación de la Comisión Europea.

Principales resultados

- Los europeos consideran que la biotecnología tendrá un efecto positivo sobre la calidad de vida en el futuro, si bien con relación a los resultados del Eurobarómetro de 1996 se registró un descenso del porcentaje de respuestas afirmativas del 5%.
- De entre las distintas aplicaciones de la biotecnología, la menor aceptación se registró en la producción de alimentos, registrándose un descenso respecto al nivel de aceptación de 1996. Por el contrario, otras aplicaciones de la biotecnología, como la detección de enfermedades hereditarias o los usos farmacéuticos, mantienen los niveles de aceptación de los años anteriores. La principal causa de la menor aceptación del uso en la producción de alimentos es la mayor percepción de riesgo en esta aplicación.
- La mayor parte de los encuestados (66%) no estarían dispuestos a adquirir fruta genéticamente modificada aunque tuviera un mejor sabor, al tiempo que un 53% estaría dispuesto a pagar un precio superior por alimentos no transgénicos.
- España es el país en el que se registran los mayores niveles de aceptación para el conjunto de aplicaciones de la biotecnología.
- Los conocimientos en materia de biotecnología son muy bajos entre la población. Así, frente a la afirmación de que «los tomates convencionales no contienen genes, mientras que los modificados genéticamente sí» únicamente el 35% de los encuestados respondió que era incorrecta.
- La mayoría de los encuestados (72%) expresó su deseo de informarse y conocer en mayor medida las ventajas y los inconvenientes de la biotecnología.
- De entre las posibles fuentes de información, la mayor confianza se registró en las organizaciones de consumidores, seguida de los médicos y las organizaciones ecologistas. Por el contrario, resulta extraordinariamente baja la confianza de los encuestados en la información proporcionada por las autoridades públicas.

su mayor parte sobre los agricultores, mientras que más limitadas han sido las ganancias para las empresas de semillas y el inventor de la tecnología, al tiempo que para los consumidores los efectos han sido prácticamente inapreciables (véase Tabla 6 y Gráfico 2).

TABLA 6

REPARTO DEL VALOR AÑADIDO POR LAS NUEVAS VARIEDADES GENÉTICAMENTE MODIFICADAS EN ESTADOS UNIDOS
(Millones de dólares)

	Soja RR		*Algodón Bt*	
	1997	*%*	*1996-1997*	*%*
Agricultor	796	75,0	220,8	51,3
Inventor	74	7,0	116,9	27,2
Empresa de semillas	32	3,0	30,8	7,2
Consumidor	42	4,0	35,6	8,3
Resto del mundo	117	11,0	26,2	6,1
Total	**1.061**	**100,0**	**430,3**	**100,0**

Fuente: Traxler, G. y Falck-Zepeda, J. (1999).

Ante esta situación, y a igualdad de precio, un mínimo nivel de duda sobre la seguridad de los nuevos alimentos provocará que el consumidor opte siempre por el producto convencional. Éste es el razonamiento de algunas de las principales cadenas de distribución alimentaria en Europa, al anunciar que, con el objetivo de defender los intereses de sus consumidores, rechazarían los productos GM.

En el caso europeo, una de las causas fundamentales de la desconfianza fue la coincidencia de la aparición de los nuevos alimentos GM con importantes crisis en los sistemas de salud de diversos países europeos: *vacas locas*, sangre contaminada en Francia, dioxinas en Bélgica. La negligencia de las autoridades sanitarias europeas provocó una importante desconfianza de los ciudadanos frente a los sistemas de seguridad alimentaria y de salud pública. Además, las crisis anteriores provocaron una mayor receptividad de los medios de comunicación en Europa frente a los posibles casos de crisis de salud pública, de tal forma que toda información

GRÁFICO 2

REPARTO DEL VALOR AÑADIDO POR LAS NUEVAS VARIEDADES GENÉTICAMENTE MODIFICADAS EN ESTADOS UNIDOS
(En %)

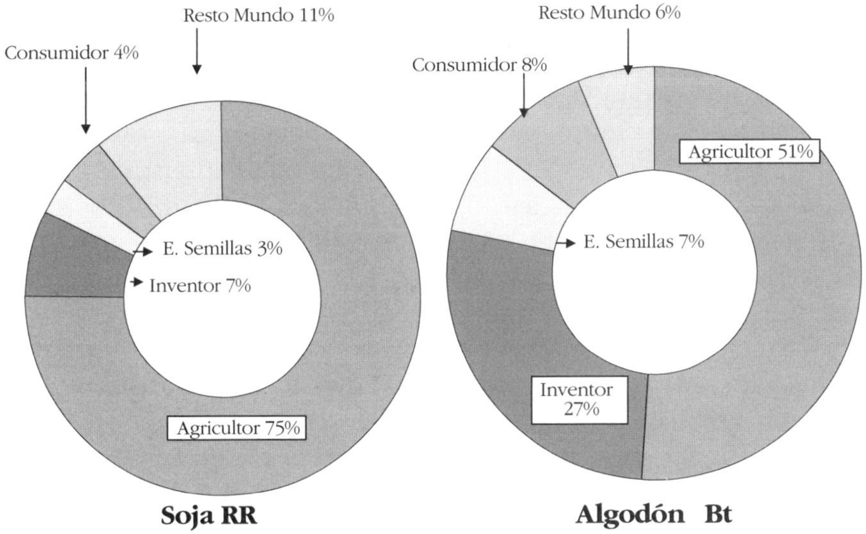

Fuente: Elaboración propia con datos de la tabla anterior.

relativa a posibles riesgos alimentarios pasa a ser titular de primera página y con un amplio potencial para impulsar las ventas de los medios.

Además, es preciso considerar ciertos factores culturales que también influyen en la distinta percepción que los consumidores europeos tienen de los OGM, especialmente si se compara con el caso norteamericano. Así, mientras que en Estados Unidos existe una valoración muy positiva de los productos nuevos, en Europa, por el contrario, existe una mayor propensión a valorar a las técnicas tradicionales y a los «alimentos de siempre». En este sentido, en Europa está de moda la «agricultura tradicional», mientras que la agricultura moderna, con la que identifica la biotecnología agraria, es percibida de forma negativa.

Debido a todo la anterior, los alimentos GM son una cuestión especialmente problemática y delicada para los gobiernos europeos, que, en general, han mantenido una postura bastante ambigua y poco decidida al respecto.

En el contexto mundial, los nuevos productos de la biotecnología han sido ampliamente aceptados, especialmente en países en vías de desarrollo (PVD), en los que las nuevas posibilidades que ofrece la biotecnología presentan un gran potencial. Efectivamente, en muchos PVD el incremento de la producción de alimentos es un objetivo prioritario ante los problemas de malnutrición y sus perspectivas demográficas[10]. De esta forma, en los PVD se cultivan actualmente cerca de 430 millones de hectáreas de cultivos, que son en gran medida proclives a la introducción de modificaciones genéticas[11], ya que los rendimientos se ven mermados especialmente en estos países como consecuencia de los ataques de insectos, plagas y enfermedades. En este contexto, durante los últimos años han proliferado los acuerdos entre las empresas de biotecnología y los centros de investigación del Tercer Mundo para desarrollar las áreas prioritarias según las necesidades de cada país[12]. Un ejemplo fructífero de esta colaboración es la investigación desarrollada durante nueve años conjuntamente por organismos de Estados Unidos, Monsanto y el Instituto de Investigación Agraria de Kenia, que ha permitido la obtención de una batata transgénica resistente a virus, y que en ese país llega a producir pérdidas de hasta el 80% de la producción, por lo que es uno de los principales problemas para conseguir el objetivo de seguridad alimentaria. La nueva variedad, que se encuentra en la actualidad en fase de experimentación en el campo, comenzará a comercializarse a principios del año 2002.

---

[10] Véase ISAAA (1998), p. 19 y s.

[11] Arroz, trigo, algodón, maíz, soja, patatas, colza y tomate.

[12] *Vid.* ISAAA (2000): *New Partnerships for Prosperity. Building Public/Private Agri-Biotech Networks for Resource Poor Farmers in Southeast Asia and Africa.*

IV. LA ECONOMÍA ESPAÑOLA FRENTE A LA BIOTECNOLOGÍA AGRARIA: OPORTUNIDADES Y RETOS

1. Investigación y desarrollo de la biotecnología vegetal en España[13]

Durante los próximos años, los *inputs* de carácter tecnológico continuarán adquiriendo un mayor peso en el reparto de rentas que se generen en la producción agrícola y ganadera. Sin duda, la tecnología de carácter biológico es la que presenta un mayor potencial innovador, y, dentro de ésta, destaca la utilización de las múltiples aplicaciones de la ingeniería genética como herramienta eficaz para la mejora de las variedades.

España presenta un déficit comercial importante en materia de semillas, lo que sin duda supone una importante debilidad de la posición competitiva del sector agrario español (véase Tabla 7).

TABLA 7

COMERCIO EXTERIOR DE SEMILLAS. ESPAÑA

Partida	*Exportaciones (Toneladas) 1996*	*Importaciones (Toneladas) 1996*	*Saldo comercial*	*Tasa cobertura %*
Bulbos, cebollas, tubérculos	780	6.188	–5.408	12,6
Otras plantas y raíces vivas	26.516	22.691	3.825	116,9
Patatas	3.768	77.042	–73.274	4,9
Trigo	5.827	32.992	–27.165	17,7
Cebada	9.425	1.446	7.979	651,8
Maíz	4.535	67.728	–63.193	6,7
Arroz	673	2.102	–1.429	32,0
Algodón	251	220	31	114,1
Lino	165	2.356	–2.191	7,0
Nabo o colza	324	72	252	450,0
Otras semillas oleaginosas	10.683	105.781	–95.098	10,1
Forrajeras y pratenses	9.133	13.907	–4.774	65,7
Remolacha azucarera	102	649	–547	15,7
Total	**72.182**	**333.174**	**–260.992**	**21,7**

Fuente: Ministerio de Agricultura, Pesca y Alimentación (MAPA).

[13] Agradezco a D. José Miguel Martínez Zapater, investigador del Centro Nacional de Biotecnología, su amable colaboración para la elaboración de este apartado.

De cara al futuro, la dependencia de las importaciones de semillas que padece España implicará mayores costes y desventajas adicionales, por cuanto los fabricantes de semillas incrementarán su participación en el valor añadido agrario, en detrimento de la remuneración del resto de factores: trabajo, tierra, etc.

Por ello, es preciso aumentar las inversiones públicas y privadas destinadas a la obtención de nuevas variedades más productivas. España posee ya una amplia experiencia investigadora en materia de biotecnología agraria, existiendo en la actualidad aproximadamente 70 equipos de investigación que son perfectamente competitivos en el contexto internacional (véase Cuadro 2).

CUADRO 2

PRODUCTOS SOMETIDOS A ENSAYOS CON VARIEDADES GM EN ESPAÑA

	Año en que se inician los ensayos en España
Tomate	1992
Colza, maíz	1993
Girasol, remolacha, alfalfa, eucalyptus, bacterias	1994
Melón	1995
Patatas, algodón, cerezas, naranjas, trigo	1996
Hongos, tabaco, pepino,	1997
Soja, chopo, virus	1998
Arroz	1999

Fuente: Elaboración propia a partir de OCDE, *BioTrial Field Trial Database.*

Las inversiones públicas de la Administración española para la investigación en este área se iniciaron en 1986 y desde entonces se dedican anualmente aproximadamente 1.500 millones de pesetas a esta finalidad, de los que aproximadamente el 35-40% va dirigido al área de biotecnología aplicada al sector agroalimentario. El Plan Nacional de I+D de 1999, consciente de la importancia de las inversiones en esta materia, ha mantenido la dotación financiera asignada a este área del conocimiento para los próximos años.

A su vez, la política de investigación de la Unión Europea también financia la I+D en materia de biotecnología, al considerar que ésta es una de las áreas con fuerte potencial de crecimiento[14], y que contribuirá tanto a corto como a largo plazo a la competitividad y a la generación de empleo en Europa[15]. De esta forma, el 4.° Programa Marco de Investigación destinó algo más de 580 millones de euros a este área del conocimiento. Sin embargo, el 5.° Programa Marco de I+D (1999-2002) ha disminuido de forma notable la financiación para la investigación en biotecnología vegetal, al reducirse la dotación hasta los 400 millones de euros, y ello a pesar de que el presupuesto global de I+D experimenta un notable crecimiento (véase Tabla 8).

TABLA 8

RECURSOS DESTINADOS A LA INVESTIGACIÓN EN BIOTECNOLOGÍA VEGETAL. ESPAÑA Y UNIÓN EUROPEA

	4.° Programa Marco (Mill. euros)	*5.° Programa Marco (Mill. euros)*	*Variación en %*	*Plan Nacional I+D (Mill. ptas./año)*
Recursos Biotecnología	580,46	400	–31,1	1.500 (a)
Total presupuesto I+D	11.224,98	14.960	33,3	
En porcentaje del total de gastos I+D	5,2%	2,7%		

(a): Aproximadamente el 40% corresponde a biotecnología vegetal.
Fuente: Elaboración propia a partir de la Comisión Europea (1999), p. 76 y ss.

Por todo ello, el descenso en la dotación de recursos de la Unión Europea para la investigación en el área de biotecnología merece una valoración muy negativa, no sólo por el importante papel que debe desarrollar la investigación pública, complementando a la privada, sino también por el importante retraso que acumula Europa con respecto a Estados Unidos en este área del conocimiento. El Gráfico 3 permite apreciar la posición de absoluto dominio que ostenta Estados Unidos en investigación en biotecnología agraria,

[14] *Vid.* Comisión Europea (1994): *Crecimiento, competitividad y empleo. Retos y pistas para entrar en el siglo XXI.*

[15] *Vid.* Comisión Europea (1999): *Líneas maestras, objetivos científicos y tecnológicos y prioridades* (DOCE 12-3-1999, L 64/7).

GRÁFICO 3

ENSAYOS DE CAMPO LLEVADOS A CABO POR LOS PAÍSES DE LA OCDE CON ORGANISMOS GENÉTICAMENTE MODIFICADOS
(En % sobre el total)

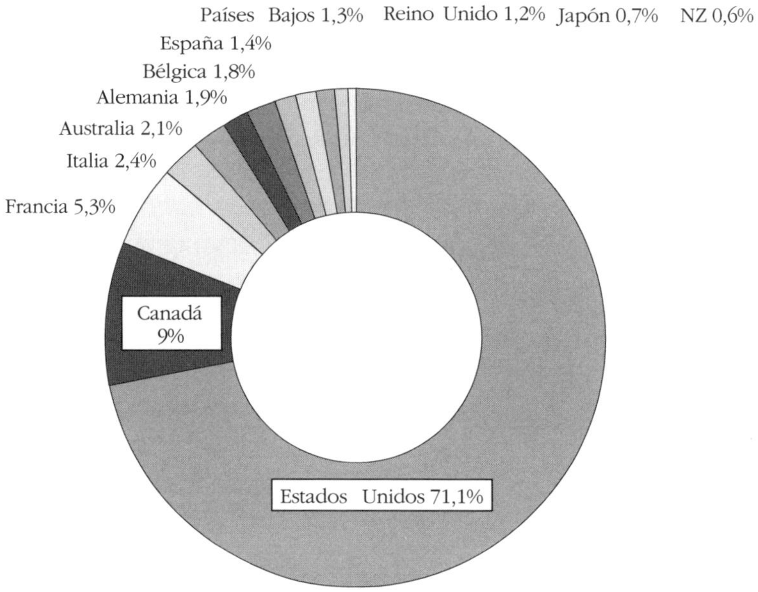

Fuente: OCDE (2001), *BioTrack Field Trial Database.*

al absorber el 71% de los ensayos de campo mundiales. A su vez, también resulta significativo el bajo porcentaje correspondiente a España (1,4%), ya que resulta inferior al de otros países europeos con un menor potencial y especialización agraria, como Alemania o Bélgica.

No obstante, desde la perspectiva española, el principal problema no es tanto la ausencia de una producción científica en esta materia o la carencia de personal cualificado[16], sino la falta de una

[16] *Vid.* Marín Palma, E. (1999): «Biotecnología y nuevas oportunidades de empleo en España», *Revista del Instituto de Estudios Económicos,* n.° 3/1999, pp. 189-198, y ASEBIO (2000): *Informe ASEBIO 2000.*

participación por parte de las empresas nacionales de semillas, de vital importancia para que los avances científicos puedan traducirse en innovaciones con un uso comercial. Los factores que explican la ausencia de participación empresarial son, por un lado, el carácter conservador de la mayor parte de las empresas de semillas nacionales, junto a su escaso tamaño, y, por tanto, la dificultad para ejecutar las elevadas inversiones necesarias para el lanzamiento de los nuevos productos GM.

Sin embargo, estos problemas serían subsanables de no ser por el actual ambiente de rechazo y el ataque frontal de las organizaciones ecologistas y otros grupos de presión a los nuevos productos transgénicos. Ya que, en las condiciones actuales, una empresa española que pretenda lanzar un producto GM deberá asumir el elevado coste que implica el que sus productos puedan ser objeto de algún tipo de boicot, considerados peligrosos, etc. En este contexto, las condiciones actuales del mercado español impiden la entrada del sector empresarial en el negocio de la biotecnología, lo que genera tres tipos de consecuencias: por una parte, se produce un aprovechamiento muy bajo de la producción científica española en este área; además, se impide que lleguen al mercado español productos GM especialmente diseñados para atender necesidades particulares de nuestra agricultura, por lo que la mejora de las variedades queda limitada a las posibilidades que ofrezcan las técnicas convencionales, y, por último, se consolida y perpetúa la posición dominante de las multinacionales del sector.

Por todo ello, resulta necesaria una actuación decidida de las autoridades españolas en materia de información al consumidor, al tiempo que sería oportuno reforzar el diálogo con las organizaciones ecologistas nacionales, con el objetivo de racionalizar en mayor medida sus planteamientos. En este sentido, y a modo de ejemplo, resulta totalmente incoherente el rechazo por parte de las asociaciones ecologistas de las nuevas variedades de algodón transgénico resistente a las orugas, ya que su sustitución por el convencional permitiría ahorrar el vertido de miles de litros de pesticidas, lo que reduciría de forma importante el nivel de contaminación en las zonas algodoneras.

Como conclusión, podemos establecer que la actual dependencia de la Unión Europea y de España en materia de biotecnología agraria va a suponer importantes pérdidas de rentas en los próximos años, no sólo por la necesidad de realizar pagos por el «canon tecnológico» que incorporan las nuevas semillas, sino lo más importante, porque los nuevos productos que saldrán al mercado cubrirán de forma mayoritaria las necesidades de los sistemas agrarios de otros países, quedando desatendidas importantes mejoras potenciales para el sector agroalimentario español.

2. Impactos económicos de la biotecnología agraria en España

a) *Inserción del sector agroalimentario en la economía española*

En la actualidad, el sector agroalimentario español, en el que se incluyen las actividades agropecuarias junto con la industria de la alimentación y bebidas, tiene un elevado peso en el conjunto de la economía española, en términos de gasto, producción, rentas, empleo y comercio exterior.

Así, en 1996 el gasto de los españoles en alimentos y bebidas ascendió a 8,74 billones de pesetas, lo que representa el 19,2% de los gastos totales (véase Tabla 9). A esa cantidad hay que sumar el valor de los alimentos consumidos en «restaurantes y cafés», por un importe de 2,37 billones de pesetas. Por su parte, las rentas generadas en el sector agroalimentario ascendieron a 5,79 billones de pesetas, cantidad que representa el 8% del PIB español. En cuanto al empleo generado, los 1,46 millones de puestos de trabajo equivalentes a tiempo completo representan el 11% del total nacional.

A su vez, las exportaciones agroalimentarias durante los últimos años han registrado un importante crecimiento, hasta alcanzar en la actualidad los 1,4 billones de pesetas, lo que representa el 14% de las exportaciones totales. A diferencia de lo que ocurre con la mayor parte de las categorías de productos, durante los últimos años se registra un saldo comercial positivo y la tasa de cobertura (exportaciones/importaciones) del comercio agroalimentario toma

TABLA 9

PRINCIPALES MAGNITUDES DEL SECTOR AGROALIMENTARIO EN ESPAÑA

	1996	*% Total*
Gasto en alimentación y bebidas (miles de mill. ptas.)	8.740,2	19,2
Compras de alimentos del sector «Restaurantes y hostelería» (miles de mill. de ptas.)	2.375,5	—
Valor Añadido Bruto del sector agroalimentario (miles de mill. de ptas.)	5.786,8	8,2
Empleo del sector agropecuario (miles de puestos de trabajo equivalentes a tiempo completo)	1.459,3	11,1
Exportaciones de alimentos (miles de mill. ptas.)	1.401,4	14,0
Importaciones de alimentos (miles de mill. ptas.)	1.175,2	8,8
Saldo comercial de alimentos (miles de mill. ptas.)	226,2	—
Tasa de cobertura en alimentos	1,20	—

Fuente: Contabilidad Nacional de España, INE.

un valor aproximado de 1,2, lo que pone de relieve la competitividad del sector agroalimentario español y la especialización española en estas actividades.

A través de la Tabla *input-output* de la economía española podemos conocer el origen de los productos utilizados por el sector agroalimentario, así como los principales destinos de los mismos: las necesidades de productos agrícolas y ganaderos en 1995 se cifraron en 5,4 billones de pesetas, de los que el 85% fueron producidos en el interior, mientras que el restante 15% se corresponde con importaciones. Una parte significativa de las importaciones son cereales pienso y otros productos necesarios para la alimentación del ganado, ya que España padece un déficit crónico de estas materias primas. La mayor parte de la producción agrícola y ganadera se destinó a la industria transformadora (70%), mientras que el consumo final absorbió un 14% y las exportaciones un 15%, al tiempo que un 0,8% se destinó a incrementar los *stocks*.

Por su parte, la oferta interna de productos de la industria de la alimentación y bebidas fue de 10,5 billones, de los que 9,3 billones fueron producción interna (89%), mientras que las importaciones ascendieron a 1,2 billones de pesetas (11%). Entre los destinos de esta producción destaca el consumo de los hogares (42%), la hostelería (21%), otros usos industriales (22%) y las exportaciones (8%).

A la luz de los resultados anteriores, resulta evidente el papel clave del complejo agroalimentario en el conjunto de la economía española, hasta el punto de que es el segundo sector productivo por su contribución al PIB español y continúa siendo la principal partida de gasto de los españoles, a pesar del declinar que ha experimentado, en términos relativos, desde los años setenta.

b) *Principales impactos económicos*

El análisis de los impactos económicos de la biotecnología agraria en España presenta notables dificultades. En primer lugar, si bien el avance tecnológico se está produciendo a un ritmo rápido, la aprobación de los nuevos cultivos GM depende de decisiones políticas que pueden retrasar la comercialización de los nuevos productos. En este sentido será decisiva la postura que adopten en el futuro las autoridades europeas y españolas a este respecto. Efectivamente, en la actualidad la Unión Europea se encuentra en una encrucijada, sin que esté claro el sentido de las próximas decisiones, y si se optará por autorizar, promocionar o rechazar los nuevos productos que vayan apareciendo. Por ello, a la hora de estimar impactos a medio plazo y largo plazo es preciso introducir distintas hipótesis sobre la actuación de las autoridades públicas al respecto.

Así, en primer lugar se analiza el escenario que en principio resulta más probable, según el cual tanto en España como en el conjunto de la Unión Europea se autorizan los nuevos cultivos transgénicos para los que se demuestre su inocuidad, muchos de los cuales ya se están empleando en otros países. Más adelante se analizarán las posibles consecuencias asociadas al rechazo por parte de las autoridades europeas o españolas de nuevos cultivos GM.

c) *Ventajas económicas derivadas de la adopción de la biotecnología vegetal*

Por lo general, la distribución de los costes y los beneficios del cambio técnico está en función de la tasa de adopción de la innovación y el momento del tiempo transcurrido, según se muestra en la Figura 1.

FIGURA 1

PAUTAS DE LA DISTRIBUCIÓN DE LOS COSTES Y LOS BENEFICIOS DEL CAMBIO TÉCNICO

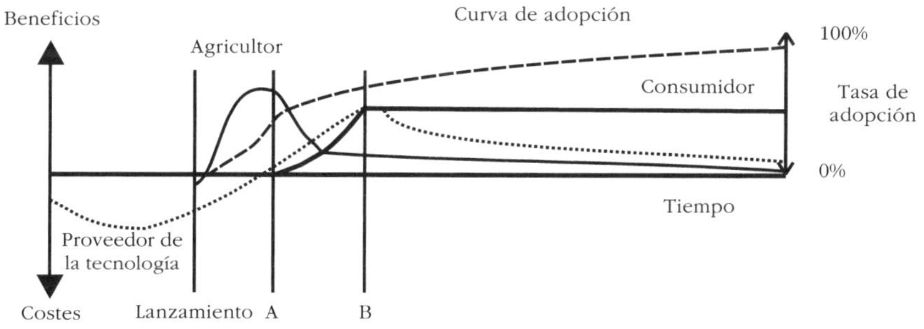

Fuente: Adaptado de Buckwell, A. y otros (1998).

En un primer momento, las nuevas variedades de la biotecnología son utilizadas por una proporción reducida de agricultores, que deben emplear tiempo en aprender a utilizar las nuevas técnicas, al tiempo que las primeras versiones tienen precios elevados. Sin embargo, al poco tiempo comienzan a registrarse los beneficios que suponen para los agricultores, lo que provoca un fuerte incremento en la tasa de adopción. Una vez que el nivel de adopción comienza a ser elevado, los menores costes asociados a la nueva tecnología provocan una tendencia a la baja en los precios de la producción, momento a partir del cual el consumidor comienza a obtener los beneficios de la nueva tecnología (punto A), aunque es probable que no sea consciente de la relación entre el avance tecnológico y la caída de precios.

A partir del momento en que los precios comienzan a declinar, aumenta el incentivo y la presión sobre los agricultores para adoptar la nueva tecnología. A partir del punto B, momento en que la tecnología alcanza la madurez, el consumidor obtiene el máximo beneficio. Por su parte, el proveedor de la tecnología comienza a experimentar un retroceso del beneficio obtenido, al aumentar la competencia y vencer el período de la patente.

Siguiendo el esquema anterior, cabe esperar que los efectos económicos de las semillas GM en España recaigan en el corto plazo sobre los agricultores que las empleen, pues incrementarán sus márgenes ante la mayor producción y la menor utilización de productos químicos, energía y mano de obra. Estas ventajas deberán superar el mayor precio de la semilla modificada en relación con la convencional, si bien las ventajas económicas que ofrecen los nuevos productos GM a los agricultores se completan con otras de muy difícil cuantificación pero muy importantes, relacionadas con la mayor sencillez y comodidad de los nuevos cultivos.

En el caso del maíz Bt resistente al taladro (hasta ahora único cultivo comercial GM en España), distintos experimentos realizados en España entre 1995 y 1998 permitieron estimar unas pérdidas medias por los ataques de taladro cercanas a las 20.000 pesetas por hectárea, que se pudieron evitar mediante la utilización de las semillas transgénicas (véase Tabla 10).

TABLA 10

PÉRDIDAS DE PRODUCCIÓN DE MAÍZ CAUSADAS POR ATAQUES DE TALADRO EN ESPAÑA

Año	*% Pérdida de producción*	*Pérdida Kg/Ha*	*Pérdida ptas./Ha*
1995	9,0	941	21.643
1996	6,1	735	16.905
1997	26,4	2.415	55.545
1998	9,0	nd	nd

nd: no disponible.
Fuente: Alcalde, E. (1999), p. 475; para 1998: Fernández-Anero, J., Novillo, C. y Costa, J. (1999), p. 453.

Se calcula que en nuestra geografía las hectáreas de maíz GM cultivadas durante los últimos ejercicios se aproximan a las 25.000, cantidad que representa el 6% sobre el total del cultivo de maíz. La experiencia de los agricultores españoles con este maíz es muy positiva, por lo que se han confirmado las ventajas ofrecidas por la nueva variedad respecto de la convencional, hasta el punto de que en los últimos años la expansión del maíz transgénico ha quedado limitada por la disponibilidad de semillas por parte de la empresa que las proporciona.

De esta forma, se espera que los cultivos de maíz GM se extiendan en el futuro de forma notable, especialmente una vez que se autorice la comercialización de nuevas variedades de maíz, lo que producirá una mayor competencia y concederá a los agricultores una mayor capacidad de elección.

Dado que los nuevos cultivos de maíz transgénico no han tenido efectos sobre los precios percibidos por los agricultores españoles, la mejora de productividad ha beneficiado únicamente a los productores. Sin embargo, a medio plazo, y a medida que se vayan generalizando los cultivos GM, se producirán reducciones en los precios de los productos como consecuencia de los descensos que experimentarán los costes de producción. De hecho esta situación ya se ha producido en otros países, como Argentina[17] y Estados Unidos[18].

Otro producto transgénico del que se conocen sus efectos económicos y medioambientales en España es el algodón Bt[19]. En este caso, los cultivos con la variedad transgénica permitieron un incremento de la producción de fibra superior en un 12% a la obtenida con los programas de control de plagas utilizados con las variedades convencionales (véase Tabla 11). Junto a la mayor producción, su utilización permitió un importante ahorro de insecticidas, en una proporción de 15,8 litros por cada hectárea cultivada.

[17] Como consecuencia del empleo de semillas de soja transgénica resistentes a herbicidas, en Argentina se registró una importante reducción del precio de la soja y un incremento notable de los rendimientos por hectárea. Véase Leguiazamón (1999).

[18] Así, por ejemplo, los agricultores que tenían acuerdos para vender maíz convencional obtuvieron en Estados Unidos a finales de 1999 un precio un 8% superior al del maíz GM. Véase Comisión Europea (2000), p. 103.

[19] Véase Novillo, C., Soto, J. y Costa, J. (1999).

Además, mediante los cultivos de algodón Bt se evitó la necesidad de tener que vigilar de forma continua la posible aparición de plagas, así como la mano de obra necesaria para realizar las frecuentes aplicaciones de insecticidas.

TABLA 11

EFECTOS ECONÓMICOS DEL ALGODÓN BT EN ESPAÑA

	1998	*Mill. ptas.*	*Por hectárea –97.499 Has–*
Producción	Convencional	39.053	400.955 ptas.
Con algodón Bt	Incremento de un 12%	43.739	449.070 ptas.
Ahorro	Reducción uso Insecticidas	2.308 mill. ptas. 1,5 mill. litros	23.697 ptas. 15,8 litros
Efecto global	Incremento del VAB agrario 25% empresa semillas	6.994 mill. ptas. 1.748 mill. ptas.	71.374 ptas. 17.933 ptas.
Incremento de renta agraria		5.246 mill. ptas.	53.806 ptas.

Fuente: Elaboración propia a partir de Novillo, C., Soto, J. y Costa, J. (1999).

Por su parte, la utilización de variedades de remolacha GM resistentes a herbicidas permitiría un importante ahorro de costes[20], por lo que este cultivo, que actualmente precisa de importantes subvenciones de la PAC, podría mejorar en gran medida su competitividad frente a la caña de azúcar.

Los resultados anteriores coinciden en gran medida con los estudios realizados en otros países para productos similares[21]. Así, en

[20] Estimado entre 40.000 y 90.000 ptas./ha, según información proporcionada por las propias empresas que la desarrollan.

[21] Los resultados de las semillas resistentes a insectos se evalúan en U. S. Environmental Protection Agency (2000): *Biopesticides Registration Action Document*. Por su parte, los efectos de la utilización de soja resistente a herbicidas pueden consultarse en Reddy, K. N. y Whiting, K. (2000): «Weed Control and Economic Comparisons of Glyphosate-

Estados Unidos la utilización de maíz Bt ha producido en las áreas con mayores niveles de infestación un beneficio para el agricultor de entre 10.250 y 20.500 pesetas por hectárea (21,25 dólares y 42,5 dólares por acre), dependiendo de los rendimientos que la explotación obtenga en condiciones normales y del precio percibido por el maíz[22] (véase Tabla 12). No obstante, la utilización de semillas transgénicas puede no ser rentable en casos extremos, si las explotaciones históricamente se han visto muy poco afectadas por el taladro y los rendimientos son bajos. Es posible que esta circunstancia, y la confusión que puede generar si no se explica adecuadamente, haya sido aprovechada por los detractores de la biotecnología cuando afirman que los nuevos productos no son rentables para el agricultor y no suponen mejoras claras de productividad[23].

En el caso del algodón Bt, los estudios realizados por la Agencia de Protección Ambiental de Estados Unidos muestran que su utilización reduce de forma importante el uso de pesticidas, con notables ventajas medioambientales y para la salud de los trabajadores. En cuanto al beneficio económico, se ha estimado en 1999 para los agricultores de Estados Unidos en 6.200 pesetas por hectárea, considerando un canon tecnológico de 12.300 pesetas por hectárea[24]. Este valor es inferior al obtenido para el caso español y puede explicarse parcialmente por la notable diferencia de precios recibidos por los productores entre ambos países, ya que en Estados Unidos el incremento medio de producción estimado por el uso de algodón Bt es del mismo orden que el calculado en el caso español: del 9,6% en Estados Unidos, frente al 12% en España.

Resistant, Sulfonylurea-Tolerant, and Conventional Soybean (Glyce max) Systems», *Weed Technology*, vol. 14, 2000, pp. 204-211.

[22] Los resultados de otro estudio (Furman y Selz) cifran el beneficio obtenido por los agricultores entre las 4.076 pesetas/hectárea y las 27.200 pesetas/hectárea, según los niveles de infestación; véase Comisión Europea (2000), p. 44.

[23] Véase en este sentido la declaración de Ricardo Aguilar, Director de Campaña de Greenpeace España, ante la «Comisión especial sobre manipulación genética con fines de producción de alimentos», Diario de Sesiones del Senado, 27 de octubre de 1999, n.° 504, p. 24.

[24] Véase U. S. Environmental Protection Agency (2000).

TABLA 12

EFECTOS ECONÓMICOS DEL MAÍZ BT EN EE.UU.
(Dólares por acre)

Rendimiento (Bushel/acre)	*Precio del maíz ($/Bushel)*	*Número de taladros por planta*				
		0	*0,5*	*1*	*1,5*	*2*
125	2,5$	–10	–2,19	5,63	13,44	21,25
	3,0$	–10	–0,63	8,75	18,13	27,50
150	2,5$	–10	–0,63	8,75	18,13	27,50
	3,0$	–10	1,25	12,50	23,75	35,00
175	2,5$	–10	0,94	11,88	22,82	33,75
	3,0$	–10	3,13	16,25	29,39	42,50

Fuente: U.S. Environmental Protection Agency (2000).

Por lo que se refiere a otros cultivos, como es el caso de las patatas transgénicas resistentes a distintos insectos, se ha estimado una ganancia para el productor de 4.480 pesetas por hectárea[25].

A la vista de los anteriores resultados, resulta razonable estimar que la introducción de los nuevos productos de la biotecnología agraria puede llegar a suponer a medio plazo (entre cinco y ocho años) una mejora de productividad o del valor añadido agrario español próxima al 5%, ya que, aunque las ventajas ofrecidas por los nuevos productos individuales serán claramente superiores, la aparición de nuevos productos GM no será generaliza para todos los cultivos españoles. Dependiendo de si existe o no traslado a los precios de las mejoras de eficiencia, se pueden calcular bajo esta hipótesis las consecuencias para los distintos agentes españoles.

Así, en el caso de que no se produzca ningún tipo de reducción en los precios de producción, la renta agraria anual se incrementaría en una cantidad cercana a los 70.000 millones de pesetas, teniendo en cuenta que en 1999 el VAB de la producción agrícola ascendió a 1,4 billones de pesetas. Adicionalmente cabe esperar un

[25] *Vid.* Ibídem.

incremento de la producción agraria, como consecuencia de un proceso de sustitución de ciertas importaciones. Así, por ejemplo, en el caso del maíz, y teniendo en cuenta la ampliación de tierras en regadío prevista en el Plan Nacional de Regadíos, los mayores rendimientos obtenidos en distintas zonas de España permitirían un aumento de la producción nacional y una reducción de la dependencia de las importaciones de este producto (véase Cuadro 3).

A medio plazo los precios del sector agrario tenderán a reducirse a medida que se generalice la adopción de las nuevas tecnologías, se incrementen los rendimientos y caigan los costes de producción. Por ello, las mejoras de productividad que se consigan en la agricultura permitirán un descenso de los precios, con importantes repercusiones en los costes de producción ganaderos, de la industria

CUADRO 3

EFECTOS DE LA BIOTECNOLOGÍA SOBRE LA PRODUCCIÓN DE MAÍZ EN ESPAÑA

La producción de maíz en España ha registrado desde 1985 un importante dinamismo, basado en el notable crecimiento experimentado por los rendimientos medios por hectárea. De esta forma se ha conseguido una importante reducción de las importaciones, de tal forma que el grado de autoabastecimiento de este producto se ha incrementado desde el 47% en 1985 hasta el 56% en 1999. En la actualidad, buena parte de las importaciones de maíz españolas proceden de Francia (63%) y su precio medio es de 24 pesetas/tonelada (1999), equivalente al percibido por los agricultores españoles.

Desde 1996, los rendimientos medios del cultivo de maíz en España son entre un 2% y un 7% superiores a la media de la Unión Europea. Teniendo en cuenta los nuevos regadíos que se pondrán en explotación, según el Plan Nacional de Regadíos, cabe esperar un incremento importante de las tierras dedicadas a este cultivo. En este contexto, el desarrollo y la adopción de nuevas variedades de maíz genéticamente modificado más productivo supondrían un impulso importante para este cultivo en España, hasta el punto de poder plantearse el objetivo de alcanzar la autosuficiencia a medio plazo, lo que permitiría incrementos notables de las rentas agrarias y un mantenimiento e incluso incrementos del empleo asociado a este cultivo.

TABLA 13

	1985	*1999*	*Var. 1999/1985 en %*
Producción (miles de t)	3.414	3.769	10,4
Rendimiento kg/ha	6.490	9.481	46,1
Importaciones (miles de t)	3.858	2.995	–22,4
Exportaciones (miles de t)	2	91	4.450,0
Consumo (miles de t)	7.270	6.673	–8,2
Grado de autoabastecimiento (en % sobre consumo)	47,0	56,5	20,2
Precios percibidos por agricultores (ptas./kg)	26,2	23,5 (a)	–10,3
Origen de las importaciones españolas:		*Mill. ptas.*	
Francia		33.739	
Argentina		24.106	
Hungría		3.140	
Estados Unidos		1.638	
Precios medios de las importaciones (ptas./kg)		20,5	
Precio medio de importaciones procedentes de Francia		24,3	

(a): 1998.
Fuente: Elaboración propia con datos MAPA e ICEX.

alimentaria y sectores afines. El modelo de precios, elaborado a partir de la Tabla *input-output*, permite estimar los efectos de las alteraciones en los precios de una rama de actividad sobre los costes y precios del resto de sectores, bajo los supuestos del modelo *input-output*[26], a partir de la siguiente ecuación[27]:

[26] Los principales supuestos del modelo *input-output* son: 1. Correspondencia entre valores monetarios y físicos (en un sentido estricto, el modelo *input-output* mide relaciones entre productos físicos, pero se necesitan valores monetarios para obtener los totales de cada industria). 2. Las funciones de *input* son lineales, con rendimientos constantes a escala, y es imposible sustituir unos *inputs* por otros. 3. No existe producción conjunta, cada bien lo produce una industria específica que utiliza un método único de producción. 4. Supuesto de aditividad: ausencia de economías y deseconomías externas. 5. La oferta de cada bien es perfectamente elástica.

[27] Véase Pulido, A., y Fontela, E. (1993): *Análisis input-output. Modelos, datos y aplicaciones* (Madrid, Editorial Pirámide, 1993), pp. 87 y ss.

$$P = [I - A]^{-1} [A_{1i} P_1 (1+r) + V]$$

Donde:

P = matriz de precios de cada rama.
I = matriz identidad.
A = matriz traspuesta de los coeficientes técnicos, en la que se ha eliminado la fila y la columna correspondiente a la rama 1 cuyos precios experimentan la variación inicial.
A_{1i} = matriz traspuesta de los coeficientes técnicos entre la rama 1 y el resto de sectores.
P_1 = precios de la rama 1.
r = variación de precios que experimenta la rama 1.
V = matriz de coeficientes técnicos de valor añadido de cada rama.

Los resultados de este modelo, en el que se ha estimado una reducción de los precios agrarios del 5%, se muestran en la Tabla 14. Una caída de los precios agrarios produciría un efecto en cascada sobre toda una serie de sectores de actividad, especialmente sobre el sector de carne, leche y otros alimentos, de tal forma que el deflactor del consumo privado se reduciría un 0,4%. Por otra parte, el efecto contractivo de la reducción de precios agrarios sobre los precios del conjunto de la economía permitiría un ahorro para los consumidores españoles de 124.000 millones de pesetas.

El efecto de reducción de costes permitirá aumentar la competitividad internacional de las industrias del sector agroalimentario, con consecuencias favorables sobre su rentabilidad y el nivel de empleo. De esta forma se producirá una mejora del saldo de comercio agroalimentario, según las elasticidades demanda-precio de las exportaciones e importaciones. El valor de la elasticidad de las exportaciones españolas a corto plazo se ha estimado en distintos estudios en un -0,6, mientras que el valor correspondiente a las importaciones es de -0,5[28]. Aplicando los correspondientes coeficientes a los valores de los flujos comerciales de la industria agroalimentaria, se obtiene una mejora del saldo comercial en una cantidad superior a los 14.000 millones de pesetas (Tabla 15).

---

[28] Véase Buisán, A. y Gordo, E. (1994).

TABLA 14

IMPACTO DE LA BIOTECNOLOGÍA AGRARIA SOBRE LOS PRECIOS DE LA ECONOMÍA ESPAÑOLA

Ramas de actividad	*Impacto precios (en %)*	*Consumo privado (Mill. ptas. 1994)*	*Ahorro consumidores (Mill. ptas. 1994)*
Productos agricultura y ganadería	–5,00	785.617	39.281
Carnes y conservas	–2,72	1.511.156	41.159
Leche y productos lácteos	–2,31	695.752	16.046
Otros alimentos	–1,32	1.904.836	25.102
Bebidas	–0,72	463.354	3.319
Pastas papel, papel y cartón	–0,46	2.651	12
Restaurantes y alojamientos	–0,35	8.565.149	29.887
Madera y muebles de madera	–0,34	357.441	1.200
Cuero, piel y calzado	–0,32	396.937	1.273
Tabacos	–0,31	654.295	2.042
Productos de caucho y plástico	–0,09	128.499	120
Productos químicos	–0,08	960.106	724
Artículos de papel, impresión	–0,07	338.326	241
Investigación y enseñanza	–0,07	557.230	394
Sanidad destinada a venta	–0,05	1.006.814	499
Product. industrias manufactureras	–0,03	297.924	85
Productos textiles: vestido	–0,03	1.344.311	339
Servicios destinados a venta	–0,02	1.827.209	395
Transporte aéreo	–0,02	218.958	45
Ferrocarriles	–0,02	91.707	16
Tierra cocida, prod. cerámicos	–0,02	23.618	4
Otros minerales y deriv. no meta.	–0,02	1.466	0
Otros sectores		20.101.413	1.173
Total	**–0,39**	**42.234.769**	**124.076**

Fuente: Elaboración propia.

d) *Consecuencias de la no aceptación de los nuevos productos GM*

En el caso de que durante los próximos años las autoridades europeas o españolas optaran por rechazar tanto los cultivos como la utilización de productos GM, esta decisión tendría importantes efectos económicos, y su cuantificación resulta compleja ya que entrarían en juego diversos factores, como la postura que adopten otros países del mundo, la evolución de las ayudas de la Política

TABLA 15

IMPACTO DE LA BIOTECNOLOGÍA AGRARIA SOBRE EL COMERCIO EXTERIOR AGROALIMENTARIO

Ramas de actividad	*Export. (Mill. ptas. 1994)*	*Import. (Mill. ptas. 1994)*	*Impacto de la biotecnología (Mill. ptas. de 1994)*		
			Aumento de las export.	*Reducc. de las import.*	*Mejora del saldo comercial*
Carnes y conservas	73.657	146.769	1.002	1.996	2.998
Leche y productos lácteos	26.660	123.920	308	1.431	1.739
Otros alimentos	566.537	688.861	3.739	4.546	8.285
Bebidas	139.068	133.701	501	481	982
Tabacos	6.804	69.810	11	108	119
Total	**812.726**	**1.163.061**	**5.560**	**8.563**	**14.123**

Fuente: Elaboración propia.

Agrícola Común (PAC), etc. A continuación se analizan las principales consecuencias, diferenciando los efectos para la producción agrícola y ganadera.

(i) Producción agraria

La no autorización de los nuevos cultivos GM repercutiría sobre la competitividad de la producción agraria española, que quedaría en inferioridad de condiciones frente a los países que sí aprovechen las nuevas posibilidades. De esta forma, y asumiendo que el rechazo de OGM se realiza en el nivel de la Unión Europea, el mantenimiento de la producción y del empleo agrario español exigiría un incremento de los sistemas de protección y ayudas de la PAC. Dada la próxima ampliación de la Unión Europea, con la incorporación de distintos países del Este de Europa, resulta extremadamente improbable que se aumenten las ayudas de la PAC, por lo que, inevitablemente, se produciría un pérdida importante en las producciones y el empleo agrario en los sectores menos competitivos. A largo plazo, esta opción implicaría que el atraso actual de la Unión Europea en materia de biotecnología se agravaría en gran medida, por lo que se perpetuaría una gravosa dependencia tecnológica.

Además, los trabajadores del campo no se beneficiarían de las mejoras en las condiciones de trabajo que suponen muchos productos GM, al tiempo que continuaría el deterioro medioambiental ante la aplicación masiva de productos químicos, sin que se vislumbre una solución para resolver este problema.

Un sector que sufriría problemas importantes en un escenario de rechazo a los cultivos transgénicos es el del algodón. España es el único país productor de algodón de la Unión Europea, junto con Grecia. Dado que las nuevas variedades de algodón GM permiten ahorros importantes de los costes de producción, a lo que se unirán próximamente mejoras en la calidad de la fibra, el rechazo a la utilización de las semillas GM provocaría la inviabilidad económica de este cultivo, con pérdidas inevitables de empleos y rentas: los ingresos anuales por la producción de algodón en España se elevan a 55.000 millones de pesetas, generándose 1,5 millones de jornales al año, y el sector da trabajo a 23 fábricas desmotadoras.

(ii) Producción ganadera

La producción de carne española ha experimentado durante los últimos años una notable expansión, basada en un importante auge exportador. Así, frente a una producción de carne en 1989 de 3,2 millones de toneladas, en 1999 se alcanzó la cifra de 4,8 millones de toneladas, lo que representa una variación del 49% (véase Tabla 16 y Gráfico 4). Por su parte, las exportaciones de carne y productos cárnicos han registrado un incremento del 145% entre 1995 y 1999, consiguiéndose en este último año un superávit comercial máximo histórico de 319.000 toneladas (véase Tabla 17 y Gráfico 5).

El sistema agropecuario español presenta un déficit estructural en la producción de ciertos cultivos necesarios para la alimentación animal, que es especialmente importante en los casos del maíz y la soja (véase Gráfico 6). Así, el grado de autoabastecimiento en materia de cereales es únicamente del 60%. El 70% de las importaciones de cereales provienen de otros países de la Unión Europea, destacando Francia como país suministrador, mientras que el restante 30% proviene de algunos países terceros, como Estados Unidos y Argentina.

TABLA 16

EVOLUCIÓN DE LA PRODUCCIÓN DE CARNE EN ESPAÑA, 1989-1999

Tm	*Porcino*	*Aves*	*Vacuno*	*Ovino*	*Caprino*	*Equino*	*Total*
1989	1.703.490	842.600	459.258	204.083	17.512	6.585	3.233.528
1999	2.892.255	1.001.000	677.573	221.327	17.463	6.279	4.815.897
Var. 1999-1989	69,8	18,8	47,5	8,4	–0,3	–4,6	48,9

Fuente: Elaboración propia con datos de la Asociación de Industrias Cárnicas (AICE).

GRÁFICO 4

PRODUCCIÓN DE CARNE EN ESPAÑA

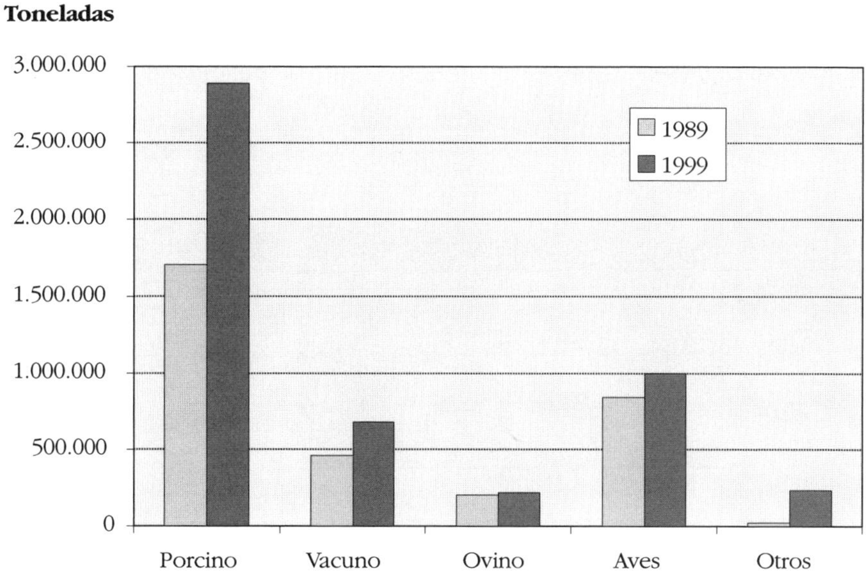

Fuente: Elaboración propia con datos de la tabla anterior.

TABLA 17

COMERCIO EXTERIOR DE CARNE
Y PRODUCTOS CÁRNICOS, 1995-1999

	Export. en 1995	*Export. en 1999*	*% de variac. 99-95*	*Import. en 1995*	*Import. en 1999*	*% de variac. 99-95*	*Saldo comerc. 1999*
Carne de vacuno	63.198	139.323	120,5	86.860	72.983	–16,0	66.340
Carne de porcino	105.314	289.318	174,7	41.664	74.930	79,8	214.388
Jamón serrano	5.720	14.000	144,8	1.855	960	–48,2	13.040
Embutidos	6.250	11.600	85,6	1.130	925	–18,1	10.675
Jamón y paleta coc.	3.625	8.612	137,6	4.030	2.030	–49,6	6.582
Embutidos cocidos	7.990	11.120	39,2	7.950	8.946	12,5	2.174
Otros productos	6.100	12.200	100,0	4.055	6.900	70,2	5.300
Total	**198.197**	**486.173**	**145,3**	**147.544**	**167.674**	**13,6**	**318.499**

Fuente: Asociación de Industrias Cárnicas Españolas (AICE).

GRÁFICO 5

SALDO EXTERIOR ESPAÑOL DE CARNE
Y PRODUCTOS CÁRNICOS, 1995 Y 1999

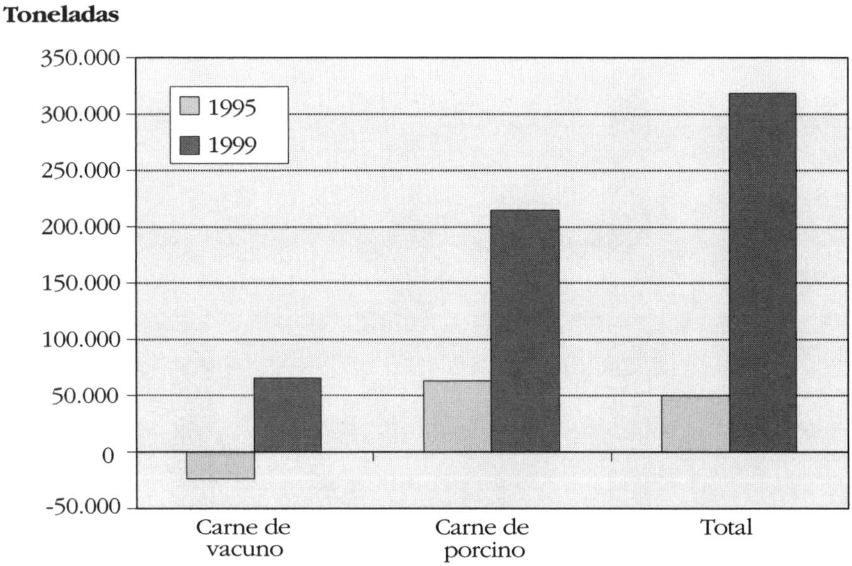

Fuente: Elaboración propia con datos de la tabla anterior.

GRÁFICO 6

IMPORTACIONES NETAS DE MATERIAS PRIMAS
PARA LA ALIMENTACIÓN DEL GANADO
(España)

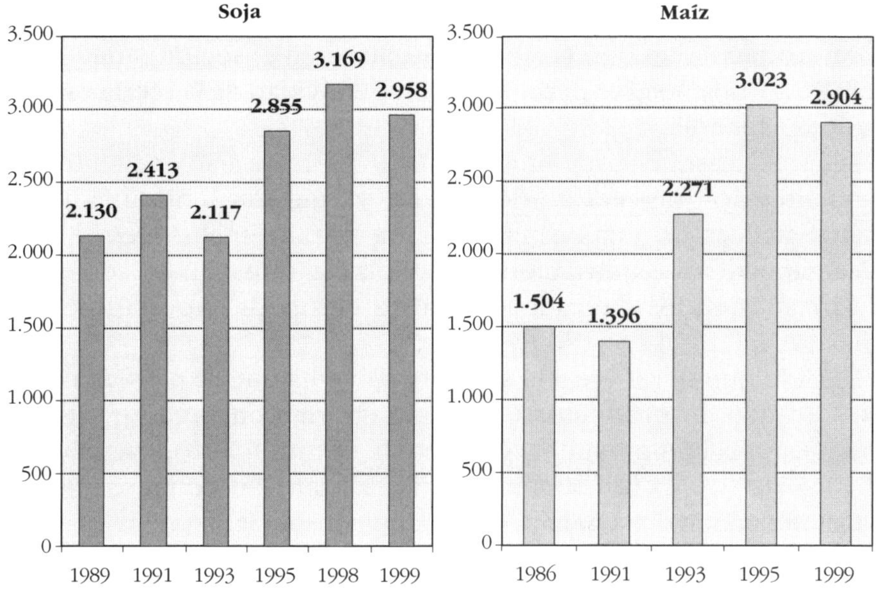

Fuente: Elaboración propia con datos MAPA e ICEX.

España, al igual que otros países de la Unión Europea, ha utilizado durante los últimos años cantidades elevadas de maíz GM, tanto para el consumo humano como, sobre todo, para la alimentación animal. Por ello, un rechazo a la utilización de productos GM supondría perder importantes fuentes de abastecimiento de maíz en el exterior y la necesidad de tener que pagar un precio considerablemente superior. En la actualidad, en Estados Unidos los agricultores que han firmado contratos para vender maíz sin GM reciben un precio entre un 8% y un 10% superior, si bien esta diferencia de precio aumentaría considerablemente en el caso de que creciera la demanda mundial de maíz no transgénico.

El mayor precio de las importaciones de maíz supondría un incremento de los costes de producción del sector cárnico de entre 5.000 y 10.000 millones de pesetas, que difícilmente se podría repercutir en su totalidad sobre los precios finales, ante la elevada presión que ejerce sobre los precios de sus proveedores del sector de la distribución alimentaria. En consecuencia, rechazar el uso de maíz GM produciría un descenso de beneficios en el sector ganadero y cárnico, y una notable pérdida de competitividad de la oferta exportadora española.

En este caso, el conjunto de la Unión Europea se encuentra en una situación distinta a la española, ya que presenta una autosuficiencia en materia de maíz cercana al 100%. Incluso, en el caso de Francia, sus exportaciones de maíz no transgénico se verían relanzadas en los mercados de países europeos importadores de maíz, como es el caso de España.

Por lo que se refiere a la soja, el problema que se presenta ante un rechazo de productos GM es de enorme envergadura, tanto para España como para el conjunto de la Unión Europea. La utilización de soja es fundamental en la elaboración de piensos para la alimentación de la ganadería española, especialmente la porcina y avícola, ya que permite un abastecimiento de proteínas en grandes cantidades, con una calidad homogénea y a precios muy competitivos. Desde este punto de vista, el suministro actual de soja es clave para la competitividad de la industria del pienso española.

Sin embargo, el nivel de autosuficiencia de soja de la Unión Europea es muy bajo, cercano al 10%, al tiempo que en España no llega al 1% (véase Tabla 18). Una parte muy elevada de la soja importada por Europa es GM, aunque no se puede conocer la cifra exacta ya que los países proveedores no segregan la producción. En conclusión, en la actualidad no existe una oferta suficiente de soja sin modificación genética capaz de cubrir la totalidad de la demanda europea.

En este contexto, las explotaciones ganaderas de Europa deberían dejar de utilizar soja en los piensos y buscar sustitutos, con un coste muy superior, lo que sin duda dificultaría en gran medida sus producciones. Sería un problema muy superior y adicional al que

TABLA 18

PRINCIPALES PAÍSES PRODUCTORES, IMPORTADORES Y EXPORTADORES DE SOJA
(Miles de toneladas, 1998)

País	*Producción*	*Exportaciones*	*Importaciones*	*Saldo comercial*
Estados Unidos	74.598	20.394	185	20.209
Brasil	31.324	9.275	828	8.447
Argentina	18.732	2.843	463	2.380
China	15.001	213	5.245	–5.032
India	6.942	18	34	–16
Europa	2.423	1.982	17.907	–15.925
España	12	4	3.169	–3.165
Resto mundo	10.723	3.473	13.536	–10.063
Total Mundial	159.743	38.198	38.198	0
España: importaciones	*1997*	*1998*	*1999*	
Valor (Mill. ptas.)	124.344	120.323	89.977	
Toneladas (Miles de Tm)	2.775	3.169	2.958	
Precio medio (ptas./kg)	44,8	38,0	30,4	

Fuente: Elaboración propia con datos FAO e ICEX.

GRÁFICO 7

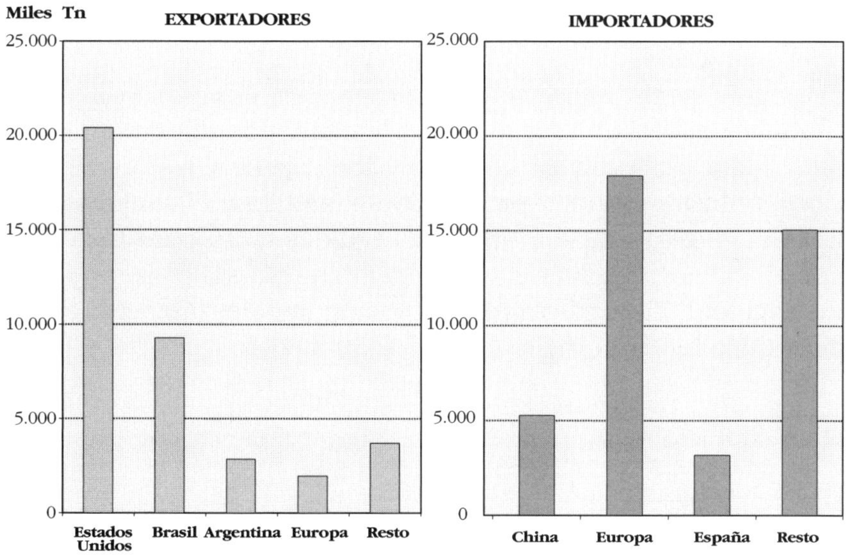

Fuente: Elaboración propia con datos de la tabla anterior.

se plantea por la prohibición temporal de harinas animales para la elaboración de piensos. Ante esta situación, y dado que no es posible reconocer en la actualidad si el ganado se alimentó con soja GM o convencional, cabría esperar un importante proceso de deslocalización de las granjas porcinas y avícolas hacia otros países en los que se permita la utilización de soja GM, con la finalidad de exportar desde allí la carne a la Unión Europea. En esta situación, el consumidor europeo seguiría consumiendo carne procedente de animales alimentados con productos GM, por lo que la situación sería totalmente irracional.

En un contexto de este tipo, una oferta de carne que garantice que no se ha utilizado ningún producto GM en la alimentación animal tendría un precio prohibitivo. En consecuencia, esta situación es inaceptable y seguramente la mayor parte de los grupos que actualmente rechazan los productos transgénicos cambiarían de opinión en un escenario en el que las diferencias de precios podrían llegar a superar el 50%[29]. Por otra parte, en esta situación ganaría atractivo el cultivo de soja convencional en América y sería necesario utilizar un costoso sistema de segregación con normas de etiquetado que garanticen la identificación del producto (véase apartado sobre «Efectos económicos del etiquetado y las normas de control de origen»).

Además de las consecuencias anteriores, el entorno más proteccionista necesario para aislar a España de los alimentos GM, así como la elevación en los costes del maíz, la soja y otras materias primas utilizadas para la producción ganadera y el conjunto de la industria, provocaría importantes pérdidas tanto para los consumidores como para los sectores más expuestos a la competencia internacional. El Cuadro 4 resume los principales impactos económicos de la biotecnología que se han analizado.

---

[29] Efectivamente, en la actualidad existe un acuerdo entre el elaborador de piensos Glon Sanders y el productor avícola Bourgoin para vender carne de ave y huevos alimentados con soja francesa no transgénica y ha supuesto un incremento de los precios de esos productos en un 15%. Piénsese en el precio que podría alcanzar la soja francesa no transgénica si a partir de un determinado momento la totalidad de las explotaciones ganaderas de la Unión Europea tuvieran que utilizar soja convencional. Véase Comisión Europea (2000), p. 92.

CUADRO 4

IMPACTO DE LA BIOTECNOLOGÍA AGRARIA SOBRE LA ECONOMÍA ESPAÑOLA

DESTINOS

	Posibilidades de mejoras	*Impacto de la biotecnología vegetal*	*Consecuencias de la no aceptación*
Producción agraria y ganadera (4,61 Bill. ptas.)	Altas. Desarrollo actual muy bajo, elevado potencial	Reducción de costes. Mayores rentas para el sector. Aumento de producción por sustitución de importaciones	Aumento de los costes relativos y absolutos. Necesidad de aumentar protección y ayudas de la PAC
Importaciones agrarias y ganaderas (0,78 Bill. ptas.)	Actualmente España utiliza los productos GM de otros países	Menores precios de las importaciones	Importante elevación de los precios pagados. Sustitución de los actuales países proveedores

	Impacto de la biotecnología vegetal	*Consecuencias de la no aceptación*
Consumo final de hogares (0,73 Bill. ptas.)	Ahorro de gasto de los consumidores	Aumento del gasto de los consumidores
Exportaciones agrarias (0,82 Bill. ptas.)	Mejora de la capacidad exportadora	Pérdida de competitividad de las exportaciones españolas. Posibilidad de exportar a países que también rechazan los OGM
Industria alimentaria o transformadora (3,8 Bill. ptas.)	Mejora de su competitividad, por los menores costes de las MM.PP. agrarias y la utilización de productos de mayor calidad	Pérdida de competitividad y de empleos, hasta el abandono de la actividad en algunos casos extremos (algodón)

DESTINOS

	Impacto de la biotecnología vegetal	*Consecuencias de la no aceptación*
Hostelería (2,2 Bill. ptas.)	Mejora de la competitividad vía menores precios de los alimentos	Pérdida de la competitividad (remolacha) por el aumento de los precios de los alimentos
Consumo final de hogares (4,44 Bill. ptas.)	Menor gasto destinado a alimentos. Se libera renta que podrá ahorrarse o destinarse a adquirir otros bienes o servicios	Incremento del gasto destinado a adquirir alimentos
Exportaciones industria alimentaria (0,85 Bill. ptas.)	Mejora de la capacidad exportadora	Reducción de la competitividad. Posibilidad de exportar a países que también rechazan los OGM
Usos otras industrias (2,93 Bill. ptas.)	Mejora la competitividad global, reducción de la inflación	Pérdida de competitividad, aumento de la inflación

Nota: Las cantidades están referidas a 1995.
Fuente: Elaboración propia.

e) *Efectos económicos del etiquetado y de las normas de control de origen*

En la actualidad se encuentra en proceso de reforma la normativa de la Unión Europea sobre OGM (Directiva 90/220), con el objetivo de incrementar la eficiencia y la transparencia del proceso de autorizaciones, al tiempo que se asegure un elevado nivel de protección para la salud humana y el medio ambiente. Una de las principales cuestiones que aborda la nueva normativa es la obligación que tendrán los Estados miembros de exigir el etiquetado de los alimentos GM, para que se pueda conocer el origen o la naturaleza de cada producto, y pueda ser controlado durante las distintas etapas de la cadena de producción. De este modo será factible localizar tanto el origen como el destino de las partidas con organismos GM, mediante un sistema de trazabilidad.

Entre las distintas razones para imponer el etiquetado de los OGM, la Comisión Europea señala que, ante la desconfianza y el temor actual de buen número de consumidores europeos respecto de estos productos, resulta deseable poder diferenciar a los alimentos GM, para que de este modo el consumidor tenga capacidad de elección. Además, el hecho de poder identificar, y si fuera necesario retirar del mercado un producto con riesgo, debería incrementar el grado de aceptación de estas nuevas tecnologías. Junto a ello, se alegan razones de bioseguridad, que aconsejan controlar el origen y los destinos de los cultivos GM para evitar las transferencias genéticas incontroladas que pudieran producirse. Por otra parte, los intermediarios, comercializadores y procesadores de materias primas agrarias deben someterse a normas de etiquetado que ya están en vigor impuestas por distintos países, al tiempo que existen productos GM que ya han sido aprobados en Estados Unidos pero no en la Unión Europea, que será preciso poder identificar. Por último, es evidente que, una vez que comiencen a aparecer los productos de la 2.ª generación, que incorporarán mejoras en sus características nutritivas, en su sabor o de otro tipo, será necesario mantenerlos diferenciados de los convencionales.

Sin embargo, el etiquetado de los productos GM y su segregación respecto de los convencionales supone importantes costes adicionales en todas las fases de la cadena agroalimentaria hasta el consumidor final. Así, los extracostes que se producirán en los diferentes eslabones de la cadena alimentaria se han estimado entre 5 y 25 euros por tonelada, lo que representa entre el 6 y el 17% del precio del producto[30]. En este contexto, se espera que se puedan producir diferencias notables de precios entre los productos GM y «sin OGM», según las condiciones de la demanda.

En la Figura 2 se representa una situación en la que se divide la oferta agregada de un cierto cultivo en partes iguales entre los mercados específicos A y B, correspondientes a las variedades transgénica y convencional, respectivamente (nuevas curvas de demanda O_{A1} y O_{B1}). Si la demanda global se divide en dos partes iguales ($D_A = D_B$), ambos productos A y B tendrán el mismo precio ($P_{A1} = P_{B1}$).

Sin embargo, debido a que con la segregación son menores las cantidades producidas y comercializadas, existirá una menor explotación de las economías de escala, de tal manera que se producirá un incremento en los costes unitarios de producción. Este efecto

FIGURA 2

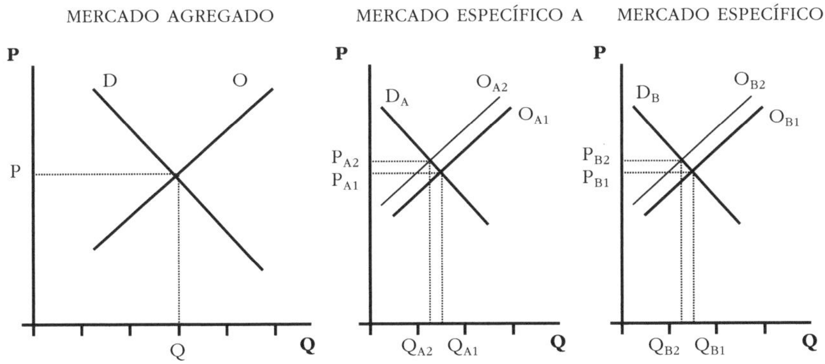

30 *Vid.* Comisión Europea (2000).

se traducirá en un desplazamiento hacia la izquierda de las curvas de oferta, desde O_{A1} a O_{A2} y de O_{B1} hasta O_{B2}. Y como consecuencia, se reducirá la cantidad producida en ambos mercados (Q_{A2} y Q_{B2}), al tiempo que se producirá un incremento del precio (P_{A2} y P_{B2}). Todo ello conlleva una pérdida de bienestar económico, al tener que asumir unos costes de producción, transporte y manipulación superiores.

No obstante, los productores de cultivos GM se benefician de una reducción en sus costes de producción como consecuencia de las mejoras que introduce la biotecnología. En la Figura 3, este efecto se representa mediante un desplazamiento hacia la derecha de la curva de oferta en el mercado A, que da lugar a una reducción del precio de A (P_{A3}) y una mayor demanda (Q_{A3}).

En el supuesto más realista de que la demanda no se reparte por igual entre los dos mercados, a corto plazo podrían producirse diferencias en los precios de mayor envergadura. Así, por ejemplo, si suponemos una menor demanda para los productos del mercado A con relación a los de B (D_{A4} y D_{B3}), se produciría una reducción adicional en el precio de A, mientras que B experimentaría un incremento adicional (véase Figura 4).

FIGURA 3

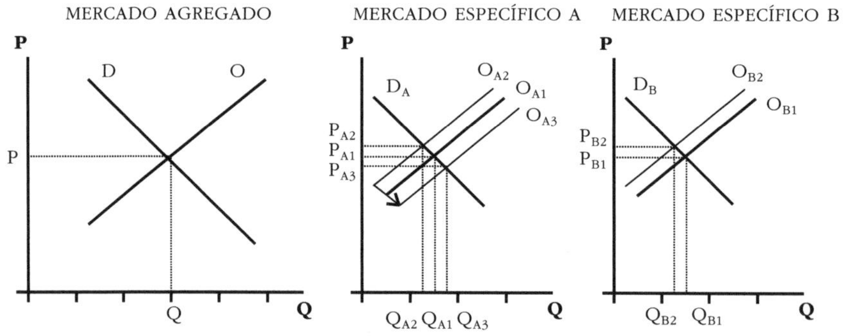

Figura 4

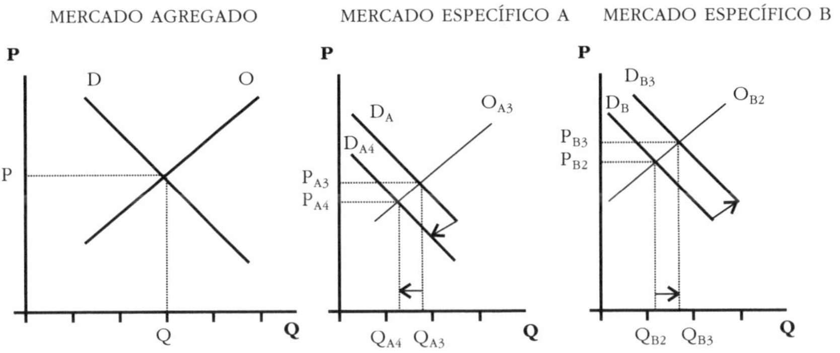

Dentro de las normas que se establecerán sobre el etiquetado se prevén tres tipos de situaciones:

a) Etiquetado voluntario, que deberá producirse con la aparición de nuevos productos GM con mejoras de calidad, nutritivas, etc. En este caso, todos los eslabones de la cadena alimenticia tienen incentivos para etiquetar y diferenciar el producto, ya que el consumidor estará dispuesto a pagar un precio superior.
b) Posibilidad de regular el etiquetado voluntario para productos «sin OGM», destinados a cubrir el mercado de consumidores que rechazan los productos que incorporan OGM. Teniendo en cuenta que las nuevas variedades modificadas permiten menores costes de producción, cabe esperar que el precio de los productos «sin OGM» sea siempre superior al equivalente GM.
c) Etiquetado obligatorio para los productos OGM. En la actualidad existe el debate de si mantener el sistema actual, que no exige etiquetar ingredientes alimentarios, aditivos y aromatizantes que contengan OGM, o modificarlo para que los productos que contengan este tipo de elementos sí tengan que incluir la referencia OGM. Incluso existe otra opción, que incluiría el etiquetado de todos los alimentos para los que en algún momento de su producción se haya recurrido a la tecnología de la modificación

genética, como, por ejemplo, la carne, la leche y los huevos de animales alimentados con piensos GM. Como en las fases de producción, transporte y elaboración de los alimentos existirá siempre un cierto nivel de contaminación de OGM, resulta necesario establecer umbrales de tolerancia mínima a partir de la cual sea necesario etiquetar el producto como GM. Cuanto más estricto sea el umbral que se fije, mayores serán los costes asociados a la segregación de los productos y mayor será la diferencia de precios entre los alimentos GM y los no transgénicos. Por ejemplo, si se establece un umbral admitido de OGM del 0,0%, elevaría el precio de los productos «sin OGM» hasta niveles prohibitivos, por la enorme dificultad que supondría cumplir el requisito.

Una cuestión de gran relevancia es cómo se distribuirán los costes del etiquetado entre los diferentes eslabones de la cadena alimenticia, lo que dependerá de distintos factores. Así, la elasticidad de la demanda y de la oferta respecto al precio en cada uno de los eslabones de la cadena alimenticia determinará en qué medida los costes pueden trasladarse al siguiente escalón. En este sentido, cuanto más rígida sea la demanda en un cierto nivel, mayor parte del coste del etiquetado será absorbido por ese nivel. Otro elemento importante que influirá es la existencia o no de productos fácilmente sustituibles, ya que, en caso de existir, será difícil repercutir el mayor coste a los precios, por lo que el agricultor asumirá una parte importante de los mayores costes de la segregación. A su vez, también determinará el reparto de los costes el grado de concentración empresarial existente en cada eslabón, ya que cuanto mayor sea el nivel de concentración en un nivel, más posibilidades existen de trasladar los mayores costes a proveedores y a clientes. Por último, las actuaciones de la política agrícola en materia de precios agrarios podrían impedir el traslado de los mayores costes a los consumidores, al tiempo que, por otra parte, podrían limitar los efectos de reducción de precios ante las caídas en los costes de producción.

Un factor clave que determinará en el corto plazo los precios de los productos «sin OGM» en comparación con los transgénicos es el grado en el que la oferta y la demanda de productos «sin OGM» logran equilibrarse. Así, si la demanda de productos convencionales supera a la oferta, se producirá un importante incremento del precio de estos productos, que compensará los mayores costes de producción y distribución. Al tiempo, se producirán excedentes de productos GM y disminuciones en el precio de éstos, por lo que las diferencias de precios podrían ser muy elevadas. Esta situación provocaría a medio plazo una mayor demanda de productos GM por parte de los consumidores ante su menor precio.

Sin embargo, en el caso de que la demanda de productos «sin OGM» sea pequeña en relación con la oferta, se producirán excedentes de estos productos, que serán adquiridos por la cadena convencional, pero no se pagarán primas por los productos «sin OGM». De esta forma, los agricultores que opten por cultivos no transgénicos deberán asumir mayores costes de producción y transformación y, al no recibir un precio superior por su producto, saldrán perjudicados.

Ante estas nuevas situaciones, de gran complejidad, resultan necesarias actuaciones decididas de las Administraciones públicas y organizaciones de consumidores con el objetivo de informar a la población, que eviten que un número importante de consumidores adquiera alimentos «sin OGM» con el convencimiento de que el extracoste que deberán asumir está justificado, por ser estos alimentos superiores o más seguros, ya que los estudios científicos realizados sobre los productos que han sido aprobados indican lo contrario.

REFERENCIAS BIBLIOGRÁFICAS

ALCALDE, E. (1999): «Resultados de los agricultores con el primer maíz resistente al taladro», en *Actas del 6.° Symposium Nacional de Sanidad Vegetal* (Consejería de Agricultura y Pesca, Junta de Andalucía, Sevilla, 1999), pp. 469-477.

ASEBIO (2000): *Informe ASEBIO 2000* (Asociación Española de Bioempresas, Madrid).

BUCKWELL, A., BROOKES, G., y BRADLEY, D. (1998): *Economics of Identity Preservation for Genetically Modified Crops*, Final Report of a Study for Food Biotechnology Communications Initiative (FBCI).

BUISÁN, A. y GORDO, E. (1994): «Funciones de importación y exportación de la economía española», *Investigaciones económicas*, n.° 18, pp. 165-192.

COMISIÓN EUROPEA (1994): *Crecimiento, competitividad y empleo. Retos y pistas para entrar en el siglo XXI.*

— (1999): *Actividades de investigación y desarrollo tecnológico en la Unión Europea. Informe Anual 1999.* COM 99/284.
http://europa.eu.int/comm/research/reports/1999/

— (2000): *Economic Impacts of Genetically Modified Crops on the Agro-Food Sector. A First Review.*

— (2000): *The Europeans and Biotechnology*, Eurobarometer 2000.
www.europa.eu.int/comm/research/press/2000

ERNST & YOUNG (2000): *The Economic Contributions of the Biotechnology Industry to the U.S. Economy* (Biotechnology Industry Organization).

FERNÁNDEZ-ANERO, J., NOVILLO, C. y COSTA, J. (1999): «MaisGard protección contra taladros en toda la planta, durante toda la campaña. Resultados en España 1997-1998», en *Actas del 6.° Symposium Nacional de Sanidad Vegetal* (Consejería de Agricultura y Pesca, Junta de Andalucía, Sevilla, 1999), pp. 447-455.

FRISVOLD, G., SULLIVAN, J. y RANESES, A. (1999): «Who Gains From Genetic Improvements In U.S. Crops?», *AgBioforum*, vol. 2, n.° 3 y 4.

HURTADO OCAÑA, I. (1997): *Efectos sobre la balanza de pagos de España de la integración en la Comunidad Europea* (Tesis Doctoral, Universidad Complutense de Madrid).

ISAAA (1998): *Global Review of Commercialized Transgenic Crops: 1998.* ISAAA Briefs, n.° 8. www.isaaa.org

— (2000), *Global Review of Commercialized Transgenic Crops: 2000.* ISAAA Briefs, n.° 21. www.isaaa.org

— (2000): *New Partnerships for Prosperity. Building Public/Private Agri-Biotech Networks for Resource Poor Farmers in Southeast Asia and Africa*. ISAAA. Bienial Report 1997-1999. www.isaaa.org

LEGUIAZAMÓN, E. (1999): «El manejo de malezas en los cultivos extensivos de Argentina: posible impacto del uso masivo de cultivos transgénicos», *Congreso 1999 de la Sociedad Española de Malherbología*.

MARÍN PALMA, E. (1999): «Biotecnología y nuevas oportunidades de empleo en España», *Revista del Instituto de Estudios Económicos,* n.° 3/1999, pp. 189-198.

MIRANOWSKI, JOHN A. (2000): *Economic Perspectives on GMO Market Segregation,* Iowa State University. www.econ.iastate.edu/research/

NOVILLO, C., SOTO, J. y COSTA, J. (1999): «Resultados en España con variedades de algodón, protegidas genéticamente contra las orugas de las cápsulas», en *Boletín de Sanidad Vegetal,* vol. 25, n.° 3, pp. 383-393.

OCDE (1993): *Biotecnología, agricultura y alimentación* (OCDE, Mundi Prensa).

— (1999): *How big is biotech?, OECD Observer,* abril, 1999.
www.oecdobserver.org

— *Bio Track Fiel Database.* www.oecd.org/ehs

PAILLOTIN, G.: «The Impact of Biotechnology on the Agro-Food Sector», en *The Future of Food. Long Term Prospects for the Agro-food Sector,* OCDE.

PINO, A. (2001): *Aplicaciones de la biotecnología al sector agroalimentario: la biotecnología en el horizonte del 2015,* estudio presentado en la Jornada «Nuevas oportunidades para el Sector Agroalimentario y afines a través de la Biotecnología», Instituto Tecnológico Agroalimentario (AINIA), Madrid, 18 de enero de 2001.

PULIDO, A., y FONTELA, E. (1993): *Análisis input-output. Modelos, datos y aplicaciones* (Madrid, Editorial Pirámide).

REDDY, K. N. y WHITING K. (2000): «Weed Control and Economic Comparisons of Glyphosate-Resistant, Sulfonylurea-Tolerant and Conventional Soybean (Glyce max) Systems», *Weed Technology,* vol. 14, 2000, pp.204-211.

RUTTAN, VERNON W. (1999): «Biotechnology and Agriculture: a Skeptical Perspective», *AgBioForum,* vol. 2, n.° 1, pp. 54-60.

SHIMODA, SANO M. (1998): «Agricultural Biotechnology - Master of the Universe?», *AgBioForum,* vol. 1, n.° 2, pp. 62-68.

SOCIEDAD ESPAÑOLA DE BIOTECNOLOGÍA (2000): *Plantas transgénicas. Preguntas y respuestas* (Madrid, Sebiot).

TRAXLER, G. y FALCK-ZEPEDA, J. (1999): «The Distribution of Benefits from the Introduction on Transgenic Cotton Varieties», *AgBioForum*, vol. 2, n.° 2, pp. 94-98.

U.S. ENVIRONMENTAL PROTECTION AGENCY (2000): *Biopesticides Registration Action Document.* www.epa.gov/scipoly/sap

CAPÍTULO TERCERO

Consideraciones jurídicas de la biotecnología aplicada al sector agrario

Enrique Marín Palma
Profesor de Filosofía del Derecho
Universidad de Alcalá de Henares
Miembro del Centro de Biología Molecular (CSIC-UAM)

Lo propio de la técnica actual no consiste en imitar a la Naturaleza como pensaron los griegos, ni sólo en gobernarla o utilizarla como se pensó en el siglo pasado, sino en crear Naturaleza, en hacer lo que la Naturaleza no ha hecho.

PEDRO LAÍN ENTRALGO

I. INTRODUCCIÓN

Es indudable que una necesidad primaria de los seres humanos es nutrirse para sobrevivir. A lo largo de la historia esto se ha realizado a través de la alimentación diaria, y desde que las poblaciones se hicieron sedentarias, el medio básico de conseguir estos alimentos ha sido la agricultura y la ganadería. Sin embargo, el sector agrario, desde antaño, no se ha limitado a alimentar a los seres humanos con aquello que la naturaleza le ofrecía, sino que ha intervenido en la producción de estos alimentos: en sus inicios, mediante la siembra de cultivos o la cría de animales que se adaptaran a las condiciones geográficas y climatológicas del lugar, para conseguir los mejores rendimientos en su producción; posteriormente, mediante la selección genética de especies vegetales y razas animales, para conseguir aquellas que portaran en su descendencia las características deseadas a través de cruzamientos dirigidos entre los progenitores seleccionados, y en la actualidad, usando, con las garantías necesarias, las aplicaciones de la Biotecnología. No cabe duda de que la era que hemos iniciado será la Era Biotecnológica.

Las tecnologías que comportan la modificación de la dotación genética de los organismos (microorganismos, animales y plantas) han abierto un enorme campo de posibles aplicaciones en medio ambiente, agricultura y medicina. Estas metodologías han facilitado la posibilidad de exploración de zonas inaccesibles hasta ahora para la biología, han ampliado el elenco de sus posibles aplicaciones y han despertado el miedo por los riesgos potenciales que la liberación de organismos modificados genéticamente al medio ambiente puedan ocasionar y por cómo, estos organismos modificados genéticamente, puedan afectar a la salud humana en sus diferentes relaciones con ellos (trófica, relacional, transferente, etc.). Los riesgos potenciales en investigación médica son más fáciles de controlar debido a la existencia de un código de normas de confinamiento que garantizan el control y la imposibilidad de liberar al medio organismos viables modificados genéticamente. Por el contrario, la investigación agrícola y en microbiología medioambiental requiere necesariamente la liberación del organismo al medio, lo que exige el desarrollo de una serie de normas cuya observación minimice los problemas derivados de dicha liberación, y la posibilidad de disponer de marcadores que permitan seguir la evolución de dichas poblaciones en los hábitats naturales en los cuales se ha realizado la liberación[1].

Existen varios elementos que deben tenerse en cuenta en este complejo campo de la Biotecnología: por un lado el derecho a la

---

[1] Tal es el caso del uso de microorganismos modificados genéticamente que faciliten funciones metabólicas en animales para aumentar la idoneidad de sus productos y subproductos, las modificaciones genéticas producidas directamente sobre el genoma de animales para conseguir los mismos fines, el uso de cultivos transgénicos, etc.

libertad de investigación, que conlleva la finalidad de aumentar la calidad de vida de los seres vivos y un uso no maleficente, y por otro la necesidad de disponer de normativas reguladoras adecuadas, enmarcadas dentro de lo que empieza a denominarse Bioética, que garantice los derechos de los individuos y de la colectividad en la que se desarrollen estas prácticas y que se encarguen de controlar los usos maleficentes que, por naturaleza humana, pudieran producirse.

No ofrece dudas la tremenda repercusión social que representa el desarrollo de unas técnicas cuyo valor rebasa el científico y entra de lleno en el social, el político y el económico. Decían en un comentario bastante acertado, que el científico, hoy, había pasado de ser mero observador a un técnico práctico. Esto ha dado lugar a que las técnicas de ingeniería genética en cualquiera de sus aplicaciones (microorganismos, animales, plantas o el ser humano) hayan tenido un desarrollo más elevado que la capacidad de la sociedad para asimilarlo. Todo ello, con la multitud de problemas que se encuentra el derecho para valorar las nuevas situaciones que se le presentan, hace que sea necesario un estudio profundo de la problemática que la tecnología genética genera. Este estudio no debe, ni mermar la capacidad investigadora del científico, con el consiguiente beneficio derivado de su uso, ni cerrarle su campo de actuación, sino sólo marcar los límites entre lo técnicamente posible y lo éticamente admisible[2]. Dichos límites deberán ser fijados con escrupulosa exactitud con el fin de no rebasar la aceptación social, ética y jurídica del avance, pero tampoco el enorme potencial que estas técnicas poseen para beneficio de la humanidad y que podrían verse mermadas.

La Era Biotecnológica conllevará, del mismo modo que en el campo científico, la transformación del tejido económico y social en torno a los avances científicos, provocando que la Ciencia en general, y la Biotecnología en particular, sea el sector más productivo, cobrando un interés inusitado para la economía de

---

[2] Dirigido, desde una perspectiva biojurídica, a garantizar los cánones necesarios de salvaguarda de la salud humana y los propios de protección del medio ambiente.

mercado. Para que se alcance un desarrollo tecnológico competitivo será necesario el adecuado fomento de su función, capaz de mantener el ritmo de crecimiento mundial que ya impone la Biotecnología. Efectivamente, se ha situado, debido a sus múltiples aplicaciones, en uno de los sectores económicos más punteros. La inversión de capital a nivel mundial se incrementa de manera creciente en el tiempo, los beneficios que se obtienen de esas inversiones rentabilizan éstas y las derivadas de su utilización, y la necesidad de su uso se convierte en una prioridad en aquellos países que quieran mantener un nivel económico y tecnológico competitivo.

Lo primero que es necesario valorar en el desarrollo de organismos transgénicos es la seguridad de su utilización, evitando efectos secundarios en los consumidores y en el medio ambiente, lo cual requiere mucha experimentación, tediosa y eminentemente cara, lo cual dificulta el interés de las compañías responsables del desarrollo de estos productos que posteriormente deben rentabilizar sus fuertes inversiones.

Sobre esta base se han desarrollado normativas específicas para el control de las patentes de invenciones biotecnológicas a nivel comunitario y de cada uno de los Estados miembros europeos, que aúnen los intereses económicos de recuperación de inversiones por parte de las industrias biotecnológicas que desarrollan estos productos con las posibilidades de un mercado accesible para el consumo de los productos así obtenidos.

Ello también facilita que unos desarrollos empresariales sean más atractivos que otros, dependiendo la conveniencia de dichos desarrollos de las necesidades del potencial mercado consumidor. En este sentido, de todos los trabajos que se están desarrollando en biotecnología de plantas, los científicos y los medioambientalistas muestran mayor entusiasmo por los nuevos proyectos que estudian la modificación de los cultivos de manera que sean más resistentes a las enfermedades o a ataques de plagas, que mejoren sus propiedades nutritivas o que porten determinadas características necesarias para mantener el bienestar de los consumidores (durabilidad de los productos, administración de vacunas a través de ellos, etc.).

En la actualidad, y con los años de experiencia en el empleo de las técnicas de ADN recombinante, el recelo generalizado del sector científico y del sector social hacia estas técnicas está cediendo a favor de la mayor precisión que poseen las modificaciones realizadas utilizándolas frente a las realizadas por métodos más tradicionales[3,4]. En este sentido, Arthur Kelman afirma que la utilización de técnicas de ADN recombinante no presenta mayores riesgos que el uso de otros métodos alternativos, y que, por el contrario, sí puede reportar mayor fiabilidad que el uso de otras metodologías[5].

II. LA TECNOLOGÍA

La metodología del ADN recombinante es la técnica actualmente utilizada para introducir nueva información genética en un organismo[6].

Inicialmente, y debido a su alto coste, se utilizó para producir sustancias de uso farmacéutico, como la insulina humana, la hormona del crecimiento o el interferón. Con los avances sobre el desarrollo de las técnicas, el abaratamiento del coste de producción y el mayor dominio sobre éstas, se obtuvieron también enzimas para uso industrial[7]. El último paso en la aplicación de la ingeniería genética han sido los animales y plantas, además del ser humano[8].

La descripción de la técnica aparece ampliamente especificada en otros apartados de este libro.

---

[3] Brill, 1988, y Hardy, 1988.

[4] Hammer, 1985; Toneguzzo, 1986, y Wang, 1988.

[5] *Committee on the Introduction of Genetically Engineered Organisms into the Environment*, 1987. *Introduction of Recombinant DNA-engineered organisms into the Environment: Key Issues.* Council National Academic of Science. Washington, D.C.

[6] Hammer, 1985, y Toneguzzo, 1986.

[7] Tal es el caso de la quimosina, obtenida a través de un microorganismo modificado genéticamente, utilizada con la misma finalidad que el cuajo procedente del estómago de terneros.

[8] Con la finalidad de prevenir y curar enfermedades de carácter genético en los seres humanos.

III. MODELOS DISTINTOS: ESTADOS UNIDOS Y EUROPA

Los desarrollos de lo que ha dado en llamarse *Agribusiness* permitirán avanzar en la consecución de una intensificación de la agricultura sostenible, incrementando la idoneidad y cantidad de las cosechas y, eventualmente, ayudando a hacer frente a la alimentación de la población mundial en momentos en los que tanto la superficie de cultivos como las personas dedicadas a esta actividad están en una clara recesión, máxime cuando la superficie cultivable por persona va a pasar de las 0,5 hectáreas en 1950 a 0,2 hectáreas en el 2050[9], por lo que hay que seguir aumentando la producción por unidad de superficie, y la Biotecnología puede ser la solución a esta situación, facilitando la mayor obtención de cosechas enteras con frutos más provechosos, aumentando la posibilidad de ofrecer más productos, pudiendo aplicarse en todas las zonas geográficas mundiales con las mismas garantías, al poder adaptarse las plantas transgénicas, con este fin creadas, a todos los ambientes.

Los cultivos transgénicos representan 44 millones de hectáreas de las superficies cultivadas en el mundo[10], fundamentalmente localizadas en Argentina[11] y Estados Unidos[12] (hasta un 88%), representando un aumento considerable de la superficie cultivada también en Australia, Sudáfrica y China, siendo Europa quien tiene la menor extensión (tan sólo un 1%), que por otro lado se ha mantenido estable en España, Alemania y Francia, y redu-

---

[9] Según datos aportados por la Asociación Internacional de Fitomejorados, Assintel.

[10] De acuerdo con el informe anual para el año 2000 de la ISAAA, una institución norteamericana encargada de estudiar la evolución de las aplicaciones agronómicas de la Biotecnología, la progresión de crecimiento es escalofriante: de 1,7 millones de hectáreas cultivadas en 1996 a 44,2 millones de hectáreas en la actualidad. Sólo en el año 2000, el número de hectáreas cultivadas es de 4,3 millones, que equivale al doble de toda la superficie agrícola española.

[11] Que ha pasado de cultivar 6,4 millones de hectáreas en 1999 a 10 millones en la actualidad.

[12] En el año 1999 existían 28,7 millones de hectáreas y en la actualidad es de 30,3 millones.

ciéndose solamente en Canadá durante el año 2000 en un millón de hectáreas cultivadas[13]. Por otro lado, aumentan las cosechas de soja y patata transgénica en Rumanía y de maíz transgénico resistente a herbicidas en Bulgaria.

El número de países que cultivan variedades modificadas genéticamente (cultivos transgénicos) ha sufrido también un paulatino incremento, pasando de ser 6 países en 1996 a 9 en 1998, 12 en 1999 y a finales del año 2000 son ya 13.

CUADRO 1

CLASIFICACIÓN POR CULTIVOS

Cultivo	*Superficie en hectáreas*	*Porcentaje*
Soja	25,8 millones	58%
Maíz	10,3 millones	23%
Algodón	5,3 millones	12%
Colza	2,8 millones	7%

Fuente: Elaboración propia.

CUADRO 2

ORGANISMOS MODIFICADOS GENÉTICAMENTE MÁS UTILIZADOS POR LOS AGRICULTORES

Organismo modificado genéticamente	*Porcentaje*
Plantas tolerantes a herbicidas	74%
Plantas resistentes a insecticidas	19%
Plantas con ambas propiedades	7%

Fuente: Elaboración propia.

Los cultivos transgénicos se han producido tanto en países desarrollados como en países en vías de desarrollo, suponiendo

[13] Las razones son fundamentalmente dos: *a)* la superficie destinada al cultivo de colza descendió 0,6 millones de hectáreas, siendo en 1999 de 5,3 millones de hectáreas cultivadas y en el año 2000 de 4,9 millones de hectáreas, y *b)* debido a la bajada de los precios de la colza, la fundamental planta transgénica cultivada en este país, resultaba más barato cultivar la variedad tradicional.

los primeros un 85% de toda la producción[14]. Por otro lado, el incremento en los cultivos transgénicos en países en vías de desarrollo ha pasado de ser un 14% en 1997 a un 16% en 1998, un 18% en 1999 y un 24% a finales del año 2000.

Si tenemos en cuenta que el continente americano es un índice de consideración y presión para el resto del planeta, y sobre todo para Europa, receptora de muchos de sus productos manufacturados y no manufacturados, la no consideración de esta —no tan novedosa— tecnología agraria puede suponer una merma a los intereses agrícolas y ganaderos de la Comunidad.

IV. NORMATIVA APLICABLE

En este apartado realizaremos un estudio de la normativa aplicable al uso confinado en experimentación y a la liberación intencional al medio ambiente, de organismos modificados genéticamente, una vez superados los controles legalmente establecidos, que también estudiaremos. Debido a las diferencias legales entre Estados Unidos y Europa, haremos un estudio separado de sus normativas.

1. Estados Unidos

Fue el pionero en la experimentación con organismos modificados genéticamente y el primero en establecer regulaciones (normativas recomendadas y normativas jurídicamente vinculantes) que controlasen la transgénesis y los efectos que de su aplicación pudieran derivarse.

a) *Bases para una regulación*

Desde la liberación intencionada de un microorganismo manipulado genéticamente capaz de degradar petróleo al medio

[14] Los países con mayor extensión de cultivos transgénicos entre los países desarrollados son Estados Unidos (30,3 millones de hectáreas) y Canadá (3 millones de hectáreas). Entre los países en vías de desarrollo son Argentina (10 millones de hectáreas) y China (0,5 millones de hectáreas).

ambiente en 1980, hasta la introducción de los primeros cultivos de plantas con modificaciones en su genoma en 1986, se ha producido un gran avance en la Biotecnología medioambiental, que no todos los países han sabido reconocer mediante el desarrollo de una reglamentación adecuada del potencial que las nuevas tecnologías ofrecen, con todo lo beneficioso pero también lo perjudicial que de un mal uso pueda producirse.

La mayor utilización de las técnicas manipulativas de genomas se ha producido en plantas, fundamentalmente mediante la introducción de virus portadores de la información que se desea incorporar a éstas, para que desarrollen una determinada resistencia a una enfermedad, al ataque de parásitos, que se adapten a medios ambientes extremos, desarrollen una mayor cantidad de determinados nutrientes o porten vacunas que se administren a los seres humanos mediante su consumo por ingestión, etc.

Los primeros experimentos de cultivos transgénicos liberados se realizaron en 1986, cuando el *Departamento de Agricultura de Estados Unidos* aprobó el desarrollo de tres experimentos de campo utilizando plantas de tabaco. Desde entonces, los investigadores han modificado decenas de especies, entre las que se encuentran el tomate, el maíz, la soja, el algodón y el arroz, independientemente de muchas otras, algunas de ellas todavía en evolución, duplicándose cada año el número de ensayos realizados en campo.

La *Administración para la Alimentación y los Medicamentos* de Estados Unidos (*Food and Drug Administration*, FDA) está valorando la experimentación requerida para garantizar la inocuidad de plantas producto de la introducción de genes externos por técnicas de ADN recombinante. La revisión se vio impulsada por los experimentos realizados en cinco estados durante el verano de 1991, en los cuales a plantas de tabaco, maíz y tomate se les insertó un gen bacteriano cuya acción elimina la necesidad de utilizar insecticidas químicos para matar a los gusanos que atacan a dichas plantas. El gen producía una proteína natural que, si bien nunca dio muestras de ser dañina para los mamíferos, causa la desintegración del sistema digestivo de los gusanos[15].

Estados Unidos posee una estricta legislación en este terreno, y los proyectos que encierran la transgénesis de organismos que van a ser liberados al medio natural son estudiados con escrupulosa exactitud, siendo, además, el pionero en establecer reglamentaciones, no sólo sobre el uso de los organismos manipulados, sino de las características de los centros de investigación donde se realizasen dichas transgénesis, así como de la formación y cuidados de los trabajadores e investigadores.

Todas las regulaciones normativas referidas a organismos modificados genéticamente se han hecho bajo los auspicios de una agencia federal, *el Instituto Nacional de Salud* (*The National Institutes of Health*, NIH).

(i) Uso confinado de organismos modificados genéticamente

Las aplicaciones biotecnológicas en el sector biomédico han sido aceptadas por la opinión pública, dado el bajo riesgo que comportan, frente a los grandes beneficios que presentan. El motivo de tan rápida aceptación social fue la publicación en Estados Unidos por parte del NIH de *«Las Directrices para Investigación con DNA Recombinante»* (*«Guidelines for Research Involving Recombinant DNA Molecules»*)[16], que, como una guía elaborada en respuesta a las cuestiones de seguridad y ética por iniciativa de la propia comunidad científica, fue la piedra de toque que

---

[15] Este gen se convierte en una parte permanente de la dotación genómica de la planta en los cultivos experimentales, haciendo que cada bocado resulte mortal para los voraces gusanos.

[16] Para un estudio más pormenorizado, ver:

- U.S. Department of Health Human Service, National Institutes of Health 1986, *Recombinant DNA Research. Proposed Actions Under the Guidelines.* Federal Register 52: 29800-14, August 11, 1987.
- U.S. Department of Health, Education Welfare, National Institutes of Health, *Recombinant DNA Research. Guidelines.* Federal Register 41: 27902-43, July 7, 1974; *Recombinant DNA Research. Proposed Revised Guidelines.* Federal Register 43: 33042-178, July 1, 1978; *Guidelines for Research involving Recombinant DNA Molecules,* Federal Register 43: 60108-31, December 21, 1978.

permitió su entrada en laboratorios a nivel internacional, continental y extracontinental.

El curso histórico de la elaboración de normativas en Estados Unidos que recogiesen la preocupación por controlar la experimentación relativa a la transgénesis de organismos, se inicia a mediados de la década de los 70 debido a la aceptación que el uso de las tecnologías de ADN recombinante empezaba a tener entre los biólogos moleculares, pero también al temor y la preocupación de las consecuencias que su uso incontrolado pudiera representar.

Esta preocupación consistía fundamentalmente en:

1. Desconocer el efecto patogénico que la modificación genética podía producir sobre el organismo que se aplica, así como cuál podía ser la extensión de este riesgo.
2. Los efectos sobre el ser humano, en particular los efectos sobre trabajadores que accidentalmente se pudieran infectar con los organismos modificados genéticamente que manipulasen.
3. El desconocimiento de los efectos que podía producir un organismo híbrido de este tipo en caso de que escapase de un laboratorio al medio natural antes de haber superado los controles relativos a su uso confinado, así como los posibles efectos patógenos inducibles al entrar en contacto con otros organismos del medio ambiente.

Estas preocupaciones, expresadas por el propio sector científico, fueron recogidas por la *Academia Nacional de las Ciencias (National Academy of Sciences)*, creándose una Comisión cuyo trabajo consistiría en la elaboración de una serie de recomendaciones[17] que posteriormente el NIH desarrolló en forma de protocolos que maximizarán la seguridad en la experimentación con ADN recombinante.

Para ello, el NIH creó el *Comité Asesor para el ADN Recombinante* (*The Recombinant DNA Advisory Committee*, RAC), como sistema de control de las investigaciones y de los investigadores

[17] Berg, 1974.

que realizaban estudios utilizando estas técnicas[18]. *La Oficina para el ADN Recombinante (The Office of Recombinant DNA,* ORDA) fue creada con miembros de la RAC con el fin de elaborar y divulgar la información relativa a estas actividades.

Sobre la base de este trabajo realizado, en febrero de 1975 se celebró la Reunión Internacional de Asilomar, en California, donde se debatieron profundamente estos temas[19]. Las conclusiones obtenidas en esta reunión fueron que determinados experimentos requerían una moratoria, pero que la mayoría del trabajo que se estaba realizando con ADN recombinante podría continuar, siempre que se desarrollara bajo unas condiciones adecuadas de seguridad biológica. Para ello se procedió a realizar una evaluación de los riesgos dependiendo de los diferentes tipos de experimentos y a la elaboración de unas recomendaciones sobre posibles liberaciones de bacterias y plásmidos al medio ambiente[20].

Tal y como se había encomendado anteriormente, el NIH asumió la responsabilidad de convertir estas recomendaciones, fruto de la Conferencia de Asilomar, en unas detalladas líneas de trabajo (*Guidelines*).

El trabajo fue fructífero y elaborado. Como resultado de tres reuniones del RAC, y de una mayor concreción de las investigaciones y de sus posibles riesgos, se elaboró un primer borrador que se presentó al director del NIH para su consideración, en diciembre de 1975. Estas *Directrices* (*Guidelines*) recogían estrictamente las recomendaciones hechas en Asilomar, a las cuales el director, por aquel entonces, del NIH, Donald Frederickson, añadió el valor de la opinión pública sobre el tema, elemento éste

---

[18] U.S. Department of Health, Education Welfare, National Institutes of Health, 1977, *Environmental Impact Statement on NIH Guidelines for Research Involving Recombinant DNA Molecules of June 23, 1976*, Part I, DHEW Publicaction No. (NIH) 1489, Bethesda, MD.

[19] Berg, 1975, y Watson, 1981.

[20] Debemos recordar que, en los orígenes del uso de las técnicas de ADN recombinante, éstas sólo eran aplicadas sobre microorganismos, pues se desconocía su posible aplicación, así como la viabilidad de ésta sobre organismos superiores, siendo posterior su aplicación en animales y plantas, aunque el recorrido histórico que estamos realizando sobre la evolución de una regulación normativa de lo que posteriormente se conoció más comúnmente como transgénesis, son la base de la regulación actual de uso de estas técnicas, no sólo sobre microorganismos, plantas y animales, sino también sobre el ser humano (terapia génica, clonación, desarrollo de estructuras humanas, etc.).

de extrema importancia a la hora de establecer normativas reguladoras en Estados Unidos.

Dos años más tarde se realizó una reforma de las *Directrices*, eliminándose la moratoria de algunas experimentaciones anteriormente establecidas y suavizándose algunas de las estrictas restricciones que en un principio se hicieron[21]. Éstas cumplían una doble función:

1. Garantizar que las investigaciones se realizasen dentro de unos cánones de seguridad y ética adecuados y consensuados.
2. Garantizar a la sociedad que la experimentación que se realizaba era controlada estrictamente, comunicándose las medidas adoptadas y considerándose adecuadamente la opinión pública, con lo cual se creaba el clima de confianza necesario para desterrar las posiciones excesivamente negativas y contrarias que dificultaran el desarrollo y avance de la Ciencia.

En las primeras *Directrices* se establecieron las siguientes medidas a adoptar:

1. Una moratoria respecto a los experimentos de los que se desconociese su posible alcance.
2. Determinados experimentos quedaban restringidos a laboratorios que tuvieran unas condiciones adecuadas de contención.
3. Se prohibía el clonaje de ADN humano.
4. Se prohibían experimentos sobre patogenicidad en plantas.
5. Se prohibían cultivos superiores a 10 litros que contuviesen organismos modificados por técnicas de ADN recombinante y su liberación intencionada al medio ambiente.

Independientemente de las restricciones anteriormente apuntadas, se establecieron los requerimientos que debían cumplir los laboratorios, con el fin de que se adecuasen a los distintos niveles de patogenicidad de los microorganismos tratados. Estas

[21] La eliminación de algunas de estas restricciones fue el fruto de reuniones de trabajo celebradas por el NIH y otras Agencias Científicas de los Estados Unidos, como la *Fundación Nacional para la Ciencia (National Science Foundation*, NSF) y el *Departamento de Agricultura* (USDA).

medidas las elaboró *el Centro de Control de Enfermedades (The Center for Disease Control*, CDC) basándose en un tedioso estudio para establecer los modelos generales de laboratorios y las características físicas de contención y seguridad que éstos deberían tener[22]. Para ello, el CDC elaboró su clasificación basándose en los riesgos potenciales que los microorganismos[23] tratados pudieran presentar a los humanos, y el RAC usó la clasificación elaborada por la CDC para incluirla en las *Directrices* revisadas en 1978. De este modo, dicha clasificación física de contención de los laboratorios quedó fijada de la siguiente manera[24]:

1. Los niveles P-1 y P-2 corresponderían a laboratorios con facilidades para manipular microorganismos cuyo riesgo para los humanos fuese bajo, es decir, su carácter patógeno no produjera graves perjuicios ni al ser humano ni al medio ambiente en caso de escape.
2. Los niveles P-3 y P-4 se reservaban para aquellos organismos o genes aislados que poseyeran un alto riesgo relacionado con graves enfermedades asociadas al hombre y/o los animales y que requiriesen, por tanto, unas medidas excepcionales de contención y control.

Actualmente siguen en vigor las medidas descritas por el CDC, manteniéndose la clasificación original de organismos según la clase de riesgo.

La finalidad de los niveles de contención establecidos pretendía evitar que se produjesen fugas, bien por accidentes que provocasen una liberación no intencionada, bien por ser portadores los propios trabajadores y que éstos las propagasen al exterior de la zona confinada de manera involuntaria.

[22] U.S. Depart. Health, Educa. Welf. Publ. Health Serv. Cen. Dis. Control. Off Biosafety, 1974, *Classification of Etiologic Agents on the Basis of Hazard*, 4th ed.

[23] Recordamos que inicialmente las técnicas de ADN recombinante se aplicaban exclusivamente sobre microorganismos, aunque los niveles de contención biológica determinados para los distintos tipos de laboratorios son los mismos que hoy en día rigen para la experimentación en uso confinado de organismos superiores: plantas y animales.

[24] U.S. Dept. Health Hum. Serv. Publ. Health Serv. Cent. Dis. Control Natl. Inst. Health, 1984, *Biosafety in Microbiological Laboratories*, 100 pp., 1st ed.

Basándose en *el Acta Nacional de Política Ambiental (The National Environmental Policy Act*, NEPA) del año 1969, el NIH elaboró un *Informe sobre Impacto Ambiental (Environmental Impact Statement*, EIS), el cual evaluaba los posibles impactos y riesgos de una posible liberación y dispersión accidental. El EIS se basaba en que la inserción de ADN procedente de diferentes especies en una célula o en un virus podía cambiar las propiedades del organismo receptor. Estos cambios podían resultar ventajosos, relativamente neutros, desventajosos o incluso peligrosos para el organismo receptor y para otros organismos con los que el receptor entrase en contacto, así como para el medio ambiente en general.

En la década de los 80 se produjeron grandes cambios sobre lo establecido en las *Directrices*, debido a los avances producidos en el campo de las investigaciones biomédicas, abriéndose por parte del NIH y del RAC la posibilidad de experimentar con organismos modificados que antes estaban incluidos en la moratoria de experimentación. Los riesgos eran más fáciles de controlar y la experiencia acumulada en el uso de las técnicas de ADN recombinante y un mayor conocimiento de su alcance facilitaban que no se requirieran unas medidas tan estrictas, lo que facilitó que el NIH delegara el control de las investigaciones a las *Comisiones Institucionales de Seguridad Biológica (Institucional Biosafety Committees*, IBCs), originándose una necesaria descentralización del control a órganos locales, lo que redundó en una mayor eficiencia y rapidez del mismo.

Los avances en estudios sobre manipulación de organismos que no presentaban gran peligro para el ser humano llevaron al RAC y al NIH a elaborar un *Código de Prácticas Standard para Investigación con DNA Recombinante* (*Code of Standard Practises for Recombinant DNA Research*)[25], en el que se reducía la prohibición que existía sobre un gran número de investigaciones con ADN recombinante.

---

[25] U.S. Dept. Health Hum. Serv. Natl. Inst. Health, 1982, *Guidelines for Research involving Recombinant DNA Molecules*, Federal Register 46: 38048-68, August 27, 1982.

Todo ello condujo al RAC a considerar necesaria, por razones sociales y políticas, una nueva revisión de las *Directrices* en 1982[26]. Esta revisión estuvo rodeada de grandes debates, conduciendo los mismos a una reducción de la lista de prohibiciones antes establecidas y a permitir algunas liberaciones al medio ambiente de organismos modificados genéticamente, requiriéndose para ello la aprobación, previo informe, del NIH y del RAC. De este modo las IBCs quedaron delegadas a aprobar pequeños proyectos y a controlar lo establecido en las *Directrices* de trabajo sobre contención.

Estas *Directrices* son las vigentes actualmente, con algunas pequeñas modificaciones posteriores en períodos de tiempo prácticamente preestablecidos de revisión. Además se incluyeron dentro del RAC miembros con voz pero sin voto pertenecientes a otras Agencias Federales, bajo el mandato del Presidente Henry Ford. Estas Agencias eran las encargadas de presentar nuevas propuestas sobre estudios biológicos para su aprobación, no ya sólo sobre microorganismos, sino también sobre plantas y animales, que en 1988 culminó con la presentada por el *Grupo de Trabajo de Terapia Génica en Humanos* (*Working Group on Human Gene Therapy*, WGHGT), constituyendo la primera propuesta presentada para aprobación al RAC que incluyó el uso de ADN recombinante en experimentos con humanos[27].

Por ello las *Directrices* incluyen en su apéndice G detallada información sobre usos y prácticas en experimentación no sólo con microorganismos, sino también con plantas y animales en laboratorios, así como de las adecuadas condiciones de confinamiento. Se especifica que el control corre a cargo de los IBCs, pero las *Directrices* descritas carecían de la suficiente especificidad para ser aplicadas con garantías. Es por ello que el *Servicio de Investigación Cooperativa Estatal (Cooperative State Research*

---

[26] U.S. Dept. Health Hum. Serv. Natl. Inst. Health, 1981, *Recombinant DNA Research. Proposed Revised Guidelines*, Federal Register 46: 59368-737, December 4, 1981.

[27] U.S. Dept. Health Hum. Serv. Natl. Inst. Health, 1988, *Recombinant DNA Advisory Committee Meeting and Recombinant DNA Research*, Proposed Actions Under The Guidelines, Federal Register 53: 34246-47, September 2, 1988.

Service, CSRS), asociado a la USDA, propuso una concreción en la reunión de trabajo celebrada en diciembre de 1986[28]. La adición describe las condiciones de confinamiento físico y biológico necesarias para la investigación con ADN recombinante en plantas, animales y organismos asociados con ellos. El RAC incorporó estas modificaciones a las *Directrices* tras la reunión celebrada en enero de 1989[29].

(ii) Liberación intencional de organismos modificados genéticamente al medio ambiente

Como hemos visto, las primeras Directrices del NIH prohibían cualquier tipo de liberación intencional de organismos modificados por técnicas de ADN recombinante. Considerando esta prohibición, el *Departamento de Agricultura* envió una comunicación al NIH[30], en respuesta a la primera revisión realizada en estas *Directrices*, recomendándole levantar dicha prohibición en aquellos experimentos en los que, por estar debidamente comprobado, el riesgo existente fuera nulo.

Siguiendo esta línea, la primera propuesta de liberación intencional al medio ambiente de una bacteria modificada con ADN recombinante fue aprobada por el RAC y el NIH sobre la base de minuciosos estudios que demostraban que no existía riesgo alguno para seres humanos ni para el medio ambiente con su liberación[31].

Sabiendo que existirían sucesivas propuestas a esta inicial, el RAC convirtió el PWG en el *Grupo de Trabajo para Liberación de Organismos al Medio Ambiente (Working Group for Release into*

---

[28] U.S. Dept. Agric., 1986, *Advanced Notice of Proposed USDA Guidelines for Biotechnology Research*, Federal Register 51: 23352-93, June 26, 1986.

[29] U.S. Dept. Health Hum. Serv. Natl. Inst. Health, 1988, *Recombinant DNA Advisory Committee Meeting and Recombinant DNA Research. Proposed Actions Under the Guidelines*, Federal Register 53: 53262-69, December 30, 1988.

[30] U.S. Dept. Health, Educa. Welf. Natl. Inst. Health, *Documents Relating to «NIH Guidelines for Research Involving Recombinant DNA Molecules»*, August-December 1978, Recombinant DNA Res. 4: A-391-A-393, DHEW Publ. No. (NIH) 79-1876.

[31] Milewski, 1983.

the Environment, WGRE). La función de este grupo de trabajo era elaborar unos principios generales y protocolos que deberían guiar al investigador y proveerle de una forma de organizar la propuesta a presentar al RAC. Esta propuesta era considerada necesaria para asegurar que las condiciones de la experimentación no presentaran ningún riesgo para el ser humano o para el medio ambiente, y debía incluir:

1. La naturaleza e identificación del microorganismo experimental y la razón de la experimentación.
2. Descripción de la manipulación genética a la que había sido sometido el ADN añadido al genoma original y los efectos que en el organismo receptor produciría esta adición.
3. Consideraciones ecológicas del organismo creado (tales como supervivencia, reproducción portando la modificación genética, dispersión natural, etc.).
4. Condiciones en las cuales se va a realizar el experimento de liberación intencional: localización geográfica, escala, dirección investigadora y el estudio de los posibles riesgos que pudieran derivarse una vez efectuada la liberación.

Para poder realizar estas liberaciones fue necesario modificar, por parte del WGRE, la Sección III-A-2 de las *Directrices*, definiéndose la liberación intencional controlada al medio natural como una «introducción controlada en el medio ambiente».

Pero el siguiente paso a la liberación intencional de microorganismos fue la liberación de plantas modificadas genéticamente, que también habían superado los estrictos controles a los que eran sometidos los experimentos de transgénicos. De este modo, el RAC y el NIH aprobaron los primeros experimentos con maíz transgénico en agosto de 1981, y posteriormente con tabaco y tomate transgénicos en abril de 1983. La prohibición se levantó sobre la base de existir una extensa experiencia acumulada con estas plantas modificadas en sus estudios en confinamiento y en los posibles riesgos de su liberación, tanto en su interacción con otros organismos (plantas, animales o el ser humano) como en general con el medio natural.

Posteriormente el RAC decidió que sería necesario conceder los permisos examinando caso por caso, quedando esta labor en manos de los IBCs y del *Grupo de Trabajo en Plantas (Plant Working Group*, PWG). Su desarrollo se llevaría a cabo estableciendo una serie de principios y prácticas conducentes a reducir los riesgos en experimentos con plantas transgénicas.

Para establecer su regulación correcta, el RAC añadió esta información a las *Directrices* en el Apéndice L y encomendó la supervisión de los experimentos en este campo al *Plant Working Group* y a los IBCs. En la práctica, el *Plant Working Group* no supervisó ninguno de estos experimentos, ya que fue *el Servicio de Inspección de Salud de Plantas y Animales del USDA (Animal and Plant Health Inspection Service*, APHIS) quien en realidad controló la concesión de estos permisos.

b) *El paso de una normativa recomendada a una normativa jurídicamente vinculante*

El creciente uso de la transgénesis, sobre todo en cultivos, se convirtió en una de las actividades fundamentales científicas a desarrollar en los futuros años, hasta alcanzar los desarrollos que hoy en día posee. A la investigación desarrollada en centros públicos se unía una creciente aparición de industrias privadas dedicadas en exclusiva a desarrollos biotecnológicos, centrando su actividad principalmente en investigación biomédica y, secundariamente, agrícola, hasta alcanzar cotas en la actualidad de un equilibrio de inversiones en ambos campos.

A pesar de que el control de la experimentación en transgénesis era llevado a cabo por el NIH, se requería una regulación legal jurídicamente vinculante[32]. Al no tratarse el NIH de una agencia jurídica, se presentaron complicaciones adicionales sobre la autoridad que tenía para aprobar liberaciones al medio ambiente[33].

---

[32] U.S. Dist. Court Dist. Columbia, 1983, Civil Action No. 83-2714, *Found. Econ. Trends, et al. v. M. M. Heckler, et al. Complaint for Declaratory Judgment and Injunctive Relief*, 39 pp.

[33] U.S. Dist. Court Dist. Columbia, 1984, Civil Action No. 83-2714, *Found. Econ. Trends. et al., v. M. M. Heckler, et al. Memorandum and Order. J. Sirica*, 38 pp.

No debemos olvidar que la estructura de la *Directrices* (normativa recomendada) difiere de lo que es una normativa legal jurídicamente vinculante, y la capacidad sancionadora que poseen proviene únicamente de ser órganos gubernamentales quienes la imponen, pudiendo sólo conllevar una pena disciplinaria, y ésta aplicable sólo a instituciones públicas y no privadas (empresas biotecnológicas). A pesar de ello, las *Directrices* han funcionado como una verdadera normativa legal en la comunidad biotecnológica, tanto pública como privada[34].

Las agencias reguladoras, incluida la *Agencia de Protección Medioambiental* (*Environmental Protection Agency*, EPA) y la dependiente de la USDA, el *Servicio de Inspección y Ventas (Marketing and Inspection Service*, MIS), la cual incluye a APHIS y al *Servicio de Veterinaria* (*Veterinary Services*, VS), reclamaban su jurisdicción sobre la experimentación en transgénesis cuando un estudio de campo se encontrase incluido. El grado y tipos de actividades y las propuestas de regulación generaron intensos debates entre distintas instancias del Gobierno de los Estados Unidos, los cuales provocaron numerosas reuniones de trabajo a lo largo de los cinco años siguientes[35].

En la actualidad, a excepción de la terapia génica en humanos y algunos experimentos en los que se utilizan organismos modificados en el medio ambiente, no se requiere, para la mayor parte de la investigación en transgénesis, una revisión previa del NIH, siempre que cumpla con lo establecido en las *Directrices* y que la propuesta haya sido aprobada por alguna de las agencias federales con competencia para ello, tendiéndose a una descentralización del control a agencias locales.

---

[34] La preocupación gubernamental sobre la posibilidad de que las empresas privadas no quisieran verse vinculadas por una normativa recomendada, que por tanto, para ellas, no suponía una vinculación jurídica obligatoria, quedó disipada cuando, a lo largo de unos intensos debates, el sector privado aceptó su compromiso de cumplir con estas normativas. También es cierto el temor, por parte de las compañías privadas biotecnológicas existentes, al ostracismo económico a que se podían ver sometidas por no aceptar lo que otras habían aceptado o a verse aisladas en sus conexiones con las entidades públicas de investigación en la transferencia de conocimientos y tecnologías o en las inversiones de fondos públicos de los que gozaban por la actividad a la cual se dedicaban.

[35] Covello, 1985, y Guillet, 1986.

(i) Desarrollos normativos más profundos relativos a la liberación intencional de organismos modificados genéticamente

El desarrollo de la Biotecnología desbordaba las más ambiciosas propuestas de control. Por ello, la *Oficina para la Ciencia y la Política Tecnológica* (*The Office of Science and Technology Policy*, OSTP), dependiente de *La Comisión para la Coordinación de las Ciencias Biotecnológicas (The Biotechnology Science Coordinating Committee*, BSCC), publicó un documento, titulado *El Marco de Coordinación para la Regulación de la Biotecnología (The Coordinated Framework for Regulation of Biotechnology*, CFRB), por el que se revisaba la aplicabilidad de varios estatutos de las agencias federales en materias relacionadas con la Biotecnología.

Resultado de este documento y de lo que su contenido establecía, la EPA recoge la jurisdicción sobre trabajos investigadores con organismos modificados genéticamente bajo el *Acta Federal sobre Insecticidas, Fungicidas y Rodenticidas* (*Federal Insecticide, Fungicide and Rodenticide Act*, FIFRA) y el *Acta de Control de Sustancias Tóxicas (Toxic Substances Control Act*, TSCA)[36]. Las pruebas de campo con organismos fruto de modificaciones genéticas se recogen bajo los *Permisos de Uso Experimental (Experimental Use Permits*, EUP) de la EPA. La política interna de esta agencia es examinada continuamente a través de los comités de vigilancia científica. De este modo, la política general de la EPA se encamina a la prevención de riesgos ocasionados por organismos genéticamente modificados, quedando el control del uso de los organismos en campos de experimentación bajo la FIFRA.

Para el cumplimiento de estos fines, la EPA preparó un documento para una nueva regulación que cubriría los aspectos de investigación bajo la TSCA, y por la que se controlaría, del mismo modo, a nivel local la experimentación de campo a pequeña escala.

---

[36] U.S. Environ. Prot. Agency, 1986, *Statement of Policy: Microbial Products Subject to the Federal Insecticide, Fungicide and Rodenticide Act and the Toxic Substances Control Act*. Federal Register 51: 23313-36, June 26, 1986.

En el *Marco para la Coordinación de la Regulación de la Biotecnología* y posteriormente en la *Norma Final (Final Rule)*, la USDA y el APHIS describen normas con relación a la utilización de plantas, y organismos asociados a ellas, modificados genéticamente.

La *Norma Final* de APHIS es coordinada por el *Personal de Coordinación de la Biotecnología y el Medio Ambiente (Biotechnology and Environmental Coordinating Staff*, BECS). En este sentido, APHIS ha concedido permisos a varias compañías biotecnológicas para el crecimiento de plantas modificadas con ADN recombinante en campos de pruebas, en base a que la experimentación propuesta no presentaba riesgos de contaminación con patógenos a otras plantas.

La *Norma Final*, 7 CFR 340, establece que los investigadores obtendrán un permiso de APHIS para la introducción (importación, transporte interestatal o liberación en el medio ambiente) de cualquier organismo o producto genéticamente alterado por medio de la ingeniería genética que contengan información genética exógena (vectores, receptores, etc.) para la creación de plantas patógenas o que existan motivos para creer que puedan serlo. Del mismo modo se establece una lista cerrada de plantas patógenas, incluyendo en este concepto cualquier organismo que «directa o indirectamente cause enfermedades, dañe alguna planta o partes de ésta, u ocasione perjuicios a algún proceso, fabricación o productos obtenidos de plantas».

En una posterior modificación de la *Norma Final* realizada en la década de los 90, estableció la exención del permiso requerido para el transporte interestatal, teniendo solamente que reunir las condiciones específicas para ello.

El *Marco de Coordinación* ha recibido un gran apoyo tanto del sector industrial como científico. La industria en Estados Unidos acata la labor de arbitraje que desempeñan las agencias federales para así reducir la incertidumbre, plazos y costes a que se vería sometida de recurrir a los tribunales.

Sin embargo, también existen posturas contrarias, que consideran el *Marco de Coordinación* como una combinación burocrática, inconsistente, que no define correctamente los tipos de modificaciones genéticas ni el establecimiento de las agencias controladoras[37]. Del mismo modo, grupos del sector público y privado, que han examinado sus estatutos, cuestionan sobre la autoridad e interpretación de la materia controlada[38], encontrando en su contenido fallos y omisiones[39] y llegando a la conclusión de que es necesaria una nueva legislación que establezca un completo programa para regular el impacto medioambiental de organismos modificados[40].

El desarrollo posterior de una normativa más coordinada y estricta sirvió para mantener la posición competitiva que Estados Unidos poseía y posee en desarrollos biotecnológicos.

La importancia que las investigaciones, sobre todo en plantas, cobraron dentro de los desarrollos biotecnológicos, y con ello de la transgénesis, provocó que la USDA, que ayudó en la elaboración de las *Directrices* al NIH, reconociera la importancia de realizar estudios en agricultura fuera de los laboratorios. En el *Marco de Coordinación* de 1986, la USDA publicó una *Comunicación Previa de Directrices Propuestas* (*Advanced Notice of Proposed Guidelines*, ANPG) llamando la atención sobre este tema. En pleno apogeo del desarrollo de normativas jurídicamente vinculantes, el hecho de ser regulado por *Directrices* y no por una normativa jurídica residía fundamentalmente en que el trabajo de investigación propiamente dicho no estaba encaminado a su comercio, y por lo tanto no requería una regulación mayor que la que tendría de realizarse estrictamente como experimentación de laboratorio. Las *Directrices* de la USDA están destinadas a controlar el riesgo potencial derivado de organismos modificados genéticamente en base a sus propiedades, que deberán ser definidas, seleccionadas y controladas durante todo el proceso de la investigación. Esta identificación de las propiedades contribuye a establecer una mejor regulación y organización de los productos.

---

37 Adler, 1988; Brill, 1988; Davis, 1987, y Marchant, 1988.
38 Adler, 1988, y Marchant, 1988.
39 Keystone, 1988, y McGarity, 1987.
40 McGarity, 1987.

Muchos de estos organismos y productos utilizados en agricultura entran dentro de una categoría equivalente a la utilizada por la FDA, pasándose a denominar *«Generalmente Reconocido como Compatible con el Medio Ambiente»* (*Generally Recognized as Compatible with the Environment*, GRACE).

Del mismo modo, y considerando el más amplio conocimiento de los efectos de la transgénesis en diferentes medios, se comenzó a trabajar activamente en el establecimiento de unas condiciones de los estudios de campo para que fuesen incorporadas a unos principios informativos generales, dejando de ser estudiados caso por caso para su aprobación.

Las *Directrices* describen las condiciones para esta experimentación e incluirían los protocolos para garantizar el aislamiento de los campos de experimentación a nivel físico, biológico, químico y climático, así como todos aquellos que requiriese el organismo. Las *Directrices* se encuentran aprobadas desde 1989.

En lo relativo al control del impacto de organismos modificados genéticamente, la USDA estableció también un *Programa de Valoración del Impacto Biológico Nacional (National Biological Impact Assessment Program*, NBIAP) bajo control del CSRS. El propósito de la NBIAP es evaluar el impacto biológico de la agricultura biotecnológica y supone una cooperación entre el Gobierno, las universidades y la industria.

Las líneas esenciales del programa incluyen[41]:

1. Estudios en bioseguridad.
2. Impacto medioambiental de la introducción de la Biotecnología y sus productos en el medio ambiente.
3. Un registro de los campos de experimentación establecidos en el territorio geográfico de Estados Unidos.
4. La opinión de agencias locales, estatales y federales, así como del sector privado.

---

[41] Committee on Biotechnology, 1987, *Legal Framework for Scientific Inquiry at Public Universities*. Div. Agric. Natl. Assoc. State Univ. Land-Grant Colleges, 56 pp.

El programa considera también otros aspectos, como cambios climatológicos, efectos genéticos imprevistos, intrusión de organismos desconocidos que afecten o interfieran en el organismo creado, resultado de la unión de efectos conocidos que den lugar a otros desconocidos, etc.

Todo este procedimiento muestra cómo, a pesar de producirse una liberación del exhaustivo control inicialmente establecido, todavía continúa siendo demasiado riguroso. La presentación de informes muy elaborados, razonados y evaluados, los plazos para su estudio y aprobación, la concesión posterior de los permisos, hace que lo estricto del sistema sea no sólo caro, sino también dilatado en el tiempo, provocando un innecesario retraso en la obtención de resultados[42].

A pesar de ello, lo riguroso de los controles no resulta innecesario, pues la necesidad de un efectivo método de control de los posibles efectos, previo a la liberación de un organismo en el medio ambiente, es obvia y altamente recomendable. La necesidad de restringir y controlar la transferencia de genes entre microorganismos, y la posibilidad de que también se produzca en otros organismos (plantas o animales) es debido a que existe un nivel de frecuencia detectable de transferencia horizontal de genes en los hábitats naturales y en condiciones no manipuladas, siendo difícil de evaluar con las metodologías disponibles en la actualidad.

c) *Aplicación del Principio de Precaución en Estados Unidos*

Cuando la Biotecnología se ha convertido en un mercado de pingües beneficios, como acabamos de analizar, el sistema actualmente vigente en Estados Unidos, poseyendo el mayor índice de desarrollo de normativas biotecnológicas, posee numerosas lagunas, siendo la parte más débil del mismo la distancia existente entre el carácter normativo interno, que pudiera ser adecuado para regular la investigación en este campo, y la necesidad de un

[42] Adler, 1988; McGarity, 1987, y Walsh, 1988.

respaldo legal que garantice los derechos de comercialización de los productos obtenidos.

En la práctica, el riesgo no parece ser tan grande. Se calcula que desde el siglo XIX se han llevado a cabo cerca de un millón de liberaciones controladas en el medio ambiente de organismos asociados con plantas a lo largo del territorio de Estados Unidos. De todas ellas, no existen noticias de ningún caso que haya producido daños económicos ni repercusiones ecológicas.

Los controles actuales en la utilización de modificaciones genéticas en agricultura son tan estrictos que no se prevé que puedan producir daños mayores que los que pueda provocar un desconocimiento de algunas actividades hortícolas, forestales o agrícolas u otros daños paralelos que el hombre puede ocasionar sobre el medio ambiente (construcción de carreteras, actividades de algunas empresas), haciendo que, aunque no exista una regulación legal en este campo, las medidas de control que se aplican sean suficientes para mantener la seguridad del desarrollo de estas actividades.

Frente a otras actividades (especialmente en el campo agrícola que nos ocupa) con un riesgo tan importante para la salud humana y el medio ambiente, la verdad es que el control del riesgo en lo relativo a organismos modificados genéticamente es excesivo. Se establece un mayor control de este riesgo que del producido a diario en las carreteras. Es más, se comercializan productos para consumo humano que sin contener organismos modificados son más peligrosos que éstos, y además mutágenos, sin ser sometidos a ningún control, ni siquiera publicitario, de su peligro en las etiquetas.

2. Comunidad Europea

El eco de las medidas de control que en Estados Unidos se desarrollaron en torno a la manipulación genética de microorganismos, animales y plantas, motivó también a Europa a tomar conciencia de la necesidad de regular de una manera directa y efectiva un campo científico, social y jurídico que carecía por completo de una normativa adecuada y uniforme entre todos los países miembros y que por su especificidad tenía un difícil encuadre, excepto en sus aspectos generales, en las regulaciones jurídicas existentes que pudieran ser aplicables.

Es por ello que se hacía necesaria una regulación que contuviese todos los elementos de un código de conducta para el uso confinado y para la liberación en el medio ambiente de organismos modificados genéticamente. Su finalidad sería la de enunciar los componentes aceptables mínimos que se requiriesen para una cooperación internacional en este área. Sin entrar a reclamar cambios en las normativas nacionales, se ofrecería un modelo general que podrían adoptar los países que aún careciesen de una reglamentación sobre la materia[43]. Para su desarrollo normativo, más que formular nuevos principios se procuró aprovechar la experiencia existente, tanto en algunos Estados miembros que ya desarrollaban experiencias en transgénesis, como, sobre todo, en las reglamentaciones que ya existían en Estados Unidos.

El uso confinado y la liberación intencional al medio ambiente de organismos modificados genéticamente reviste particular importancia de cara a una cooperación en la investigación en el contexto de los países de la Comunidad Europea. Se pretendía que la normativa que se elaborase ayudara a los gobiernos a desarrollar su propia infraestructura reglamentaria y a establecer normas de seguridad para el desarrollo, la producción, la aplicación y la liberación de organismos modificados genéticamente en el medio ambiente, así como para dar asesoramiento y apoyo adecuados cuando un país reconozca la necesidad de mejorar sus estructuras de examen y evaluación interna o de sus órganos de decisión.

El objetivo fundamental no era ceñirse exclusivamente al uso confinado de organismos modificados genéticamente, sobre el cual

---

[43] Antes de comenzarse los trabajos sobre las propuestas de Directivas europeas que regulasen la materia, ya existían Estados miembros que habían desarrollado normativas internas reguladoras de la experimentación con organismos transgénicos, tanto en su aplicación biomédica como en su aplicación al sector agrario y farmacológico.

ya era importante la cantidad de conocimientos existentes, así como los usos y controles adecuados, sino más bien un examen profundo de las cuestiones de seguridad relacionadas con las aplicaciones industriales de los organismos patógenos, dando el máximo carácter internacional a los principios rectores en materia de seguridad y elaborando unas pautas de conducta para este tipo de aplicaciones. Así, los Estados miembros necesitaban:

1. Adquirir los conocimientos técnicos y científicos necesarios para desarrollar esta actividad con la seguridad necesaria.
2. La organización administrativa necesaria para la toma de decisiones en esta materia.
3. El asesoramiento científico especializado apropiado.
4. Acceso a los medios técnicos e instrumentales adecuados para adquirir la información necesaria sobre las condiciones medioambientales de carácter local donde se realice la liberación, así como el impacto que pudiera tener sobre áreas geográficas más extensas.
5. El desarrollo de los canales de comunicación adecuados y la especialización de los existentes, para transmitir a la opinión pública la comprensión adecuada del mensaje.

Algunas de estas estructuras ya se encuentran en funcionamiento en algunos de los Estados miembros. La base para su establecimiento eran las medidas ya existentes en la mayoría de los países relativas a la cuarentena o mecanismo similar aplicable a la importación de nuevas plantas, animales o microorganismos naturales (no modificados genéticamente) procedentes de zonas geográficas distintas a las del país en el cual se pretendía su implantación. Una adaptación de estos mecanismos a través de órganos de asesoramiento científico especializados en cuestiones relacionadas podría proporcionar medios para manejar los nuevos productos de la Biotecnología. Del mismo modo, estos procedimientos podrían ampliarse con el fin de aplicarlos al examen de nuevos organismos genéticamente modificados producidos en el país.

a) *El desarrollo de Directivas reguladoras sobre organismos transgénicos*

Ante la necesidad de regular en Europa las aplicaciones a que daban lugar las investigaciones biotecnológicas, el *Consejo de Europa*, asesorado por organismos europeos y nacionales de los Estados miembros, procedió a la elaboración de unos principios generales y uniformes adaptados y aceptados por todos los Estados, que deberían incorporar a sus sistemas legales internos y que facilitaran una homogeneidad en la normativa a través de sus fronteras, siendo aplicada con la misma intensidad en todos ellos, impidiendo de este modo unas aplicaciones abusivas en aquellos países que careciesen de un sistema regulador menos estricto.

Se hacía necesario, por tanto, definir los aspectos que esta reglamentación jurídica debiera cubrir, siendo la forma jurídica más apropiada la de Directiva y abordándose, por los controles distintos necesarios, por separado el uso confinado y la liberación intencional al medio ambiente de organismos fruto de la ingeniería genética. De este modo se definieron los objetivos que ambas Directivas tendrían[44] y que serían dos:

1. La protección de la salud humana y del medio ambiente como valores fundamentales.
2. El establecimiento de unos procedimientos armonizados que fueran factibles en su transposición a las normativas adecuadas de los Estados miembros, infundiendo los mismos niveles de protección, control y salvaguarda en todos ellos.

Para la evaluación del riesgo de su manipulación se establecieron dos grupos: Grupo I, que recogía microorganismos de bajo

[44] Su estudio lo vamos a abordar teniendo en consideración la perspectiva del tiempo. En un inicio, ambas Directivas estaban destinadas a «microorganismos modificados genéticamente», y las definiciones en ellas contenidas estaban exclusivamente destinadas a microorganismos. El desarrollo posterior de transgénicos en animales y plantas hizo que los postulados de ambas Directivas estuvieran referidos a «organismos» en general, que englobaban tanto a microorganismos como a animales y plantas transgénicas. Su validez era igualmente eficaz, pues los requisitos de las investigaciones eran necesariamente los mismos. Es por ello que, como hemos dicho, y considerando esta ampliación del concepto encerrado en el título de las Directivas, cuando nos refiramos a aspectos generales de su aplicabilidad lo hagamos respecto a su concepto amplio actualmente vigente.

riesgo, y Grupo II, que recogía organismos de alto riesgo. A su vez también se distinguió entre dos tipos de operaciones manipulativas: Tipo A, relativas a la enseñanza, la investigación o el desarrollo con fines no industriales o no comerciales (a pequeña escala), y Tipo B, que englobaba cualquier operación distinta de las descritas en el Tipo I (desarrolladas a gran escala).

Los objetivos de la directiva relativa a la liberación intencional de organismos modificados genéticamente también serían dos:

1. Establecer las medidas adecuadas para proteger la salud humana y el medio ambiente.
2. Proporcionar las reglas comunes que deberían regir en todos los países respecto a los controles necesarios a superar antes de la liberación, los controles administrativos y de seguimiento de la liberación, así como aquellos que fueran necesarios tras la ponderación adecuada del binomio riesgo-beneficio (entendiendo por riesgo la reducción de éste al mínimo y siempre que se superaran los cánones mínimos de protección de la salud humana y del medio ambiente)[45].

Consideraba, además, que los *organismos modificados genéticamente* (OMG) no reconocen fronteras; por ello, la normativa que se estableciese debería ser fruto de una consulta internacional. En torno a ello se postulaban dos tipos de liberaciones que requerían cumplir unos requisitos distintos:

1. Liberación experimental (campos de pruebas), que conllevaría una información internacional sobre las condiciones de la experimentación y una decisión nacional por los órganos gubernamentales adecuados que concediesen el permiso.
2. Comercialización, la cual requeriría una consulta internacional sobre las condiciones del mercado y una decisión internacional que aprobase la comercialización en todos los Estados miembros.

[45] Conocido en la actualidad como «Principio de precaución», que abordaremos en su momento oportuno.

Dentro del proceso de liberación, el primer requisito legal exigido es la notificación para la realización de las pruebas de campo. Esta notificación debería contener:

— Información general sobre el personal y su formación.
— Información sobre el OMG.
— Información relativa a las condiciones de la liberación, así como del medio receptor.
— Información sobre la interacción entre el organismo y el medio.
— Información sobre el seguimiento, control, tratamiento de los residuos y planes de respuesta en caso de emergencia.

b) *Propuestas de Directivas del Consejo de Europa*

Como resultado de una concreción de los objetivos antes señalados, la *Comisión de las Comunidades Europeas* presentó el 4 de mayo de 1988[46] las dos propuestas de *Directivas* del Consejo, una *relativa a la utilización confinada de microorganismos modificados genéticamente*[47] y la otra *relativa a la liberación intencional en el medio ambiente de organismos modificados genéticamente.*

(i) Propuesta de Directiva del Consejo relativa a la utilización confinada de microorganismos modificados genéticamente

Debemos considerar inicialmente que, independientemente del contenido específico referido a organismos modificados genéticamente que contemplarían las propuestas de Directivas a desarrollar, las normas detalladas para el confinamiento de micro-

---

[46] COM (88) 160 final. -SYN 131. En su comunicación al *Consejo «Un marco comunitario para la regulación de la biotecnología»* (COM (86) 573 Final), la Comisión señaló su intención de introducir propuestas para la regulación a nivel comunitario de la Biotecnología, en relación con dos aspectos distintos del uso de la ingeniería genética:
1. Niveles de confinamiento físico y biológico, control de accidentes y gestión de residuos en aplicaciones industriales.
2. Autorización de la liberación planificada al medio ambiente de organismos modificados genéticamente.

[47] Ver nota a pie de página número 40.

organismos modificados genéticamente que sean patógenos humanos se establecen en la *Directiva del Consejo sobre la protección de los trabajadores contra los riesgos relacionados con la exposición a los agentes biológicos en el lugar de trabajo*[48], así como en sus posteriores modificaciones[49]. Estas normativas tienen como objetivo primario la protección de los trabajadores, y son complementarias con la propuesta sobre el uso confinado de *microorganismos genéticamente modificados*[50].

Debido a que la posible disparidad entre las regulaciones nacionales relativas a la utilización confinada de organismos modificados genéticamente, en vigor o en preparación en los Estados miembros con anterioridad a las propuestas de Directivas, podían crear condiciones desiguales de competencia, teniendo efectos distorsionantes, especialmente importantes en áreas en las que el progreso técnico depende en gran medida de las condiciones en las cuales el trabajo en cuestión puede llevarse a cabo legalmente, y pudiendo afectar estas disparidades entre las condiciones de uso al funcionamiento del mercado interno, la propuesta de Directiva pretendía homogeneizar la regulación a aplicar en cada Estado, una vez producida la correspondiente transposición.

---

[48] *Directiva del Consejo* 90/679/CEE, de 26 de noviembre de 1990, *sobre la protección de los trabajadores contra los riesgos relacionados con la exposición a agentes biológicos durante el trabajo* (DOCE n.° L 374, de 31 de diciembre de 1990).

Constituye la séptima Directiva específica con arreglo al artículo 16, 1.° de la *Directiva 89/391/CEE.*

[49] Modificaciones que aparecen en número de cinco hasta la actualidad, y que son:

— *Directiva 93/88/CEE del Consejo,* de 12 de octubre de 1993 (DOCE n.° L 268, de 29 de octubre de 1993).

— *Acuerdo sobre el Espacio Económico Europeo – Anexo XVIII – Salud y seguridad en el trabajo, derecho laboral e igualdad de trato para hombres y mujeres* (DOCE n.° L 1, de 3 de enero de 1994).

— *Directiva 95/30/CE de la Comisión,* de 30 de junio de 1995 (DOCE n.° L 155, de 6 de julio de 1995).

— *Directiva 97/59/CE de la Comisión,* de 7 de octubre de 1997 (DOCE n.° L 282, de 15 de octubre de 1997).

— *Directiva 97/65/CE de la Comisión*, de 26 de noviembre de 1997 (DOCE n.° L 335, de 6 de diciembre de 1997).

[50] En 1986, el *Consejo de la OCDE* publicó una recomendación sobre consideraciones de seguridad para las aplicaciones de ADN recombinante. La *Comisión* y los Estados miembros participaron en la preparación de esta recomendación, en la cual se basa el control técnico de estas propuestas de Directiva.

Del mismo modo, la propuesta de Directiva contempla las medidas para la aproximación de las disposiciones de los Estados miembros que tengan por objeto el establecimiento y funcionamiento del mercado interno. El objetivo de la Directiva futura sería, en la medida en que se ve afectada la salud humana, la seguridad alimenticia y general de los consumidores y la protección del medio ambiente, establecer un alto nivel de protección como base y proporcionar, a pesar de las diferencias en las economías de los Estados miembros, valores idénticos de protección en toda la Comunidad[51].

De ello resulta claro que el objetivo fundamental que la Propuesta de Directiva debe perseguir es la necesidad de aproximar las legislaciones de los Estados miembros, estableciendo un procedimiento común para la evaluación de los riesgos potenciales que surjan en el curso de la utilización confinada de organismos modificados genéticamente en la investigación, desarrollo, manufactura, almacenamiento, transporte, tratamiento y eliminación de residuos, con objeto de permitir el desarrollo seguro de la Biotecnología en el ámbito geográfico de la Comunidad.

La propuesta de Directiva considera necesario que las instalaciones en las que se lleven a cabo actividades con organismos modificados genéticamente estén adecuadamente equipadas con el fin de garantizar que dichas actividades se desarrollen en condiciones tales que minimicen los riesgos potenciales para el ser humano y el medio ambiente[52].

También establece, como obligatorio, que toda persona exterior a la instalación, susceptible de ser afectada por un posible

---

[51] *El Cuarto Programa de Acción Ambiental de las Comunidades Europeas*, de 19 de octubre de 1987 (DOCE n.° C 328, de 7 de diciembre de 1987), declara que las medidas relativas a la evaluación y a la mejor utilización de la Biotecnología respecto a la protección del medio ambiente será el objetivo fundamental en el cual la Comunidad Europea debe concentrarse.

[52] Aunque hay que reconocer que en la mayoría de los casos los organismos utilizados constituyen un riesgo mínimo y sólo requieren que se respeten las buenas prácticas de funcionamiento, habrá otros casos en los que, en virtud de la presunta patogenicidad u otras propiedades del organismo en cuestión, serán necesarias medidas especiales de confinamiento y, si es necesario, procedimientos de actuación en caso de accidente. Por lo tanto, se necesitan medidas reguladoras para asegurar que la utilización de organismos modificados genéticamente se lleve a cabo con un nivel de seguridad correspondiente a su nivel de riesgo.

accidente, deba ser informada de manera apropiada y efectiva sobre todas las cuestiones relativas a la seguridad. Las personas y áreas susceptibles de ser afectadas deben estar definidas en los planes de emergencia de la actividad industrial. Además, con objeto de mitigar las consecuencias de una liberación accidental, se debe comunicar la información relativa a los peligros potenciales y las medidas a adoptar de todas las personas implicadas, sin que deba mediar una solicitud, a través de algún tipo de medio de comunicación público.

Es por ello que, como quiera que el desarrollo y la aplicación industrial de las nuevas técnicas de ingeniería genética continúan expandiéndose rápidamente, la Comisión considera que, tanto para evitar la fragmentación del mercado interno como para establecer un nivel alto y uniforme de protección del ser humano y el medio ambiente, deban introducirse medidas reguladoras a nivel comunitario en relación con la utilización confinada de organismos modificados genéticamente.

La propuesta de Directiva reconoce que los organismos modificados genéticamente pueden ser liberados al medio ambiente en el curso de su utilización confinada de dos maneras distintas:

1. Liberaciones de rutina en condiciones normales.
2. Liberación accidental en condiciones anormales[53].

Puede suceder que en algunos de estos casos, tales liberaciones causen riesgos para la salud humana y el medio ambiente, estableciendo la propuesta de Directiva que en tales supuestos se hace necesario:

1. Realizar una plena identificación de estos casos.
2. Adoptar prácticas de trabajo y aplicar las medidas de confinamiento correspondientes al peligro que el organismo representa.
3. Establecer las medidas máximas para evitar la liberación accidental de organismos nocivos y delimitar con exactitud las consecuencias de cualquier accidente que pueda ocurrir.

---

[53] La cual supone una pérdida de control de la actividad normal por una circunstancia ajena a la voluntad del personal implicado.

Para alcanzar estos fines, la propuesta de Directiva divide en dos grupos a los organismos modificados genéticamente:

1. Organismos que presentan un peligro mínimo (Grupo I), a los cuales se aplicarán normas relativamente simples de buena higiene y prácticas de seguridad.
2. Organismos (Grupo II) para los cuales el confinamiento, el control de los residuos y las medidas de acción en caso de emergencia son esenciales.

Tanto para uno como para otro grupo, los usuarios investigadores deberán declarar a las autoridades responsables, que desarrollan operaciones con organismos modificados genéticamente y deberán que llevar a cabo una evaluación de los riesgos.

Para el perfecto funcionamiento de estas declaraciones, se establece un sistema de notificación a las autoridades competentes que permita un seguimiento y un control de la adecuación de la clasificación otorgada al organismo y de las medidas de confinamiento aplicadas. Los requisitos de tiempo y de contenido de la notificación dependerán de la clasificación asignada al organismo y de la escala de la operación en cuestión. Con respecto a esta última, la Comisión consideró más apropiado adoptar un sistema flexible y distinguir las operaciones sobre la base del propósito con que se realizan. De este modo, «operaciones a escala industrial» incluirían procesos de manufactura y plantas piloto, mientras que «operaciones a escala no industrial» incluirían actividades de enseñanza, investigación y desarrollo.

Con objeto de garantizar que la probabilidad de accidentes sea reducida a un mínimo, la propuesta contempla disposiciones especiales en los casos de alto riesgo e incertidumbre. Éstos son los casos de utilización a escala industrial de organismos pertenecientes al Grupo II. La notificación será en este caso más detallada y el usuario deberá probar que ha estudiado posibles causas de accidentes, anticipando la combinación de sucesos que puedan conducir a una liberación no intencional, y que ha adoptado las medidas de seguridad apropiadas y, en su caso, los planes de acción en caso de emergencia. Además, el usuario deberá facilitar a la autoridad competente la información necesaria para establecer un plan de emergencia del área próxima a la instalación, en caso de que ocurra un accidente.

Del mismo modo que se requieren todas esas medidas de control de siniestros, se requiere que les sea comunicada por los responsables a las autoridades competentes toda liberación accidental que ocurra en su territorio y que se establezca, a nivel comunitario, un sistema efectivo de seguimiento preventivo.

Debido a la celeridad con la cual se producen los adelantos en Biotecnología y para evitar una obsolescencia temprana de la Directiva futura, la propuesta contempla disposiciones apropiadas para la adaptación de la directiva al progreso técnico.

Finalmente, los anexos técnicos, que establecen las medidas de confinamiento y de gestión de residuos, están, en gran parte, basados en la recomendación de la OCDE.

(ii) Propuesta de Directiva del Consejo relativa a la liberación intencional en el medio ambiente de organismos modificados genéticamente

Al igual que el uso confinado de organismos modificados genéticamente suscitó recelos, pero sólo temores respecto de su fuga accidental, la liberación intencional en el medio ambiente de organismos genéticamente modificados dio origen a un acalorado debate acerca de los riesgos que podía entrañar[54]. Al mismo tiempo, la posible liberación intencional de organismos que presentasen una combinación de rasgos que la naturaleza no ha seleccionado, aumentó la incertidumbre acerca del comportamiento de los organismos y de la posibilidad de aparición de efectos

[54] Los planteamientos de su uso en el medio natural tampoco estaban exentos de lógica, ya que son múltiples las aplicaciones que se les podían dar, gracias a la versatilidad que las técnicas de ADN recombinante permitían: plantas transgénicas que serían capaces de eliminar la necesidad de plaguicidas y herbicidas, capaces de fijar nitrógeno recuperándolo del medio ambiente en el cual se liberaran, adaptación a condiciones climatológicas o geográficas extremas o de escasez de recursos, así como microorganismos susceptibles de degradar productos químicos tóxicos o vertidos de petróleo que amenazan el equilibrio medioambiental, y también su uso en biominería para la extracción y lixiviación de metales, etc.

nocivos sobre el medio ambiente. No sólo planteaban interrogantes los rasgos conocidos del organismo (como su patogenicidad), sino también las posibilidades de desplazamientos de poblaciones naturales, la alteración de ciclos e interacciones ecológicas y la transmisión no deseada de los nuevos rasgos genéticos a otras especies (transferencia de resistencia a un herbicida de una planta de cultivo a una mala hierba, por ejemplo). En consecuencia, hacían falta medidas de reglamentación que garantizasen que las liberaciones sólo se llevarían a cabo en condiciones de seguridad tan elevadas como fuese razonablemente factible y rebasando todo genero de duda. En otras palabras, la minimización del riesgo a la cota más cercana a cero.

Al igual que en las investigaciones en confinamiento, la *Comisión* pensó que la elaboración rápida de un marco comunitario para la reglamentación de la Biotecnología en lo referido a este otro uso era de crucial importancia para el desarrollo de la misma en la Comunidad. Del mismo modo, era necesario proteger adecuadamente a los seres humanos y al medio ambiente contra cualquier riesgo potencial derivado de la aplicación de la Biotecnología, en su sentido más amplio, y de la ingeniería genética, en particular, fuera de los confines de un recinto cerrado.

Los argumentos en que se apoyaron en el mercado interior para proponer una reglamentación comunitaria en este campo son claros, y, desde el punto de vista medioambiental, el que los organismos vivos no respeten fronteras en sus movimientos, evidenció la necesidad de una regulación a nivel comunitario con el fin de garantizar la protección humana y medioambiental necesaria de una manera homogénea y suficiente.

En ese momento histórico, la experiencia internacional en materia de liberaciones intencionales (marcada por Estados Unidos) era todavía limitada, motivo por el cual no fue posible, por el momento, proponer directrices o requisitos de pruebas experimentales con carácter general.

Debido a esa falta de experiencia sobre el tema, la *Comisión* propuso un sistema de notificación y aprobación caso por caso, que sería de obligado cumplimiento para la industria biotecnológica y las instituciones de investigación, de conformidad con las recomendaciones de la OCDE[55].

Este clima existente y los trabajos preparatorios estudiados y realizados dieron lugar al contenido de la propuesta de Directiva, que comienza distinguiendo los diversos tipos de riesgos derivados de la liberación al medio ambiente de organismos modificados genéticamente:

— Posible aparición de rasgos patógenos en seres humanos, animales o plantas.
— Efectos que pueden provocar la destrucción parcial o total de ecosistemas, desplazamiento de poblaciones naturales, alteración de ciclos e interacciones ecológicas con poblaciones naturales.
— Transmisión de los nuevos rasgos genéticos a otras especies provocando efectos indeseados, perjudiciales, patógenos o altamente negativos y desconocidos.
— Excesiva dependencia de especies carentes de variación genética.

Los expertos de la *Comisión* eran conscientes de la preocupación pública y el temor social que este tipo de cuestiones producía, por lo que en semejante contexto tampoco era difícil imaginar la respuesta colectiva ante el supuesto de que se produjera algún perjuicio para la salud humana o al medio ambiente, ocasionado por un organismo modificado genéticamente deliberadamente introducido en el medio natural. Por todas estas razones era necesario no sólo garantizar la protección a las personas y al medio ambiente contra los posibles riesgos derivados de esta nueva tecnología, sino tranquilizar a la sociedad asegu-

[55] Para ello se empleó un informe de la OCDE titulado *Consideraciones sobre la seguridad del DNA recombinante*, de 1986, donde reconocía los riesgos mencionados y concluía que podían evaluarse, en cierta medida, por analogía con la información sobre organismos existentes. Con todo, en esta fase no se cuenta con la experiencia suficiente para sentar las bases de unas normas coherentes para pruebas experimentales y para reglamentación. En cambio, el informe recomienda una evaluación previa, caso por caso, de todas las liberaciones intencionales.

rándole que se establecerían los medios necesarios para evitar su causalidad.

En este contexto, la propuesta de *Directiva* establece que el enfoque actual, que se centra en las nuevas técnicas del ADN recombinante, constituye el primer y más urgente paso en el proceso de regulación. No obstante, ello no impide una evolución posterior hacia un enfoque más centrado en el tipo de organismos objeto de las modificaciones. Por ello, la *Comisión*, a medida que adquiera experiencia y conocimientos en la materia, procederá a acometer la regulación de la liberación intencional y controlada de ciertas categorías de organismos naturales, tales como patógenos conocidos para el ser humano, los animales o las plantas, así como organismos no indígenas. Podrán establecerse además diferentes categorías de organismos y técnicas que determinen requisitos distintos para éstos con diferentes niveles de riesgo.

La propuesta de *Directiva* propone un procedimiento de notificación caso por caso para la liberación intencional de organismos transgénicos. Por este procedimiento, antes de proceder a una liberación, la persona responsable de la misma cursará una notificación a la autoridad competente de su Estado miembro, que incluirá una evaluación pormenorizada de los riesgos que conlleve la liberación.

Ahora bien, entendiendo que existe una evidente diferencia cuantitativa en el nivel de riesgo entre las liberaciones experimentales, que se llevan a cabo en condiciones muy controladas, estrictamente limitadas en el espacio y tiempo y estrechamente supervisadas, y las liberaciones comerciales, solamente limitadas en cuanto a zonas y condiciones de uso, la propuesta establece dos procedimientos distintos:

1. Liberaciones experimentales: en las que las autoridades competentes tienen responsabilidad absoluta en la liberación efectuada en su Estado miembro.
2. Introducción en el mercado de organismos modificados genéticamente para un uso dado: en la que se necesitan consultas

y acuerdos entre los Estados miembros para aprobar la introducción del producto en el mercado intracomunitario[56].

El procedimiento de aprobación tiene sobre el de autorización la ventaja de que deja parte de la responsabilidad, también, en manos del notificador. Además, en un campo tan poco conocido como éste, en el momento de desarrollarse la propuesta de Directiva, las decisiones que afecten a la seguridad y a las condiciones de la liberación deben ser el resultado de un diálogo entre el notificador y la autoridad competente aprobadora.

La propuesta de *Directiva* reconoce que, en un terreno tan inexplorado como el que la ocupa, es muy probable que el intercambio de información desempeñe un papel esencial en la adquisición de experiencia. En consecuencia, se toman medidas para garantizar el intercambio entre los Estados miembros de sus opiniones, experiencias y consideraciones a través de la *Comisión*. La información compartida lo será sin restricciones para la *Comisión* y las autoridades competentes, siempre que se garantice el carácter confidencial de la misma. La experiencia en el sector químico, en el que durante años han funcionado unidades de notificación de nuevos productos químicos con excelentes resultados, alentó a la *Comisión* a la consecución de esta meta propuesta en el documento.

Como la preocupación de la sociedad, suscitada por los usos de la ingeniería genética, era enorme, se consideró fundamental integrar a la opinión pública, facilitando la información necesaria para evaluar el riesgo, y también, sobre esta base, establecerse las medidas de seguridad convenientes.

Para el cumplimiento de sus fines, la propuesta de *Directiva* se encuentra dividida en cuatro partes:

Parte A: comprende los artículos 1 a 3 y contiene las disposiciones de carácter general.

[56] En la actualidad, esta posibilidad de libre circulación de organismos modificados genéticamente a través de las fronteras políticas de los países comunitarios está siendo objeto de una regulación comunitaria que todavía no ha visto la luz, aunque está en una avanzada fase de preparación y que analizaremos en un apartado posterior.

Parte B: comprende los artículos 4 a 7 y contiene la liberación intencional de organismos modificados genéticamente con fines de investigación y desarrollo.

Parte C: comprende los artículos 8 a 16 y contiene la introducción en el mercado de productos que consistan o contengan organismos modificados genéticamente.

Parte D: comprende los artículos 17 a 23 y desarrolla las disposiciones finales.

Por otro lado, establece que las técnicas que han venido siendo usadas convencionalmente en agricultura y ganadería con anterioridad al establecimiento de estas normas y con un nivel de seguridad comprobado, no son cubiertas por la definición del artículo 2, 2.° y el Anexo I de la propuesta de Directiva.

c) *Directivas*

Fruto de lo considerado en las propuestas de Directivas y del debate alcanzado al efecto, todas las actuaciones previas y la consulta a normativas precedentes que algunos de los Estados miembros ya habían desarrollado, surgen la *Directiva del Consejo* 90/219/CE, de 23 de abril de 1990, *relativa a la utilización confinada de microorganismos modificados genéticamente*[57], y la *Directiva del Consejo* 90/220/CE, de 23 de abril de 1999, *sobre liberación intencional en el medio ambiente de organismos modificados genéticamente*[58]. Ambas Directivas establecen en sus

---

[57] *Directiva del Consejo 90/219/CEE* de 23 de abril de 1990, *relativa a la utilización confinada de microorganismos modificados genéticamente* (DOCE n.° L 117, de 8 de mayo de 1990, pp. 1 a 15).

Modificada por la *Directiva 94/51/CE de la Comisión*, de 7 de noviembre de 1994, *por la que se adapta al progreso técnico la Directiva 90/219/CEE del Consejo, sobre la utilización confinada de microorganismos modificados genéticamente* (DOCE n.° L 297, de 18 de noviembre de 1994, p. 29).

[58] *Directiva del Consejo* 90/220/CEE, de 23 de abril de 1999, *sobre liberación intencional en el medio ambiente de organismos modificados genéticamente* (DOCE n.° L 117, de 8 de mayo de 1990, pp. 15 a 27).

Modificada por:

— *Directiva 94/15/CE de la Comisión*, de 15 de abril de 1994, *por la que se adapta al progreso técnico por primera vez la Directiva 90/220/CEE del Consejo, sobre la liberación intencional en el medio ambiente de organismos modificados genéticamente* (DOCE n.° L 103, de 22 de abril de 1994, p. 20).

contenidos los mismos principios que anteriormente se formularon en las propuestas:

- Necesidad de que la regulación sea internacional, y cuando menos comunitaria, para que tenga un carácter más homogéneo, sobre la base de que los organismos, en general, y los modificados genéticamente, en particular, no entienden de fronteras políticas, máxime teniendo en cuenta que lo que no es riesgo en un país lo puede ser en el vecino debido a sus características ambientales.
- Desarrollo de planes de emergencia para el caso de accidentes que provoquen liberaciones no intencionales.
- Conocimiento pleno de la actuación del organismo en confinamiento antes de su entrada en contacto con el ser humano y el medio ambiente natural, requiriendo para ello los conocimientos adecuados sobre éste con el fin de facilitar la aplicación de planes de emergencia en caso de accidente.
- Garantizar y facilitar el libre mercado como valor fundamental de un Mercado Único, así como el libre desarrollo de la investigación, asegurando que las normas internacionales y las internas de cada Estado no lo interfieran.
- No someter a estos estrictos controles los organismos modificados genéticamente ya utilizados y en los que la experiencia ha demostrado que no tienen efectos nocivos para el hombre o el medio ambiente.

Finalmente, establecen que los Estados miembros adoptarán las medidas legales, reglamentarias y administrativas necesarias para dar cumplimiento a lo dispuesto en las Directivas a más tardar el 23 de octubre de 1991, incorporando su contenido al cuerpo normativo estatal de cada país y notificándolo a la Comisión posteriormente a su realización[59].

— *Directiva 97/35/CE de la Comisión*, de 18 de junio de 1997, *por la que se adapta al progreso técnico por segunda vez la Directiva 90/220/CEE del Consejo, sobre la liberación intencional en el medio ambiente de organismos modificados genéticamente* (DOCE n.° L 169, de 27 de junio de 1997, p. 72).

[59] Aunque resulte obvio, debemos señalar que las *Directivas* establecen los elementos esenciales y necesarios para establecer una regulación uniforme y homogénea sobre

La importancia de la Directiva 90/220/CEE fue decisiva para el control de la comercialización y uso de plantas transgénicas, incluido su destino a consumo humano y animal, hasta la entrada en vigor del Reglamento 258/97.

(i) Directiva relativa a la utilización confinada de microorganismos modificados genéticamente

La Directiva, tras establecer las correspondientes definiciones y clasificación de los microorganismos, procede a definir cuál es el proceso que se debe seguir al aplicar técnicas manipulativas genéticas:

1. El usuario deberá realizar una evaluación previa de los riesgos de la manipulación para la salud humana y el medio ambiente, teniendo en cuenta, en la evaluación que elabore, los parámetros definidos en los anexos de la Directiva[60]. Con dicha información deberá llevar un registro de la evaluación realizada y presentar un resumen del mismo a la autoridad competente como parte de la notificación obligatoria a presentar[61].
2. Dependiendo del tipo de microorganismo, deberán establecerse unas medidas de confinamiento, manipulación y preparación de los trabajadores acordes al riesgo que representen[62]. El usuario revisará periódicamente estas medidas y las adaptará a los resultados que de su investigación vaya obteniendo respecto a las propiedades del microorganismo[63].

---

la materia que versen en toda la Comunidad Europea, siendo imprescindible que estos elementos esenciales y necesarios sean transpuestos a la normativa interna de cada Estado miembro, adaptándolas, de este modo, a los postulados administrativos, penales, civiles y mercantiles que imperen en cada territorio de la Comunidad.

[60] En concreto, la única modificación que la Directiva original tiene, a través de la *Directiva 94/51/CE*, de 7 de noviembre de 1994, que adapta la inicial al progreso técnico, se refiere al Anexo II, que establece los criterios para la clasificación de los microorganismos modificados genéticamente en el Grupo I.

[61] De conformidad con lo establecido en los artículos 8, 9 y 10, en relación con lo contemplado en el Anexo V, Partes A a D, de la *Directiva 90/219/CEE*.

[62] Así, para microorganismos del Grupo I se exigen los principios de práctica contemplados en el artículo 7 y para los microorganismos de Grupo II deberá cumplir con los parámetros de seguridad establecidos en el Anexo IV de la *Directiva 90/219/CEE*.

[63] Fundamentalmente dirigidas a la gestión de riesgos y eliminación de residuos.

3. De manera previa a la utilización del microorganismo, se exige la presentación de una notificación ante las autoridades competentes, cuyo contenido variará según el grupo y tipo al que el microorganismo pertenezca. Se actuará del mismo modo cuando una determinada instalación se utilice por primera vez para investigar sobre microorganismos modificados genéticamente.
4. La autoridad competente, verificado el acuse de recibo, comprobará que cumple los requisitos establecidos para llevarse a cabo. Las respuestas de las autoridades competentes oscilan entre los 60 días por silencio, hasta los 90 días por permiso expreso, dependiendo del grupo y tipo en que se inscriba el microorganismo.
5. La *Comisión* y las autoridades competentes podrán requerir cuanta información necesiten para una adecuada evaluación del caso. Estos órganos deberán abstenerse de facilitar a terceros Estados cualquier información que se considere confidencial o que, en las consultas con el notificador, éste establezca como información confidencial.
6. En los casos en que sea necesario, la autoridad competente podrá requerir la elaboración de un plan de emergencia, así como sondeos de opinión pública o una constante vigilancia sobre la evolución del proceso de la experimentación.
7. En caso de accidente, el usuario está obligado a notificar a la autoridad competente sobre las causas, tipo de microorganismo, medidas de emergencia tomadas y toda aquella información que considere de interés para su control, aunque no se le solicite.
8. En los supuestos de liberación no intencional, la autoridad competente estatal informará al *Consejo* sobre el accidente, y éste, en consulta con los Estados miembros, establecerá las medidas oportunas de control de la situación producida.
9. Los Estados miembros remitirán anualmente un informe a la *Comisión* sobre las experimentaciones confinadas con microorganismos modificados genéticamente que previamente hayan sido notificadas. Con una periodicidad de tres años a partir

de 1 de septiembre de 1992, los Estados miembros enviarán a la *Comisión* un informe sintético sobre la experiencia acumulada fruto de la experimentación que hayan realizado y que sea objeto de esta Directiva. Con la misma periodicidad y a partir de 1993, la *Comisión* publicará información estadística general sobre la aplicación de la presente Directiva y temas afines.

(ii) Directiva del Consejo relativa a la liberación intencional en el medio ambiente de organismos modificados genéticamente

Por las particularidades obvias del contenido de esta Directiva, surge como resultado de una serie de premisas:

— Necesidad de elaborar, de una manera segura, productos industriales que contengan organismos modificados genéticamente.
— No aplicación de lo preceptuado en la Directiva a aquellos organismos obtenidos mediante determinadas técnicas de modificación genética anteriormente a su entrada en vigor y que han venido siendo utilizados convencionalmente en ambientes liberados de confinamiento y de los cuales se tiene una amplia experiencia.
— Necesidad de una evaluación, caso por caso, hasta que los avances ofrezcan mayores garantías para generalizar un proceso más automatizado y aumentar gradualmente su liberalización.
— No introducción en el mercado de ningún producto que sea o contenga organismos modificados genéticamente y que esté destinado a ser liberado intencionalmente en el medio ambiente sin haberlo sometido a las pruebas previas que garanticen la no existencia de riesgo y la superación de los mínimos establecidos en relación al Principio de precaución para esta materia.
— Necesidad de la creación de un procedimiento comunitario de autorización para liberaciones intencionales.

— Necesidad de una notificación a las autoridades competentes y que ésta contenga un expediente técnico de la experimentación a realizar.
— Aprobación por parte de la autoridad competente de la liberación, una vez verificada su viabilidad y la ausencia de daños notorios.
— Consulta por parte de la autoridad competente y de la *Comisión* a la opinión pública y a los Estados miembros en aquellos casos en que sea necesario.
— Seguimiento minucioso de aquellos casos que lo requieran.
— Las liberaciones autorizadas no podrán verse afectadas por imposiciones que afecten al libre mercado por parte de un Estado miembro.
— Necesidad de la creación de un *Comité de Bioseguridad* que asista a la *Comisión* en la evaluación de los experimentos, sobre la base de la experiencia específica de sus miembros.

En consideración a estas premisas, la Directiva distingue entre liberaciones con fines de investigación y desarrollo distintos a su comercialización, es decir, ensayos de campo contemplados en la Parte B, y liberaciones dirigidas a la comercialización de productos que contengan organismos modificados genéticamente, contemplados en la Parte C.

Como hemos señalado, éste fue el primer instrumento jurídico de control para plantas y animales transgénicas, en sus aspectos de comercialización y uso con destino al consumo humano y animal, hasta la entrada en vigor del *Reglamento (CE) núm. 258/97*. En sus nueve años de vigencia hasta la actualidad ha requerido no sólo su actualización y adaptación a la realidad existente respecto a los avances científicos producidos, sino también la corrección de ciertas deficiencias.

De este modo, con la publicación del *Libro Blanco sobre Crecimiento, Competitividad y Empleo en Europa*, de 1994, se pusieron de manifiesto algunas de estas irregularidades en cuanto al funcionamiento de la Directiva, tales como que provocaba pérdida de competitividad de las empresas biotecnológicas europeas frente a sus competidores directos, o respecto a los consumidores, que temían que los controles establecidos no fueran suficientes para garantizar la salud humana y el medio ambiente. Del mismo modo, «*El Quinto Programa Comunitario en Materia de Medio Ambiente y Desarrollo Sostenible*», en su desarrollo programado entre los años 1992 al 2000, también se hace eco de la necesidad, de cara a lo que ya es la Era Biotecnológica, de mantener y aumentar la competitividad de la industria europea, garantizando el respeto y la idoneidad del medio ambiente en que vivimos. Considerando que este Programa se ha basado en el principio de desarrollo sostenible, el principio de prevención de riesgos y el principio de precaución, consideraba necesario perfeccionar los sistemas existentes de prevención y evaluación de riesgos derivados de la comercialización de organismos modificados genéticamente (fundamentalmente, plantas transgénicas) y desarrollar los medios pertinentes para informar, sobre una base científica y veraz, a la opinión pública para hacer frente a sus temores, que ponen en pugna los valores de interés científico y económico con los relativos al respeto a la salud humana y al medio ambiente.

Bajo estas premisas, la *Comisión Europea*, en diciembre de 1996, comenzó a trabajar para su adaptación a la realidad existente y presentó un informe donde se identificaron las deficiencias en la aplicación de la *Directiva 90/220/CEE,* con el objetivo de subsanarlas[64].

---

[64] Entre estas deficiencias se señalaban: *a)* La indeterminación de un procedimiento para la evaluación del riesgo ha impedido alcanzar el objetivo de armonización en las actividades de investigación y desarrollo, que han repercutido en la utilización de diferentes criterios en la comercialización de plantas transgénicas; *b)* Exigencias rigurosas para las liberaciones de bajo riesgo por la rigidez de los procedimientos administrativos; *c)* Insuficiente información al pasar de la Parte B (investigación) a la Parte C (comercialización) de la Directiva, por la falta de coherencia entre ambas partes; *d)* Sistema de autorización complicado, con ausencia de un papel más activo de la *Comisión* y una indeterminación de plazos en la resolución de expedientes cuando a éstos se presentaban objeciones por los Estados miembros; *e)* Imposibilidad de resolución de controversias en las solicitudes de autorización de comercialización a través de Comités Científicos independientes a la propia *Comisión* y a las autoridades competentes de los Estados miembros.

1) Liberaciones intencionales de organismos modificados genéticamente con fines de investigación u otro propósito distinto a su comercialización

Para este supuesto, el procedimiento establecido por la *Directiva* a seguir es el siguiente[65]:

1. Necesidad de cursar una notificación a la autoridad competente del Estado miembro en cuyo territorio la liberación vaya a realizarse.
2. La notificación constará de un expediente técnico en el que se establecerán: los riesgos previsibles de la liberación, así como información relativa al personal y su formación, al organismo modificado genéticamente con el que se trabaja, a las condiciones relativas a la liberación y al medio ambiente receptor, a la interacción entre el organismo modificado genéticamente y el medio ambiente en general, al seguimiento, control y tratamiento de los residuos generados y al plan de emergencia desarrollado. Además se evaluará en la notificación los efectos y riesgos que los usos previstos del organismo modificado genéticamente supongan para la salud humana o el medio ambiente.
3. La autoridad competente, verificado el acuse de recibo de la notificación, examinará si es conforme a las medidas establecidas en la Directiva, evaluará los riesgos que representa la liberación y hará constar sus conclusiones por escrito, realizando cuantas pruebas o inspecciones estime necesarias con fines de control.
4. La autoridad competente, después de tomar en consideración las observaciones realizadas por otros Estados miembros, contestará por escrito al notificador en un plazo máximo de 90 días desde la fecha de recepción de la notificación permitiendo o prohibiendo la liberación del organismo.
5. El notificador sólo podrá efectuar la liberación cuando haya recibido la autorización escrita de la autoridad competente y ateniéndose a las limitaciones que ésta establezca.

---

[65] Contemplado en la Parte B de la Directiva, comprendiendo los artículos 5 a 9.

6. En aquellos casos en que exista una experiencia previa o haya sido comprobado previamente el bajo riesgo de la liberación[66], la autorización se podrá llevar a cabo mediante un procedimiento simplificado.
7. En aquellos casos en que se considere necesario, se podrá recabar, por parte de la *Comisión* o de la autoridad competente, la opinión pública o de otros grupos[67].
8. Una vez realizada la liberación, el notificador enviará a la autoridad competente un informe con el resultado de la liberación.
9. Las autoridades competentes enviarán a la *Comisión*, en un plazo no superior a 30 días a partir de su recepción, un resumen de cada notificación. La *Comisión* remitirá en un plazo idéntico dicho informe a los demás Estados miembros para que hagan sus observaciones.

2) Liberaciones intencionales de organismos modificados genéticamente para su comercialización

Para este otro supuesto contemplado en la Directiva, el proceso a seguir es el siguiente[68]:

1. Sólo se autorizará la comercialización de organismos modificados genéticamente, u otros productos que los contengan, en aquellos casos en los que se haya aprobado por escrito la notificación[69] y en los que los organismos o los productos que los contengan, además de atenerse a la legislación comunitaria, no reporten daños a la salud o al medio ambiente.
2. Antes de comercializar un organismo modificado genéticamente o una combinación de éstos en forma de producto, el

[66] Para ello la *Comisión*, con arreglo al procedimiento establecido en el artículo 21 de la Directiva, definirá los criterios por los cuales debe regirse según la aplicación del principio de seguridad para la salud humana y el medio ambiente y el principio de precaución.
[67] Tales como grupos de investigación, grupos ecologistas, etc.
[68] Contemplado en la Parte C de la Directiva, comprendiendo los artículos 10 a 18.
[69] Notificación realizada con arreglo a lo establecido en la Parte B, que anteriormente hemos descrito.

usuario deberá cursar una notificación a la autoridad competente del Estado miembro en el que se vaya a comercializar dicho producto. Dicha notificación contendrá información relativa a la interacción del organismo con distintos ecosistemas, el impacto de la liberación sobre la salud humana y el medio ambiente y las condiciones para la comercialización del producto. En caso de haber sido utilizado el producto en otros países pertenecientes o no a la Comunidad, se informará sobre este hecho.

3. Al recibir la notificación, la autoridad competente examinará su conformidad en un plazo máximo de 90 días a contar desde la recepción[70], verificada la cual, o bien remite el expediente a la *Comisión* con el dictamen favorable[71] o bien informa al notificador de la denegación de la autorización por no ser adecuada a lo establecido en la Directiva.
4. La *Comisión* determinará el contenido del informe recibido con arreglo al procedimiento que la propia Directiva establece[72].
   La Comisión estará asistida para la evaluación de las notificaciones por un Comité compuesto por representantes de los Estados miembros y presidido por un representante de la Comisión. Su funcionamiento es tal que la *Comisión* sólo adoptará las medidas contempladas cuando sean conformes con el dictamen del *Comité*. Si las medidas contempladas no fueran conformes con el dictamen emitido por el *Comité*, o éste no emitiera dictamen, la *Comisión* presentará al *Consejo* una propuesta considerando las medidas que debieran ser adoptadas, debiendo el *Consejo* pronunciarse al respecto por mayoría cualificada en el plazo máximo de 3 meses, transcurridos los cuales sin haberse pronunciado, las medidas propuestas serán adoptadas por la *Comisión*.

---

[70] Para el cómputo de dicho plazo no se considerarán los plazos de tiempo que la autoridad competente haya esperado para recibir la información adicional solicitada por ésta al notificador por considerar incompleta o necesaria más de la aportada con la notificación.

[71] En cuyo caso deberá incluir un resumen de la notificación y la exposición de las condiciones por las cuales la autoridad competente autoriza la comercialización.

[72] Dicho procedimiento aparece establecido en el artículo 21 de la Directiva.

5. La *Comisión* remitirá dicho expediente a las autoridades competentes de cada uno los Estados miembros para que en un plazo máximo de 60 días establezcan sus objeciones.
6. Si no se establecen objeciones por parte de ningún Estado miembro en el plazo máximo determinado anteriormente, la autoridad competente concederá la autorización por escrito. En caso de que existan objeciones[73], la autoridad competente intentará llegar a un acuerdo con el Estado miembro objetor dentro del plazo establecido, y, de no conseguirse, la *Comisión* tomará una decisión de conformidad con el procedimiento establecido en la Directiva[74].
7. La *Comisión*, una vez haya adoptado una decisión favorable, comunicará a la autoridad competente que recibió la notificación su decisión para que dé su autorización por escrito con el fin de que el producto pueda ser comercializado en todo el territorio de la Comunidad[75].
8. El notificador sólo podrá realizar la comercialización si ha recibido la autorización por escrito de la autoridad competente y cumpliendo estrictamente las condiciones específicas de uso, las zonas geográficas establecidas en las condiciones y los requisitos de etiquetado y envase indicados en la autorización escrita[76]. A cambio, el producto podrá ser utilizado, sin notificaciones adicionales, en toda la Comunidad Europea sin que se puedan imponer prohibiciones particulares por algunos de los Estados miembros.
9. Si se dispusiera de información nueva sobre riesgos que el producto pueda entrañar, el notificador deberá comunicarlo inmediatamente.
10. Los Estados miembros no podrán prohibir, restringir o impedir la comercialización de los productos autorizados. Sólo

---

[73] Deberá cumplir la condición inexcusable de estar debidamente motivada.

[74] Que es el determinado en el artículo 21 de la Directiva.

[75] La resolución favorable a la comercialización emitida al notificador por parte de la autoridad competente estatal que recibió la notificación, se comunicará nuevamente a los Estados miembros y a la *Comisión*.

[76] Dicha autorización escrita es la referida en los artículos 11 y 12 de la Directiva y anteriormente comentados en sus aspectos generales.

podrán hacerlo si descubriesen algún riesgo para la salud humana o el medio ambiente, y deberán comunicarlo inmediatamente a la *Comisión* y a los Estados miembros[77]. Se deberá adoptar una decisión al respecto en un plazo máximo de tres meses, de conformidad con el procedimiento establecido en la Directiva[78].

11. La *Comisión* publicará en el Diario Oficial de las Comunidades Europeas la lista de los productos autorizados, especificando claramente para cada producto el/los organismo/s modificado/s genéticamente que contengan, así como su/s uso/s.
12. Los Estados miembros enviaran a la *Comisión* anualmente un informe sobre los productos comercializados y su control de uso, así como un informe específico conteniendo una evaluación de las repercusiones, y la *Comisión* enviará cada tres años al *Parlamento Europeo* y al *Consejo* un informe sobre el control que los Estados miembros ejercen sobre los productos que comercializan.
13. La *Comisión* y las autoridades competentes no comunicarán a terceros ninguna información confidencial notificada ni aquella que, previa consulta al notificador, éste considere secreta[79].

    Si el notificador retirase, antes de la autorización, la notificación, toda la información suministrada será considerada confidencial.

    Una vez concedida la autorización, no podrá considerarse confidencial, bajo ningún concepto, la siguiente información[80]:

    — La descripción del/los organismo/s modificado/s genéticamente.

[77] Deberá estar debidamente motivada la comunicación y, sólo en este supuesto, podrá restringir temporalmente la comercialización en su territorio.

[78] Que no es otro que el contenido en el artículo 21 de la *Directiva*.

[79] Del mismo modo, no podrá revelar aquella información que el notificador señalase en su notificación como confidencial por poder afectar su revelación a su competitividad y a sus derechos de propiedad intelectual, debiendo ofrecer una justificación verificable.

[80] De conformidad con lo establecido en los artículos 5 y 11 de la *Directiva*.

— Nombre y razón social del notificador.
— Finalidad perseguida con la liberación o comercialización.
— Zona geográfica donde se va a producir la liberación.
— Planes de control del/los organismo/s modificado/s genéticamente, así como del procedimiento de emergencia descrito.
— Evaluación de los efectos previsibles, máxime si puede representar algún efecto patógeno o alterador del ecosistema.

14. Para los efectos de la Directiva, los Estados miembros y la *Comisión* se reunirán periódicamente para intercambiar información sobre la experiencia adquirida en el control y prevención de riesgos adquiridos en la liberación al medio ambiente de organismos modificados genéticamente.
En períodos temporales de 3 años, los Estados miembros enviarán a la *Comisión* un informe con las medidas adoptadas para la aplicación de la Directiva[81], publicándolos resumidamente en los mismos períodos temporales[82].
15. La Directiva será transpuesta a la normativa interna de los Estados miembros antes del 23 de octubre de 1991.
16. La Directiva prevé los medios para sus posteriores adaptaciones al progreso técnico, tal y como se ha efectuado hasta nuestra fecha en dos ocasiones: una en el año 1994[83], que afectaba al Anexo II[84], y otra en el año 1997[85], que afecta al Anexo III[86].

---

[81] Cuyo primer envío se establecía a partir del 1 de septiembre de 1992.
[82] A partir del año 1993.
[83] *Directiva 94/15/CE de la Comisión*, de 15 de abril de 1994, *por la que se adapta al progreso técnico por primera vez la Directiva 90/220/CEE del Consejo, sobre la liberación intencional en el medio ambiente de organismos modificados genéticamente* (DOCE n.° L 103, de 22 de abril de 1994, p. 20).
[84] Referido a la información requerida en la notificación.
[85] *Directiva 97/35/CE de la Comisión*, de 18 de junio de 1997, *por la que se adapta al progreso técnico por segunda vez la Directiva 90/220/CEE del Consejo, sobre la liberación intencional en el medio ambiente de organismos modificados genéticamente* (DOCE n.° L 169, de 27 de junio de 1997, p. 72).
[86] Referido a la información adicional requerida en caso de notificación para la comercialización por la autoridad competente antes de su autorización definitiva o su denegación.

d) *Normativa comunitaria complementaria*

Partiendo de las dos Directivas analizadas, como directrices para el control de organismos modificados genéticamente en su uso confinado y en lo relativo a su liberación intencional al medio ambiente y debido a los avances científicos producidos en el uso de las técnicas de ADN recombinante, el mayor conocimiento técnico derivado del uso de los organismos modificados genéticamente por estas técnicas y al desarrollo de mejores y más eficaces herramientas jurídicas para su control, se hace necesaria la elaboración de normativas complementarias que actualicen, perfeccionen y completen los controles ya existentes, incorporando estos aspectos que revitalicen a los ya obsoletos, insuficientes o que simplemente sean desarrollo de los contenidos en estas Directivas iniciales.

Para ello, se hace de nuevo necesario que los analicemos en referencia a los dos usos establecidos en las directivas.

i) Uso confinado de organismos modificados genéticamente

La primera modificación de la *Directiva del Consejo 90/219/CEE*, de 23 de abril de 1990, *relativa a la utilización confinada de microorganismos modificados genéticamente*, se realizó en 1994 mediante la *Directiva 94/51/CE de la Comisión,* de 7 de noviembre de 1994[87], para adaptarla al progreso técnico, afectando exclusivamente al Anexo II, relativo a los criterios de clasificación de los organismos del Grupo I. La modificación realizada lo que hace es suavizar los criterios inicialmente establecidos, dado el mayor conocimiento existente en el momento de la modificación del comportamiento de los organismos incluidos en este grupo. Así pues, sustituye las características separadamente tratadas de organismo receptor o parental, vector/inserto, microorganismo modi-

[87] *Directiva 94/51/CE de la Comisión*, de 7 de noviembre de 1994, *por la que adapta al progreso técnico la Directiva 90/219/CEE del Consejo, sobre la utilización confinada de microorganismos modificados genéticamente* (DOCE n.° L 297, de 18 de noviembre de 1994, p. 29).

ficado genéticamente y otros microorganismos incluidos en el Grupo, por el requisito exclusivo de no afectar, causando enfermedades, a los seres humanos, animales o plantas y no tener efectos adversos para el medio ambiente.

Anteriormente a esta última modificación, en 1991, se publicó la *Decisión 91/448/CEE*[88], mediante la cual se estipulan las directrices para la clasificación de los microorganismos modificados genéticamente del Grupo I, de acuerdo con el artículo 4, 3.° de la *Directiva 90/219/CEE.*

Efectivamente, la *Directiva 90/219/CEE* establece la clasificación de los microorganismos modificados genéticamente dentro del Grupo I y el Grupo II siguiendo los criterios del Anexo II y las directrices de clasificación consideradas en el artículo 4, requiriéndose que estas directrices fueran fijadas con antelación a la entrada en vigor de la Directiva de origen, teniendo que recibir el dictamen favorable del *Comité de Representantes de los Estados miembros*, de conformidad con el artículo 21.

Las directrices establecidas en esta *Decisión* deben utilizarse para la clasificación de los microorganismos modificados genéticamente incluidos en el Grupo I, cumpliendo la función de interpretar los criterios establecidos en el Anexo II de la *Directiva* origen, sirviendo a su vez de base para que los Estados miembros puedan adoptar otras directrices más específicas.

La última actualización recientemente realizada es la *Decisión de la Comisión 2000/608/CE,* de 27 de septiembre del 2000[89], que establece un anexo para complementar la evaluación de la seguridad referida en el Anexo III, en las utilizaciones de microorganismos modificados genéticamente de conformidad con el artículo 5 de la *Directiva 90/219/CEE*, predominando en dicha eva-

---

[88] *Decisión de la Comisión 91/448/CE,* de 29 de julio de 1991, *relativa a las directrices para la clasificación mencionada en el artículo 4 de la Directiva 90/219/CEE* (DOCE n.° L 239, de 28 de agosto de 1991, p. 23), modificada por la *Decisión de la Comisión 96/134/CE,* de 16 de enero de 1996, *por la que se modifica la Decisión 91/48/CE* (DOCE n.° L 31, de 9 de febrero de 1996, p. 25).

[89] *Decisión de la Comisión 2000/608/CE,* de 27 de septiembre del 2000, *referente a las notas de orientación para la evaluación del riesgo descrita en el Anexo III de la Directiva 90/219/CEE, relativa a la utilización confinada de microorganismos modificados genéticamente* (DOCE n.° L 258, de 12 de octubre del 2000, p. 43).

luación los efectos nocivos que el microorganismo modificado genéticamente pueda representar para la salud humana o el medio ambiente[90].

Estos mismos requisitos, referidos a microorganismos, son los exigidos para animales y plantas transgénicas en su experimentación en uso confinado, previo a superar los controles necesarios de no causar efectos potencialmente nocivos para la salud humana o el medio ambiente, antes de su liberación intencional, representada por convertirse en cultivos destinados a la alimentación humana y animal como cultivos transgénicos inicialmente y alimentos transgénicos una vez que llegan al consumidor.

(ii) Liberación intencional al medio ambiente de organismos modificados genéticamente

Esta Directiva ha resultado ser la más complementada por la amplitud de aspectos que puede representar: desde requisitos para su liberación hasta aprobación específica de variedades vegetales transgénicas[91].

De nuevo, para el análisis de la normativa complementaria desarrollada, debemos distinguir entre sus dos posibles usos:

1) Finalidad investigadora o cualquier otra distinta a su comercialización

La primera norma complementaria surgió en 1991, con la *Decisión de la Comisión 91/274/CEE*[92], cuyo fin es establecer una

[90] A los efectos oportunos, se define «efecto nocivo» como aquel que pueda dar lugar a enfermedades, hacer ineficaces la profilaxis o el tratamiento, o facilitar asentamientos y/o difusiones en entornos donde produzcan efectos nocivos para los organismos y poblaciones naturales de éstos, o efectos nocivos debidos a las transferencias de genes a otros organismos (introducción del Anexo).

[91] Debido a que la experimentación en transgénesis está más evolucionada, por motivos técnicos, intereses sociales y económicos, tanto en plantas como en animales, la mayoría de las medidas complementarias adoptadas están referidas a plantas transgénicas destinadas a consumo humano o animal.

[92] *Decisión de la Comisión 91/274/CEE*, de 21 de mayo de 1991, *relativa a una lista de la legislación comunitaria mencionada en el artículo 10 de la Directiva 90/220/CEE del Consejo* (DOCE n.° L 135, de 30 de mayo de 1991, p. 56).

lista de la legislación comunitaria que aparece relacionada en el artículo 10 de la *Directiva 90/220/CEE del Consejo.*

Su finalidad era cumplir con la obligación de la *Comisión* de establecer una lista de la legislación comunitaria vigente que considere una valoración específica de riesgos para el medio ambiente, similar a la dispuesta en *la Directiva 90/220/CEE* para los productos, que debía ser aprobada en una fecha anterior al mes de abril de 1991. Como resultado de la investigación, la Decisión contempla la inexistencia, hasta ese momento, de una legislación específica existente sobre la materia.

En el mismo año se adopta la *Decisión del Consejo 91/596/CEE*[93], estableciendo el formato del resumen de la información que debe ser incluida en la notificación, exigida por el artículo 9 en relación con el artículo 21 de la *Directiva 90/220/CEE,* para que las autoridades competentes de cada Estado miembro, en aras al fomento de un sistema de intercambio de la información que aparece en las notificaciones sobre liberaciones al medio ambiente, envíen a la *Comisión* dicho resumen, de conformidad con lo especificado en la Parte B (liberación con fines distintos a su comercialización) de la *Directiva* origen[94], debiendo ser fijado por la *Comisión*, con el fin de su entrada en vigor, antes del 23 de octubre de 1991.

El formato establecido en el anexo de esta *Decisión*[95] se estructura en forma de preguntas, no siendo el espacio ofrecido comprensivo de toda la respuesta que se pueda dar a cada una de ellas, permitiéndose una extensión mayor moderada.

La división del cuestionario se distribuye de la siguiente forma:

---

[93] *Decisión de la Comisión 91/596/CEE*, de 4 de noviembre de 1994, *relativa al formato del resumen de la información incluida en la notificación mencionada en el artículo 9 de la Directiva 90/220/CEE, sobre liberación intencional en el medio ambiente de organismos modificados genéticamente* (DOCE n.° L 322, de 23 de noviembre de 1994, p. 1), modificada por la *Decisión de la Comisión 94/211/CEE,* de 15 de abril de 1994, *por la que se modifica la Decisión 91/596/CEE del Consejo* (DOCE n.° L 105, de 26 de abril de 1994, p. 26).

[94] En concreto, respecto a los artículos 9 y 21.

[95] Modificado por la *Decisión de la Comisión 94/211/CE,* ya citada.

Parte 1: Información incluida en la notificación de la liberación de vegetales superiores modificados genéticamente (angiospermas y gimnospermas).

1. Información general:
   - Detalles de la notificación.
   - Datos sobre el notificador.
   - Lugares de liberación del organismo modificado genéticamente.
   - Lugares donde se ha notificado la misma liberación.
2. Información relativa al vegetal modificado genéticamente:
   - Nombre completo del vegetal receptor o parental.
   - Descripción de los rasgos y características que se han introducido o modificado, con inclusión de los genes marcadores y las modificaciones previas.
   - Tipo de modificación genética.
   - Origen y función, en el caso de inserción de material genético, previsto de cada fragmento componente de la región que se inserta.
   - Indicación de las secuencias suprimidas en caso de deleción de material genético.
3. Información relativa a la liberación experimental:
   - Propósito de la liberación.
   - Lugar geográfico de la liberación.
   - Extensión en metros cuadrados del lugar.
   - Estudio del posible impacto medioambiental de la liberación.
   - Descripción de las medidas adoptadas para controlar el riesgo.

Parte 2: Información incluida en la notificación de la liberación de organismos modificados genéticamente y distintos de los vegetales superiores.

1. Información general:
   - Detalles de la notificación.

— Datos sobre el notificador.
— Definición del organismo modificado genéticamente.
— Lugares de liberación del organismo modificado genéticamente.
— Lugares donde se ha notificado la misma liberación.

2. Información sobre el Anexo II de la *Directiva 90/220/CEE:*

— Información relativa al organismo receptor o parental del que se deriva el organismo modificado genéticamente.
— Información relativa a la modificación genética efectuada.
— Información del organismo/s de donde se deriva el inserto (organismo donante).
— Información relativa al organismo modificado genéticamente.
— Información relativa a la liberación.
— Interacciones del organismo modificado genéticamente con el medio ambiente e impacto potencial sobre éste.
— Información sobre el control.
— Información del período posterior a la liberación y del tratamiento de residuos.
— Información sobre los planes de emergencia.

En el año 1993 se exponen, mediante la *Decisión de la Comisión 93/584/CEE*[96], los primeros criterios para el establecimiento de procedimientos simplificados relativos a la liberación intencional en el medio ambiente de plantas transgénicas, de conformidad con el artículo 6, 5.° de la *Directiva 90/220/CEE.*

Su objetivo es, teniendo un mayor conocimiento del riesgo para la salud humana y el medio ambiente existente en este tipo

[96] *Decisión de la Comisión 93/584/CEE*, de 22 de octubre de 1993, *por la que se establecen los criterios para los procedimientos simplificados relativos a la liberación intencional en el medio ambiente de vegetales modificados genéticamente en virtud del apartado 5 del artículo 6 de la Directiva 90/220/CEE del Consejo* (DOCE n.° L 279, de 12 de noviembre de 1993, p. 42).

de liberaciones por la experiencia acumulada, simplificar los procedimientos necesarios para efectuarlas contemplados en la *Directiva* de origen[97], mediante la solicitud, sobre las pruebas existentes y aportadas, de las autoridades competentes del Estado miembro solicitante a la *Comisión* de la aprobación de dicho procedimiento simplificado.

En aras a la transparencia y a la armonización y aplicación de criterios uniformes sobre una base objetiva, el establecimiento de estos criterios simplificados se debe conseguir, cuanto menos, a nivel comunitario.

Su aplicación exclusiva a plantas es porque de entre los organismos que pueden ser modificados genéticamente (microorganismos, animales y plantas, obviando al ser humano), en los que más experiencia se ha acumulado ha sido en microorganismos, y recientemente, incluso superando a éstos, en plantas.

En este sentido, las liberaciones intencionales practicadas hasta la fecha de plantas transgénicas ha permitido comprobar que la seguridad y los criterios establecidos para la evaluación de dichas liberaciones dependen de las características de la especie vegetal receptora, de las características de las secuencias insertadas y de sus productos y del medio natural que las recibe, extendiendo estos principios no sólo a nivel comunitario, sino también a un nivel internacional, de cuya experiencia debe valerse la *Comisión* en la determinación de los criterios simplificados que nos ocupan.

Para que la *Comisión* adopte una decisión de simplificar un procedimiento a solicitud de un Estado miembro, dicha solicitud deberá basarse en los criterios especificados en el artículo 6, 2.°, 3.° y 4.°, en la experiencia adquirida y en la consideración de suficiencia de las pruebas aportadas. Para ello se considerarán los criterios relativos a las características de las especies vegetales receptoras, los criterios relativos a las características de las secuencias

---

[97] Para los efectos oportunos, se hace mención a que las únicas versiones auténticas son las redactadas en lengua española, danesa, alemana, inglesa, francesa, italiana, neerlandesa y portuguesa.

insertadas y de sus productos de expresión, los criterios relativos a las características de las liberaciones experimentales de campo donde haya quedado garantizada la protección de la salud humana y del medio ambiente mediante una correcta gestión del riesgo y los criterios, que bajo cualquier concepto deberán aplicarse, contenidos en el artículo 6, 2.° y 3.°

La solicitud se presentará por escrito a la *Comisión*, adjuntándole la documentación, que contendrá una descripción del procedimiento simplificado propuesto, las condiciones en las cuales dicho procedimiento se va a aplicar y la experiencia existente en liberaciones de los organismos modificados genéticamente que se traten[98].

Recibida la solicitud con la documentación adjunta por la *Comisión*, remitirá una copia de ésta a las autoridades competentes de los Estados miembros para que, en el plazo de 45 días, puedan suscribirla las autoridades competentes de aquellos Estados miembros que lo deseen, presentando los datos o documentos complementarios o adicionales que consideren necesarios a la solicitud original.

Transcurrido el plazo establecido en el artículo 6, 2.° de la *Directiva 90/220/CEE*[99], la *Comisión* adoptará una decisión, de conformidad con el procedimiento establecido en el artículo 21 del mismo cuerpo legal citado.

Tan sólo un año después, en 1994, mediante la *Decisión de la Comisión 94/730/CEE*[100], se consideran las solicitudes presentadas por Francia y el Reino Unido para el establecimiento de procedimientos simplificados relativos a la liberación intencional en el medio ambiente de plantas transgénicas, de conformidad con el artículo 6, 5.° de la *Directiva 90/220/CEE,* sobre la base de los requisitos establecidos y analizados en la *Decisión* anteriormente contemplada.

---

[98] Esta experiencia se podrá basar en la adquirida en liberaciones de organismos modificados genéticamente por la propia autoridad competente solicitante, de las producidas en ecosistemas similares o en la experiencia internacional.

[99] Que es de 90 días a partir de la fecha de recepción de la solicitud.

[100] *Decisión de la Comisión 94/730/CE*, de 4 de noviembre de 1994, *por la que se establecen procedimientos simplificados relativos a la liberación en el medio ambiente de plantas modificadas genéticamente en virtud del apartado 5 del artículo 6 de la Directiva 90/220/CEE del Consejo* (DOCE n.° L 292, de 12 de noviembre de 1994, p. 31).

Dicha solicitud fue suscrita, adhiriéndose a ella, por las autoridades competentes de los Estados de Francia, Reino Unido (solicitantes), Bélgica, Italia, Portugal, Irlanda, España, Dinamarca, Países Bajos y Alemania, siendo estos mismos Estados los destinatarios de la aprobación de la solicitud presentada mediante la *Decisión* que analizamos.

Dicha simplificación consiste fundamentalmente en establecer un único expediente de notificación[101] para más de una liberación de plantas transgénicas que se hayan generado, o bien a partir de las mismas plantas receptoras cultivadas pero que pueden diferenciarse en cualquiera de las secuencias insertadas o eliminadas, o bien tener las mismas secuencias insertadas o suprimidas pero diferente fenotipo. Los requisitos que dicha notificación debe cumplir son los mismos contemplados, pero simplificados en que, en lugar de solicitarse planta por planta, se pueden solicitar en un único documento.

2) Con finalidad de su comercialización

Como complemento a la *Directiva* origen en esta materia, se procede a la publicación, adoptando la forma jurídica de Decisión, de todos aquellas organismos modificados genéticamente cuya comercialización ha sido aprobada, de conformidad con el artículo 13 de la *Directiva 90/220/CEE.*

Entre los requisitos expresados en estos documentos jurídicos se encuentran los relativos a las condiciones y características del etiquetado de estos productos.

El primero de estos organismos modificados genéticamente se autorizó en 1992, mediante la *Decisión del Consejo de 18 de diciembre de 1992*[102], relativa a la comercialización del producto Nobi-

---

[101] Presentado con los requisitos establecidos en la Parte B de la Directiva 90/220/CEE y con la información que debe constar en la notificación necesaria referida en el Anexo II de ésta.

[102] *Decisión de 18 de diciembre de 1992, relativa a la comercialización de un producto que contiene organismos modificados genéticamente, la vacuna de virus vivos Nobi-*

Porvac Aujeszky live (gl, tk)[103], que contiene un virus de seudorrabia modificado genéticamente (cepa Begonia) (gl, tk) en una preparación con Diluvac forte.

Su finalidad es la comercialización de este producto como una vacuna de virus vivos para la enfermedad de Aujeszky, tanto para su administración intramuscular (primera Decisión de autorización) como intradérmica (Decisión que modifica la inicial).

Para el etiquetado de este producto se establece, por ser destinado a uso animal exclusivamente, que debe atenerse a lo preceptuado al respecto por la legislación veterinaria vigente.

En el año 1993, mediante la *Decisión de la Comisión 93/572/CEE*[104], relativa a la comercialización del producto RABORAL V-RG[105], Consistente en una cepa de Copenhague del virus de la vacuna, con fenotipo tk-, que expresa la glucoproteína G del virus de la rabia, cepa ERA, comercializada como vacuna antirrábica oral de virus vivos para zorros, en cebos, se autoriza también la comercialización de un producto referido a un virus modificado genéticamente.

Para el etiquetado de este producto, del mismo modo que en el anterior, se establece que por ser destinado a un uso animal exclusivamente, éste deba atenerse a lo preceptuado al respecto por la legislación veterinaria vigente.

Posteriormente, y con un amplio debate social, político y económico, fueron aprobados a partir de 1994 una serie de organismos modificados genéticamente, constituidos por plantas transgénicas.

Porvac Aujeszky (gl, tk), en virtud del artículo 13 de la Directiva 90/220/CEE del Consejo [C (92) 3215 final], modificada por la *Decisión de la Comisión 94/505/CE,* de 18 de julio de 1994, *que modifica la Decisión de 18 de diciembre de 1992* (DOCE n.° L 203, de 6 de agosto de 1994, p. 22).

[103] Solicitada su comercialización por la autoridad competente de la República Federal de Alemania y notificada por Vemie Veterinaer Chemie GmbH, con la referencia C/D/92/I-1.

[104] *Decisión de la Comisión 93/572/CEE,* de 19 de octubre de 1993, *relativa a la comercialización de un producto que contiene organismos modificados genéticamente con arreglo al artículo 13 de la Directiva 90/220/CEE del Consejo* (DOCE n.° L 276, de 9 de noviembre de 1993, p. 16).

[105] Solicitada su comercialización por la autoridad competente de Bélgica y notificada por Rhône Mêrieux, con la referencia C/B/92/B28 y C/F/93/03-02.

En 1994, mediante la *Decisión de la Comisión 94/385/CE*[106], se aprobó la comercialización de la variedad de tabaco ITB 1000 OX[107], consistente en semillas de la variedad modificada genéticamente de *Nicotiana tabacum*, variedad ITB 1000 OX, híbrido con esterilidad masculina, resistente al herbicida bromoxinil[108].

En 1996 se procedió a la autorización de varias especies vegetales transgénicas con resistencia a herbicidas.

Mediante la *Decisión de la Comisión 96/158/CE*[109], se aprobó la comercialización de la variedad de colza híbrida *Brassia napus L. Oleifera Metzq. MS1Bn x RF1Bn*[110], consistente en semillas vivas de colza híbridas *Brassia napus L. Oleifera Metzq.*, obtenidas a partir de la progenie de cultivar Drakkar de la línea de colza con esterilidad masculina MS1Bn (B91-4)[111] con la progenie de cultivar Drakkar de la línea de colza con restauración de la fertilidad RF1Bn (B93-101)[112], resistente a los herbicidas.

El propósito para el cual se autoriza su comercialización es la obtención de semillas y no su comercialización para alimentación humana o animal.

---

[106] *Decisión de la Comisión 94/385/CE,* de 8 de junio de 1994, *sobre la comercialización de un producto consistente en organismos modificados genéticamente, semillas de la variedad de tabaco ITB 1000 OX resistente a herbicidas, con arreglo al artículo 13 de la Directiva 90/220/CEE del Consejo* (DOCE n.° L 176, de 9 de julio de 1994, p. 23).

[107] Solicitada su comercialización por la autoridad competente de Francia y notificada por Société Nationale d'Exploitation Industrielle des Tabacs et Allumettes (Seita), con la referencia C/F/93/08-02.

[108] Que contiene el gen de la *Klebsiella ozaenae,* codificador de la nitrilasa; el promotor *RuBisCO SSU,* del *Healianthus annuus,* y la secuencia de terminación del gen de la neopalinsintetasa, del *Agrobacteium tumefaciens pTiA6.*

[109] *Decisión de la Comisión 96/158/CE,* de 6 de febrero de 1996, *relativa a la comercialización de un producto consistente en un organismo modificado genéticamente, semilla de colza híbrida (Brassia napus L. Oleifera Metzq. MS1Bn x RF1Bn) resistente a herbicidas, con arreglo a la Directiva 90/220/CEE del Consejo* (DOCE n.° L 37, de 15 de febrero de 1996, p. 30).

[110] Solicitada su comercialización por la autoridad competente del Reino Unido y notificada por Plant Genetic Systems, con la referencia C/UK/94/M1/1.

[111] Que contiene el gen *barnasa* de *Bacillus amyloliquefaciens*, codificador de la ribonucleasa; el gen *bar de Streptomyces hygroscopicus,* codificador de la fosfinotricinaacetiltransferasa; el gen *neo* de *Escherichia coli*, codificador de la neomicinafosfotransferasa II, el promotor *PSsuAra* de *Arabidopsis thaliana*, el promotor *Pnos* de *Agrobcterium tumefaciens* y el promotor *PTA29* de *Nicotiana tabacum.*

[112] Que contiene el gen *barstar* de *Bacillus amyloliquefaciens*, codificador del inhibidor de la ribonucleasa; el gen *bar* de *Streptomyces hygroscopicus*, codificador de la fosfinotricinaacetiltransferasa; el gen *neo* de *Escherichia coli*, codificador de la neomicinafosfotransferasa II, el promotor *PSsuAra* de *Arabidopsis thaliana*, el promotor *Pnos* de *Agrobcterium tumefaciens* y el promotor *PTA29* de *Nicotiana tabacum.*

Con el propósito reconocido, queda demostrado, por la documentación adjunta y la evaluación del riesgo, que además de no existir peligro para la salud humana o el medio ambiente, los riesgos vinculados a la supervivencia y la diseminación de la planta de colza resistente a los herbicidas, así como la transferencia del gen de resistencia al herbicida o de otros genes modificados a especies compatibles, son bajos, y que hipotéticamente, de producirse, su control es posible utilizando las estrategias de gestión existentes.

Entre las condiciones para su autorización se encuentran las relativas a:

1. Semillas incluidas: todos los híbridos entre la colza no modificada genéticamente y la colza modificada genéticamente descrita, sin incluir en esta autorización las semillas de los híbridos obtenidos a partir de la combinación de cualquier vegetal modificado genéticamente distinto de los descritos anteriormente.
2. Usos autorizados: exclusivamente el destinado a obtención de semillas mediante su cultivo, pero no para utilización en alimentación animal o humana, sin perjuicio de que, en el futuro, dicho uso pueda ser autorizado.
3. Etiquetado: se requiere, independientemente de los requisitos de etiquetado exigidos por la legislación comunitaria, el cumplimiento de los siguientes:
   — Indicar en los envases que contengan las semillas que el producto es resistente a herbicidas de glufosinate ammonium.
   — Que el único uso autorizado es para obtención de semillas y no para alimentación animal o humana.

Mediante la *Decisión de la Comisión 96/281/CE*[113] se aprobó la comercialización de semillas de soja obtenidas de una línea

[113] *Decisión de la Comisión 96/281/CE,* de 3 de abril de 1996, *relativa a la comercialización de semillas de soja (Glycine maxL.) modificada genéticamente, con una mayor resistencia al herbicida glifosato, de conformidad con la Directiva 90/220/CEE del Consejo* (DOCE n.° L 107, de 30 de abril de 1996, p. 10).

(40-3-2) de soja (Glycine max L. Cv A 5403)[114] en la que se habían insertado diferentes secuencias[115], dotándola de resistencia a herbicidas.

El propósito para el cual se autoriza su comercialización es la manipulación en el medio ambiente durante la importación, así como antes y durante el almacenamiento y la transformación en productos no viables.

Con el propósito reconocido, queda demostrado, por la documentación adjunta y la evaluación del riesgo, que no hay razón para pensar que la introducción en la soja de los genes que codifican la resistencia al glifosato y el péptido de transición del cloroplasto represente un riesgo para la salud humana o el medio ambiente, motivo por el cual no existen razones de seguridad que impongan la necesidad de separar el producto de otras semillas de soja.

Entre las condiciones para su autorización se encuentran las relativas a:

1. Semillas incluidas: referida a cualquier progenie derivada de los cruces del producto con cualquier línea de soja producida de forma tradicional.
2. Usos autorizados: manipulación en el medio ambiente durante la importación, así como antes y durante el almacenamiento y la transformación en productos no viables.
3. Etiquetado: independientemente de los requisitos de etiquetado exigidos por la legislación comunitaria, no existen razones de seguridad para que se mencione en el etiquetado del producto que se ha obtenido mediante técnicas de modificación genética.

---

[114] Solicitada su comercialización por la autoridad competente del Reino Unido y notificada por Monsanto Europe, con la referencia C/UK/94/M3/1.

[115] Que contiene una copia simple del gen que codifica la CP4 5-enolpiruvilsiquimato-3-fosfato sintasa (CP4 EPSPS), responsable de la resistencia al glifosato, procedente de *Agrobacterium sp. Cepa CP4*, y la secuencia de codificación del péptido de transición del cloroplasto (CTP) de *Petunia hybrida* con el promotor P-E35S, procedente del virus del mosaico de la coliflor, y el terminador del gen de la nopalina sintasa procedente de *Agrobacterium tumefaciens*.

Mediante la *Decisión de la Comisión 96/424/CE*[116] se aprobó la comercialización de semillas y plantas derivadas de líneas de achicoria (*Cichorium intybus L.*, Subespecie *radicchio rosso*) (RM3-3, RM3-4 Y RM3-6)[117], que se han transformado mediante el plásmido-Ti truncado de *Agrobacterium tumefaciens*, conteniendo diferentes secuencias entre los extremos del ADN-T[118], dotándola de resistencia a herbicidas.

El propósito para el cual se autoriza su comercialización es el uso del producto en actividades de reproducción, quedando excluida de la autorización su uso como pienso para animales o alimento humano.

Con este propósito, queda demostrado, por la documentación adjunta y la evaluación del riesgo, que no hay razón para pensar que la transferencia del gen bar a las poblaciones silvestres existentes de achicoria tenga efectos negativos, sobre todo considerando que tal transferencia sólo podría conferir una ventaja selectiva o competitiva a las poblaciones silvestres si el herbicida glufosinato de amonio fuera el único medio de combatir contra dichas poblaciones, circunstancia ésta que no es cierta.

Entre las condiciones para su autorización se encuentran las relativas a:

1. Semillas incluidas: de aplicación a cualquier progenie derivada de los cruces de este producto con cualquier achicoria producida de forma tradicional.

---

[116] *Decisión de la Comisión 96/424/CE*, de 20 de mayo de 1996, *relativa a la comercialización de achicoria modificada genéticamente (Cichorium intybus L.) con esterilidad masculina y resistencia parcial al herbicida glufosinato de amonio, con arreglo a la Directiva 90/220/CEE del Consejo* (DOCE n.° L 175, de 13 de julio de 1996, p. 25).

[117] Solicitada su comercialización por la autoridad competente de los Países Bajos y notificada por Bejo-Zaden BV, con la referencia C/NL/94/25.

[118] Entre los extremos del ADN-T se contiene:

— El gen *barnasa* de *Bacillus amyloliquefaciens* (ribonucleasa) con el promotor PTA29 de *Nicotiana tabacum* y el terminador del gen de la *nopalina sintasa* de *Agrobacterium tumefaciens*.

— El gen *bar* de *Streptomyces hygroscopicus* (fosfonotricina acetiltransferasa) con el promotor PssuAra-tp de *Arabidopsis thaliana* y el terminador 7 del gen del *ADN-TL* de *Agrobacterium tumefaciens*.

— El gen *neo* de *Escherichia coli* (neomicina fosfotransferasa II) con el promotor del gen de la *neopalina sintasa* de *Agrobacterium tumefaciens* y el terminador del gen de la *octopina sintasa* de *Agrobacterium tumefaciens*.

2. Usos autorizados: exclusivamente para reproducción, quedando descartados de la autorización los relativos a convertirse en alimento animal o humano.
3. Etiquetado: se requiere, independientemente de los requisitos de etiquetado exigidos por la legislación comunitaria, el cumplimiento de los siguientes:
   — No existen motivos de seguridad que indiquen la obligatoriedad de hacer constar en los envases de semillas que el producto se ha obtenido mediante técnicas de ADN recombinante.
   — El uso previsto responde exclusivamente a la reproducción.
   — Puede ser resistente al herbicida glufosinato de amonio[119].

El año 1997 supuso también un año intenso en investigación de organismos modificados genéticamente, solicitándose y concediéndose la autorización para su comercialización de un número importante, la mayoría de ellos con resistencia a herbicidas.

Mediante la *Decisión de la Comisión 97/98/CE*[120] se aprobó la comercialización de líneas endogámicas e híbridos derivados de una línea de maíz (*Zea mays L.)* (CG 00256-176)[121], transformados mediante plásmidos[122], dotándola de autoprotección y resistencia a herbicidas.

---

[119] Con la finalidad de informar a los agricultores, ya que, dado que el 50% de las semillas híbridas son resistentes al herbicida glufosinato de amonio, existe la posibilidad de que las plantas de regeneración natural no puedan combatirse con dicho herbicida.

[120] *Decisión de la Comisión 97/98/CE,* de 23 de enero de 1997, *relativa a la comercialización de maíz (Zea mays L.) modificado genéticamente con una alteración de las propiedades insecticidas conferidas por el gen de la endotoxina Bt, combinada con una mayor resistencia al herbicida glufosinato de aminio, con arreglo a la Directiva 90/220/CEE del Consejo* (DOCE n.° L 35, de 1 de febrero de 1997, p. 69).

[121] Solicitada su comercialización por la autoridad competente de Francia y notificada por Ciba-Geigy Limited, con la referencia C/F/11-03.

[122] Los plásmidos contienen:

— Un ejemplar del gen *bar* de *Sterptomyces hygroscopicus,* que codifica una fosfinotricina acetiltransferasa y regulado por el promotor 35S y el terminador 35S del virus del mosaico de la coliflor (CaMV).

— Dos ejemplares de un gen sintético truncado que codifica una proteína de lucha contra los insectos, la cual representa la porción activa de la a-endotoxina CryIA(b), procedente de *Bacillus Thuringiensis* subesp. Kurstaki cepa HD1-9 y que contiene el intrón n.° 9 del gen de la fosfoenolpiruvato carboxilasa de maíz. El primer ejemplar está regulado por un promotor del gen de la fosfoenolpiruvato carboxilasa del maíz

El propósito para el cual se autoriza su comercialización implica todo tipo de usos, entre los cuales se encuentra su utilización para alimentación humana y animal.

Con este propósito, queda demostrado, por la documentación adjunta y la evaluación del riesgo, que éste no existe para ninguno de los genes que se han introducido, tanto si se expresan como si no, entre ellos y, en particular en este caso, para el gen no expresado de la â-lactamasa con un promotor bacteriano. Del mismo modo, la eventual resistencia a la proteína CryIA(b) truncada por parte de insectos, no puede considerarse un efecto negativo para el medio ambiente, ya que se continúa disponiendo de los medios agrícolas existentes para luchar contra las especies de insectos resistentes.

Todos estos motivos inducen a pensar que no hay razón para pensar que tenga efectos negativos para la salud humana o el medio ambiente con carácter general, como tampoco en su uso como pienso animal o alimento humano, por no haberse detectado ningún efecto nocivo.

Entre las condiciones para su autorización se encuentran las relativas a:

1. Líneas incluidas: toda la progenie derivada de los cruces de este producto con cualquier maíz obtenido de forma tradicional.
2. Usos autorizados: todo tipo de usos, entre los cuales se encuentra su utilización como alimento humano y pienso animal.
3. Etiquetado: se requiere, independientemente de los requisitos de etiquetado exigidos por la legislación comunitaria, el cumplimiento de los siguientes:
   — No existen motivos de seguridad que indiquen la obligatoriedad de hacer constar en la etiqueta que el producto se ha obtenido mediante técnicas de ADN recombinante.

---

y por el terminador CaMV 35S, mientras que el segundo ejemplar lo está por un promotor derivado del gen del maíz que codifica la proteína quinasa dependiente del calcio y por el terminador CaMV 35S.

— El gen procariótico bla (que codifica una a-lactamasa responsable de la resistencia a la ampicilina), regulado por un promotor procariótico.

— Deberá indicarse en la etiqueta de cada envase de semillas que el producto se autoprotege contra el barrenador del maíz.
— Deberá hacerse constar en el etiquetado que el producto presenta mayor resistente al herbicida glufosinato de amonio.

Mediante la *Decisión de la Comisión 97/392/CE*[123] se aprobó la comercialización de semillas de colza híbridas *(Brassica napus L. Oleifera Metzg. MS1, RF1)*[124] obtenidas por cruzamientos[125], dotándolas de resistencia a herbicidas.

El propósito para el cual se autoriza su comercialización es para cultivarlo y manipularlo en el medio ambiente antes y durante la transformación del producto en fracciones inviables.

Con este propósito, queda demostrado, por la documentación adjunta y la evaluación del riesgo, que no existe motivo para pensar que la introducción en la colza de los genes que codifican la fosfinotricina acetiltransferasa y la neomicina fosfotransferasa II pueda tener efectos negativos sobre la salud humana o el medio ambiente.

Entre las condiciones para su autorización se encuentran las relativas a:

---

[123] *Decisión de la Comisión 97/392/CE,* de 6 de junio de 1997, *relativa a la comercialización de colza modificada genéticamente (Brassica napus L. Oleifera Metzg. MS1, RF1), con arreglo a la Directiva 90/220/CEE del Consejo* (DOCE n.° L 164, de 21 de junio de 1997, p. 38).

[124] Solicitada su comercialización por la autoridad competente de Francia y notificada por Plant Genetic System, con la referencia C/F/95/05/01A.

[125] Utilizando:

— La progenie de cultivar Drakkar de la línea de colza con esterilidad masculina MS1 (B91-4), que contiene el gen *barnasa* de *Bacillus amyloliquefaciens*, que codifica la ribonucleasa; el gen *bar* de *Sterptomyces hygroscopicus,* que codifica la fosfinotricina acetiltransferasa; el gen *neo* de *Escherichia coli*, que codifica la neomicina fosfotransferasa II, el promotor PssuAra de *Arabidopsis thaliana*, el promotor Pnos de *Agrobacterium tumefaciens* y el promotor PTA29 de *Nicotiana tabacum*.
— La progenie de cultivar Drakkar de la línea de colza con restauración de la fertilidad RF1 (B93-101), que contiene el gen *barstar* de *Bacillus amyloliquefaciens,* que codifica el inhibidor de la ribonucleasa; el gen *bar* de *Sterptomyces hygroscopicus,* que codifica la fosfinotricina acetiltransferasa; el gen *neo* de *Escherichia coli,* que codifica la neomicina fosfotransferasa II, el promotor PssuAra de *Arabidopsis thaliana*, el promotor Pnos de *Agrobacterium tumefaciens* y el promotor PTA29 de *Nicotiana tabacum*.

1. Líneas incluidas: toda la progenie derivada de los cruzamientos del producto con cualquier colza obtenida de forma tradicional.
2. Usos autorizados: cultivo y manipulación en el medio ambiente antes y durante su transformación en fracciones inviables.
3. Etiquetado: se requiere, independientemente de los requisitos de etiquetado exigidos por la legislación comunitaria, el cumplimiento de los siguientes:
   — No existen motivos de seguridad que indiquen la obligatoriedad de hacer constar en la etiqueta que el producto se ha obtenido mediante técnicas de ADN recombinante.
   — Deberá hacerse constar en el etiquetado que el producto presenta mayor resistente al herbicida glufosinato de amonio.

Mediante la *Decisión de la Comisión 97/393/CE*[126] se aprobó la comercialización de semillas de colza híbridas *(Brassica napus L. Oleifera Metzg. MS1, RF2)*[127] obtenidas por cruzamientos[128], dotándolas de resistencia a herbicidas.

El propósito para el cual se autoriza su comercialización es para cultivarlo y manipularlo en el medio ambiente antes y durante la transformación del producto en fracciones inviables.

---

[126] *Decisión de la Comisión 97/393/CE,* de 6 de junio de 1997, *relativa a la comercialización de colza modificada genéticamente (Brassica napus L. Oleifera Metzg. MS1, RF2), con arreglo a la Directiva 90/220/CEE del Consejo* (DOCE n.° L 164, de 21 de junio de 1997, p. 40).

[127] Solicitada su comercialización por la autoridad competente de Francia y notificada por Plant Genetic System, con la referencia C/F/95/05/01B.

[128] Utilizando:

— La progenie de cultivar Drakkar de la línea de colza con esterilidad masculina MS1 (B91-4), que contiene el gen *barnasa* de *Bacillus amyloliquefaciens*, que codifica la ribonucleasa; el gen *bar* de *Sterptomyces hygroscopicus,* que codifica la fosfinotricina acetiltransferasa; el gen *neo* de *Escherichia coli*, que codifica la neomicina fosfotransferasa II, el promotor PssuAra de *Arabidopsis thaliana*, el promotor Pnos de *Agrobacterium tumefaciens* y el promotor PTA29 de *Nicotiana tabacum*.

— La progenie de cultivar Drakkar de la línea de colza con restauración de la fertilidad RF2 (B94-2), que contiene el gen *barstar* de *Bacillus amyloliquefaciens*, que codifica el inhibidor de la ribonucleasa; el gen *bar* de *Sterptomyces hygroscopicus,* que codifica la fosfinotricina acetiltransferasa; el gen *neo* de *Escherichia coli,* que codifica la neomicina fosfotransferasa II, el promotor PssuAra de *Arabidopsis thaliana*, el promotor Pnos de *Agrobacterium tumefaciens* y el promotor PTA29 de *Nicotiana tabacum*.

Con este propósito, queda demostrado, como en el caso anteriormente analizado, por la documentación adjunta y la evaluación del riesgo, que no existe motivo para pensar que la introducción en la colza de los genes que codifican la fosfinotricina acetiltransferasa y la neomicina fosfotransferasa II pueda tener efectos negativos sobre la salud humana o el medio ambiente.

Entre las condiciones para su autorización se encuentran las relativas a:

1. Líneas incluidas: toda la progenie derivada de los cruzamientos del producto con cualquier colza obtenida de forma tradicional.
2. Usos autorizados: cultivo y manipulación en el medio ambiente antes y durante su transformación en fracciones inviables.
3. Etiquetado: se requiere, independientemente de los requisitos de etiquetado exigidos por la legislación comunitaria, el cumplimiento de los siguientes:
   — No existen motivos de seguridad que indiquen la obligatoriedad de hacer constar en la etiqueta que el produto se ha obtenido mediante técnicas de ADN recombinante.
   — Deberá hacerse constar en el etiquetado que el producto presenta mayor resistente al herbicida glufosinato de amonio.

Finalmente, mediante la *Decisión de la Comisión 97/549/CE*[129] se aprobó la comercialización de viales con un preparado liofilizado de *Streptococcus thermophilus T102*[130], transformado con el plásmido pMJ 763[131].

[129] *Decisión de la Comisión 97/549/CE,* de 14 de julio de 1997, *relativa a la comercialización de T102-test (Streptococcus thermophilus T102), con arreglo a la Directiva 90/220/CEE del Consejo* (DOCE n.° L 225, de 15 de agosto de 1997, p. 34).

[130] Solicitada su comercialización por la autoridad competente de Finlandia y notificada por Valio Oy, con la referencia C/FI/96-INA.

[131] Que contiene los genes sintéticos luxA y luxB, derivados de *Xenorhabdus luminescens*, el gen de la cloranfenicol acetiltransferasa del plásmido pVS2 con regulación de un promotor P45 de *Lactococcus* y un terminador de transcripción de *Escherichia coli rrnB.*

Queda demostrado, por la documentación adjunta y la evaluación del riesgo, que su uso puede tener efectos negativos sobre la salud humana o el medio ambiente.

El año 1998 también fue importante para las autorizaciones de comercialización de variedades vegetales transgénicas, aprobándose en concreto una de colza modificada genéticamente y tres de maíz transgénico en el territorio de la Comunidad.

Mediante la *Decisión de la Comisión 98/291/CEE*[132] se aprobó la comercialización de la variedad de colza de primavera modificada genéticamente *Brassica napus L. ssp. Oleifera*[133], consistente en granos obtenidos por cruzamientos según métodos tradicionales entre colza sin modificar genéticamente y una línea derivada del producto de transformación Topas 19/2, transformado utilizando el plásmido pOCA/Ac[134].

Entre los requisitos necesarios de su etiquetado, independientemente de los requisitos exigidos por la legislación comunitaria, se establecen los siguientes:

- Necesidad de proporcionar a las empresas que importen el producto en la Comunidad para transformarlo, una documentación en la que se les informe de que las remesas de colza suministradas puedan contener esta variedad modificada genéticamente, elaborado fuera de la Comunidad por o bajo la licencia de Hoechst Schering AgrEvo GmbH.
- Deberá dejarse constancia expresa en el etiquetado del producto que es un organismo modificado genéticamente.
- Se informará de los usos posibles de dicho producto.

---

[132] *Decisión de la Comisión 98/291/CE*, de 22 de abril de 1998, *relativa a la comercialización de colza de primavera modificada genéticamente (Brassica napus L. Ssp. Oleifera), con arreglo a la Directiva 90/220/CEE del Consejo* (DOCE n.° L 131, de 5 de mayo de 1998, p. 26).

[133] Solicitada su comercialización por AgrEvo UK Crop Protection Ltd., con la referencia C/UK/95/M5/1.

[134] Que contiene un gen *pat* sintético que codifica la fosfinotricina acetiltransferasa, regulado por el promotor 35S y secuencias de terminación del virus del mosaico de la coliflor, junto a un gen *nptII* que codifica la neomicina fosfotransferasa II, regulado por el promotor de la nopalina sintasa y una secuencia de terminación de la octopina sintasa.

- Se informará que los productos transformados que contengan esta colza transgénica estarán sujetos a los requisitos específicos de etiquetado que exige la Comunidad Europea y las normativas de los Estados miembros.

Respecto al maíz transgénico autorizado para su comercialización en la Comunidad, se contemplan tres variedades.

Mediante la primera de ellas, recogida en la *Decisión de la Comisión 98/292/CEE*[135], se aprobó la comercialización de la variedad de maíz modificado genéticamente *Zea mays L. Línea Bt-11*[136], consistente en granos de maíz de la línea Bt-11 modificados genéticamente[137].

Entre los requisitos necesarios de su etiquetado, se establecen los siguientes:

- Necesidad de proporcionar a los exportadores de los países donde se cultive este maíz, a los importadores a la Comunidad y a las industrias de transformación de alimentos y piensos de la Comunidad, una documentación en la que se les informe de que las remesas de maíz suministradas puedan contener esta variedad modificada genéticamente.
- Deberá dejarse constancia expresa en el etiquetado del producto que es un organismo modificado genéticamente.
- Se informará de los usos posibles de dicho producto.
- Se informará que los productos transformados que contengan esta variedad de maíz transgénica Bt-11 estarán sujetos a los

[135] *Decisión de la Comisión 98/292/CE,* de 22 de abril de 1998, *relativa a la comercialización de maíz modificado genéticamente (Zea mays L. Línea Bt-11), con arreglo a la Directiva 90/220/CEE del Consejo* (DOCE n.° L 131, de 5 de mayo de 1998, p. 28).

[136] Solicitada su comercialización por Novartis Seeds Inc., con la referencia C/GB/96/M4/1.

[137] Que contiene una versión sintética del gen *cryIA(b)* derivado del *Bacillus thurigiensis spp. Kurstaki* de la cepa HD1, regulado por el promotor 35S del virus del mosaico de la coliflor, un intrón IVS 6 del gen del alcohol deshidrogenasa del maíz y la secuencia de terminación de la neopalina sintasa del *Agrobacterium tumefaciens*, junto a una versión sintética del gen *pat* derivado *del Streptomyces viridochromogenes*, regulado por el promotor 35S del virus del mosaico de la coliflor, un intrón IVS 2 del gen del alcohol deshidrogenasa del maíz y la secuencia de terminación de la neopalina sintasa del *Agrobacterium tumefaciens*.

requisitos específicos de etiquetado que exige la Comunidad Europea y las normativas de los Estados miembros.

Esta autorización está destinada a su comercialización para emplearlo como cualquier otro tipo de maíz, pero no para su cultivo.

Mediante la segunda de ellas, recogida en la *Decisión de la Comisión 98/293/CEE*[138], se aprobó la comercialización de la variedad de maíz modificado genéticamente *Zea mays L. T25*[139], consistente en semillas y granos de maíz modificado genéticamente *Zea mays L.*, con resistencia incrementada al glufosinato de amonio obtenido a partir de la línea de maíz HE/89, transformación T25, que se ha transformado mediante el plásmido pUC/Ac[140].

Entre los requisitos necesarios de su etiquetado, se establecen los siguientes:

- Necesidad de establecer en los sacos de semillas que vayan a venderse a los agricultores que el producto adquirido ha sido modificado genéticamente para hacerlo resistente al herbicida glufosinato de amonio.
- Necesidad de indicar en los sacos de semillas que vayan a venderse a los agricultores o en la documentación adjunta que, debido a que se trata de semillas de maíz transgénico, el producto cosechado está sujeto a los requisitos de etiquetado que exige la Comunidad Europea y las normativas de los Estados miembros, para los productos que sean o contengan organismos modificados genéticamente

---

[138] *Decisión de la Comisión 98/293/CE,* de 22 de abril de 1998, *relativa a la comercialización de maíz modificado genéticamente (Zea mays L. T25), con arreglo a la Directiva 90/220/CEE del Consejo* (DOCE n.° L 131, de 5 de mayo de 1998, p. 30).

[139] Solicitada su comercialización por AgrEvo France, con la referencia C/F95/12/07.

[140] Que contiene un gen sintético *pat* que codifica la fosfinotricina acetiltransferasa, regulado por el promotor 35S y secuencias de terminación del virus del mosaico de la coliflor junto a un gen truncado de b-lactamasa reducido en aproximadamente un 25% desde el extremo 5' que, cuando está completo, codifica la resistencia a los antibióticos b-lactámicos y el origen de replicación col E1 del plásmido pUC.

Esta autorización se aplicará a toda la progenie derivada de los cruces de este producto transgénico con cualquier maíz obtenido de forma tradicional.

Mediante la tercera y última de ellas, recogida en la *Decisión de la Comisión 98/294/CEE*[141], se aprobó la comercialización de la variedad de maíz modificado genéticamente *Zea mays L. Línea MON 810*[142], consistente en las líneas puras y los híbridos obtenidos de la línea MON 810 de maíz[143], que codifica la protección contra insectos.

Entre los requisitos necesarios de su etiquetado, se establecen los siguientes:

- Necesidad de establecer en los sacos de semillas que vayan a venderse a los agricultores que el producto adquirido ha sido modificado genéticamente para hacerlo resistente a los insectos a través de la expresión de una toxina del *Bacillus thuringiensis*.
- Necesidad de entregar a los compradores de estas semillas una guía con información completa sobre el desarrollo, la forma de actuación y el uso de las semillas, incluyendo el uso de la biotecnología para su desarrollo y la necesidad de cumplir estrictamente las prácticas de gestión prescritas de la resistencia a insectos.
- Deberá informarse a los comerciantes de cereales europeos de la aprobación para su comercialización de la línea de maíz transgénico MON 810, facilitándoles información completa sobre el producto.

---

[141] *Decisión de la Comisión 98/294/CE*, de 22 de abril de 1998, *relativa a la comercialización de maíz (Zea mays L. Línea MON 810) modificado genéticamente, con arreglo a la Directiva 90/220/CEE del Consejo* (DOCE n.° L 131, de 5 de mayo de 1998, p. 32).

[142] Solicitada su comercialización por Monsanto Europe, S.A., con la referencia C/F/95/12-02.

[143] Que contiene el gen *cryIA(b)* del *Bacillus thuringiensis spp. Kurstaki*, regulado por el promotor 35S mejorado del virus del mosaico de la coliflor y un intrón del gen que codifica la proteína 70 contra el choque térmico.

- Obligatoriedad de informar a los comerciantes internacionales de maíz, de aquellos países que tengan ya aprobada la comercialización de esta línea de maíz transgénico, que su producción está autorizada, que ha sido desarrollado mediante técnicas de modificación genética y que los cargamentos de maíz pueden contener cereal transgénico.
- Extender a todos los comerciantes internacionales y a las autoridades competentes de los países exportadores que las declaraciones que acompañen a partidas de transporte internacional deben ajustarse a lo establecido en la *Directiva 90/220/CEE.*
- Recomendación de incluir en las declaraciones que acompañen todas las partidas de transporte internacional de este maíz la frase que advierta de que «puede contener cereal modificado genéticamente».

Del mismo modo se asume la obligación de informar a la Comisión y a las autoridades competentes de los Estados miembros de los resultados obtenidos de la vigilancia y estrategia de gestión para reducir al mínimo el desarrollo de resistencia por parte de los insectos combatidos, así como de todos los planes de control y las medidas adicionales de salvaguarda si se llegase a disponer de nueva información sobre los riesgos del producto durante su comercialización.

Esta autorización se aplicará a toda la progenie derivada de los cruces de este producto transgénico con cualquier maíz obtenido de forma tradicional.

La creciente solicitud de autorización de comercialización de organismos modificados genéticamente, fundamentalmente plantas transgénicas, como muestra el Cuadro 1 adjunto, hace necesario, no sólo la adaptación a la realidad imperante de la legislación existente sobre la materia, sino un adecuado debate social, no abordado hasta este momento, que tranquilice los temores de la sociedad frente a aquello que desconoce y de lo cual sólo ha tenido, como decimos, hasta este momento, posturas sesgadas, como analizaremos más adelante.

CUADRO 3

ORGANISMOS MODIFICADOS GENÉTICAMENTE AUTORIZADOS PARA SU COMERCIALIZACIÓN EN LA UNIÓN EUROPEA

OMG	*Finalidad*	*Uso*	*Empresa*	*Decisión*
Nobi-Porvac Aujeszky live	Vacuna	Animales	Vemie Veterinaer Chemie GmbH	18-12-1992
Raboral V-RG	Vacuna	Animales	Rhône Mêrieux	93/572/CE
Tabaco ITB 1000 OX	Resistencia herbicidas	Cultivo	Seita	94/385/CE
Colza (MS1Bn x RF1Bn)	Resistencia herbicidas	Cultivo	Plant Genetic Systems	96/158/CE
Soja (A 5403)	Resistencia herbicidas	Importación y procesado	Monsanto Europe	96/281/CE
Achicoria	Resistencia herbicidas	Cultivo	Bejo Zaden BV	96/424/CE
Maíz (CG 00256-176)	Resistencia al taladro	Todos	Ciba-Geigy Limited	97/98/CE
Colza (MS1, RF1)	Resistencia herbicidas	Cultivo	Plant Genetic Systems	97/392/CE
Colza (MS1, RF2)	Resistencia herbicidas	Cultivo	Plant Genetic Systems	97/393/CE
Streptococcus thermophilus T102	Test	Investigación	Valio Oy	97/549/CE
Colza de primavera	Resistencia herbicidas	Importación y procesado	AgrEvo	98/291/CE
Maíz (Bt-11)	Resistencia al taladro Resistencia herbicidas	Importación y procesado	Novartis Seeds Inc.	98/292/CE
Maíz (T25)	Resistencia herbicidas	Todos	AgrEvo France	98/293/CE
Maíz (MON 810)	Resistencia al taladro	Todos	Monsanto Europe	98/294/CE

Fuente: Elaboración propia.

e) *Aplicación del Principio de Precaución en Europa*

Reconocido como tal en las más recientes modificaciones de la normativa comunitaria aplicable a los organismos modificados genéticamente, supone un planteamiento estructurado del análisis de riesgos, que comprende tres elementos: evaluación del riesgo, gestión del riesgo y comunicación del riesgo.

Su dimensión va más allá de las problemáticas asociadas a los riesgos a corto y medio plazo, ya que se encuentra ligado a cuestiones a largo plazo que incluso afecten al bienestar de las generaciones futuras.

La aplicación del Principio de precaución evidencia dos aspectos distintos, como son:

a) La decisión política de actuar o no actuar, vinculada a los factores desencadenantes de su utilización.
b) Naturaleza de la acción decidida, es decir, cómo actuar, considerando las medidas que es necesario aplicar resultantes de su aplicación.

En base a ellos, el recurso al Principio de precaución presupone que:

a) Se han identificado los efectos potencialmente peligrosos derivados de un fenómeno, proceso o producto.
b) Que la evaluación científica impide determinar el riesgo con la certeza suficiente. Ello, considerando que la evaluación de riesgos se compone de cuatro elementos, que son: identificación del peligro, caracterización del peligro, evaluación de la exposición y caracterización del riesgo.
c) La incertidumbre científica: depende de cinco características del método científico[144], procediendo de una controversia sobre los datos existentes o la inexistencia de algunos de estos datos necesarios. Para ello, los evaluadores acostumbran a tener en cuenta estos factores de incertidumbre utilizando elementos de prudencia.

---

[144] Como son: la variable escogida, las medidas realizadas, las muestras tomadas, los modelos utilizados y la relación causal empleada.

Los principios generales de aplicación hacen referencia a los principios generales de una buena gestión de riesgos, implicando:

a) Proporcionalidad: las medidas deberían ser proporcionales al nivel de protección escogido.
b) No discriminación: las medidas no podrán provocar discriminación en su aplicación.
c) Coherencia: las medidas serán coherentes con medidas similares ya adoptadas en circunstancias parecidas o utilizando planteamientos similares.
d) Análisis de las ventajas e inconvenientes que se derivan de la acción u omisión: incluyendo un análisis coste-beneficio, eficiencia, impacto socioeconómico, u otras circunstancias sin carácter económico, como la protección de la salud, etc.
e) Estudio de la evolución científica: que obliga a mantener las medidas mientras no existan datos científicos completos o concluyentes o mientras el riesgo sea lo suficientemente importante como para no obligar a la sociedad a asumirlo.

Sobre esta base, la aplicación del Principio de precaución a los organismos modificados genéticamente queda confirmada, según establece el *Tribunal de Justicia de las Comunidades Europeas*, no sólo por las pruebas solicitadas al notificador en el expediente sobre la liberación, cualquiera que sea su fin, sino cuando la Comisión remite a las autoridades de los Estados miembros el resumen para plantear objeciones y cuando se establece que la empresa debe comunicar inmediatamente a la *Comisión* y a la autoridad competente de su Estado los nuevos elementos que surjan y que permitan realizar una mejor evaluación de los riesgos que presente el producto para la salud humana o el medio ambiente.

3. Convenios internacionales

El documento internacional que, en la materia que nos ocupa, mayor relevancia tiene, es el Convenio sobre Diversidad Biológica

gica, adoptado por la Conferencia de las Partes[145] en junio de 1992 y completado por numerosos Protocolos, de los cuales el Protocolo de Bioseguridad de Nairobi, que constituye la Quinta Reunión de la Conferencia de las Partes sobre el Convenio, adoptado en la reunión celebrada durante los días 15 a 26 de mayo del 2000, es el que encierra los aspectos relativos a una adecuada protección de la diversidad biológica y la incidencia de los organismos modificados genéticamente en la salud pública y en el medio ambiente, en cualquiera de sus finalidades de investigación o comercialización.

Partiendo de la necesidad establecida en el artículo 19, 3.° del Convenio, de requerir un tratamiento específico la incidencia adversa que pudieran tener los organismos modificados genéticamente en la diversidad biológica, se reunieron, en julio de 1995, un grupo de expertos en Madrid que concluyó en la necesidad de establecer, a través de un Protocolo al Convenio, la incidencia de esta materia, realizando esta sugerencia a la Conferencia de las Partes. Fue en la Reunión Segunda de la Conferencia de las Partes, celebrada en Yakarta entre el 4 y 17 de noviembre de 1995, cuando se determinó un Grupo de Trabajo que elaboraría dicho Protocolo de Bioseguridad.

Los objetivos del Protocolo se centrarían en el control de los movimientos transfronterizos de organismos modificados genéticamente, dada la dificultad de establecer normas internacionales relativas a materias que son competencia interna de los países, tales como el control y autorización de instalaciones, de ensayos o de experimentaciones en campo, sobre los cuales cada uno tiene su propia regulación.

El sistema que el Protocolo propone se basa en la concesión de un Acuerdo Fundamentado Previo sobre la base del posible riesgo determinado en la información aportada por el notificador en el expediente.

En julio de 1996 se inician las labores del Grupo de Trabajo. Durante las negociaciones surgieron nuevos grupos que no

[145] Que es el organismo supremo del Convenio.

respondían exactamente a los grupos regionales de las Naciones Unidas, pero que también poseían intereses comunes[146]. Durante las negociaciones, las posturas enfrentadas de los diversos grupos hicieron que la representada por la Unión Europea sirviera de puente de enlace, marcando los aspectos base que deberían quedar contemplados.

El Protocolo quedó abierto a la firma de los gobiernos a partir de la celebración de la Reunión Quinta de la Conferencia de las Partes, celebrada en Nairobi en mayo del 2000.

Las consideraciones que dicho documento recoge se pueden resumir en las siguientes:

a) *Acuerdo Fundamentado Previo:* procedimiento al que queda sometido todo movimiento transfronterizo de organismos modificados genéticamente vivos, destinados a introducirse en el medio ambiente o a ser comercializados[147].
b) *Alcance del Protocolo:* todos los organismos vivos modificados genéticamente que puedan representar efectos adversos para el medio ambiente, la conservación de la diversidad biológica y la salud humana, requiriéndose el Acuerdo anterior, tanto para uso confinado como para su liberación, en cualquier modalidad de productos farmacéuticos o productos básicos agrícolas.
c) *Principio de Precaución:* compromiso de considerar este principio en la toma de decisiones relativas a movimientos transfronterizos de este tipo de organismos y en las condiciones vistas anteriormente, siendo la base fundamental la incertidumbre científica en relación a los riesgos para la diversidad biológica[148].

---

[146] Así se encontraba el Grupo de la Unión Europea; el Grupo de Miami, constituido por Estados Unidos, Canadá, Australia, Argentina, Chile y Uruguay; el Grupo de Compromiso, constituido por Suiza, Japón, México, Noruega, Corea y Nueva Zelanda; el Grupo de los Países del Este y Grupo Afín, constituido por todos los países en vías de desarrollo y China.

[147] Su objetivo es asegurar que los países a los cuales se importan organismos vivos modificados genéticamente reciben una notificación previa, la cual deben autorizar en un plazo máximo de 270 días, sin reconocerse la posibilidad de consentimiento implícito.

[148] Su importancia es tal en el Protocolo que se contempla en el Preámbulo y a lo largo de todo su articulado.

d) Procedimiento en productos básicos: configuración de un sistema de información como mecanismo de intercambio entre los países sobre los cultivos transgénicos en el mercado autorizados por cualquiera de las Partes y susceptibles de exportación.

e) Etiquetado de los productos: el etiquetado dirigido al consumidor deberá adaptarse a las legislaciones nacionales existentes. En cuanto a la documentación que acompañe a los productos, los organismos destinados a ser liberados al medio ambiente y los productos agrícolas, deberá ser específica y detallada al respecto, dejando constancia de ser o contener organismos vivos modificados genéticamente. Del mismo modo, se establece un plazo no superior a un año para el establecimiento del identificador único que permitirá una mejor trazabilidad de estos productos.

f) Interrelación con otros Convenios y Acuerdos Internacionales: la relación de este Protocolo con otros y con los Acuerdos de la *Organización Mundial de Comercio,* mantiene una vinculación de igual, y no de subordinación, entre ellos.

4. Normativa española

Las Directivas 90/219/CEE y 90/220/CEE, anteriormente estudiadas, fueron incorporadas, por transposición a la normativa española, mediante la *Ley 15/1994, de 3 de junio, por la que se establece el régimen jurídico de la utilización confinada, liberación voluntaria y comercialización de organismos modificados genéticamente, a fin de prevenir los riesgos para la salud humana y para el medio ambiente*[149], más conocida como Ley de Bioseguridad, y del *Real Decreto 951/1997, de 20 de junio, por el que se aprueba el Reglamento General para el Desarrollo y Ejecución de la Ley 15/1994, de 3 de junio, por la que se establece el régi-*

[149] *Boletín Oficial del Estado,* n.° 133, de 4 de junio de 1996.

men jurídico de la utilización confinada, liberación voluntaria y comercialización de organismos modificados genéticamente, a fin de prevenir los riesgos para la salud humana y el medio ambiente[150].

Como el propio título de la Ley establece, contempla, en un único cuerpo legal, todos los aspectos relativos al uso confinado, la liberación intencional, la comercialización, el transporte, el control, etc., de todos los aspectos relativos a los organismos modificados genéticamente, contemplando dentro de este concepto a microorganismos, animales y plantas.

La Ley de Bioseguridad y el Reglamento que la desarrolla[151], como sus inspiradores instrumentos comunitarios, se basan en el Principio de precaución, en su concepto, pues en su actual denominación no existía todavía. Como es lógico, la Ley contempla aspectos generales que deben incorporarse a la normativa española para regular esta materia concreta, dejando las cuestiones de detalle y los aspectos más técnicos para su desarrollo en el Reglamento, independientemente de que las Comunidades Autónomas establezcan lo que estimen oportuno para un mejor control, mediante sus normativas, dentro de su ámbito territorial. También es cierto que el Reglamento, al tener una fecha posterior a la Ley, incorpora las adaptaciones al estado de la técnica sufridas por las Directivas, así como los demás aspectos legales, dogmáticos y doctrinales desarrollados con posterioridad.

El Reglamento desarrolla los siguientes aspectos dirigidos a garantizar la efectividad de la Ley:

- Requisitos y control de actividades de uso confinado de organismos modificados genéticamente.
- Requisitos y control para la liberación intencional al medio ambiente de organismos modificados genéticamente.

---

[150] *Boletín Oficial del Estado,* n.° 150, de 24 de junio de 1997.

[151] En adelante, consideraremos como «Reglamento» al *Real Decreto 951/1997,* de 20 de junio.

- Obligaciones requeridas para la comercialización de organismos modificados genéticamente u otros productos que los contengan.
- Regulación de la información, vigilancia y control de las investigaciones y actividades conexas relacionadas con estos organismos.
- Infracciones, sanciones y responsabilidad derivada del incumplimiento normativo.
- Funcionamiento y control del órgano colegiado encargado, como autoridad competente, de otorgar las autorizaciones nacionales, así como de la *Comisión Nacional de Bioseguridad.*

La Ley de Bioseguridad se estructura en 7 capítulos, con unos contenidos básicos cada uno de ellos, que detallamos esquemáticamente, en su relación con el Reglamento que la desarrolla:

1. *Disposiciones generales.*

Constituye el Capítulo I de la Ley y establece el objetivo y ámbito de aplicación de la Ley, así como la definición de los elementos a tratar.

2. *Utilización confinada de organismos modificados genéticamente.*

Contemplado en el Capítulo II de la Ley, establece una definición de utilización confinada:

> «(...) *Cualquier actividad por la que se modifique el material genético de un organismo o por la que éste se cultive, almacene, emplee, transporte, destruya o elimine, siempre que en la realización de tales actividades se utilicen*

> *barreras físicas o una combinación de éstas con barreras químicas o biológicas, con el fin de limitar su contacto con la población y el medio ambiente».*

Al igual que la Directiva 90/219/CEE, establece una clasificación de los organismos en:

1. Bajo riesgo, como Grupo I. Se considera de bajo riesgo cuando:

    — No sea patógeno.

    — Exista suficiente documentación historial.

    — Puedan utilizarse barreras de control.

2. Alto riesgo, como Grupo II.

A su vez, distingue entre los tipos de operaciones posibles, que son:

1. Operaciones Tipo A: enseñanza, investigación y desarrollo.
2. Operaciones Tipo B: industrial y comercial.

Los requisitos obligatorios para realizar actividades de utilización confinada son:

— Evaluación previa del riesgo para la salud y el medio ambiente.

— Registro de la evaluación.

— Cumplimiento de las normas sobre seguridad e higiene.

— Aplicación de los principios de las buenas prácticas de microbiología.

Los plazos establecidos para autorizar operaciones o instalaciones para este tipo de actividades se detallan en los Cuadros 4 y 5 adjuntos.

CUADRO 4

OPERACIONES COMUNICADAS A LA ADMINISTRACIÓN Y SU PROCEDIMIENTO DE AUTORIZACIÓN *

Operación	*Tipo de organismo*	*Plazo temporal*
Tipo A	Alto riesgo a pequeña escala Bajo riesgo a cualquier escala	2 meses Autorización tácita
Tipo B	Bajo riesgo	2 meses Autorización tácita
Tipo B	Alto riesgo	3 meses Autorización expresa

* Independientemente de estos aspectos generales, la Administración competente podrá dictar expresamente su autorización en plazos inferiores a los establecidos en el Cuadro, limitar los períodos de utilización confinada o establecer requisitos adicionales suplementarios (artículos 9 y 10). En el supuesto de solicitarse información complementaria, será obligatoria la autorización expresa en los supuestos contemplados como de autorización tácita (artículo 10, 2.°).
Fuente: Elaboración propia.

CUADRO 5

PRIMERAS INSTALACIONES COMUNICADAS A LA ADMINISTRACIÓN Y SU PROCEDIMIENTO DE AUTORIZACIÓN

Operación	*Plazo temporal*
Bajo riesgo	3 meses Autorización tácita
Alto riesgo	3 meses Autorización expresa

Fuente: Elaboración propia.

Para las plantas transgénicas, al ser consideradas como organismos de bajo riesgo, sólo se requiere la solicitud de autorización de la instalación a través de la autoridad competente de la Comunidad Autónoma, que es la Consejería encargada de los temas de Medio Ambiente, o en el mismo *Ministerio de Medio Ambiente*.

3. *Liberación voluntaria de organismos modificados genéticamente en el medio ambiente.*

A tenor de la Ley, se entiende por liberación intencional al medio ambiente:

> «(...) *La introducción deliberada en el medio ambiente de un organismo o combinación de organismos modificados genéticamente sin que hayan sido adoptadas medidas de contención, tales como barreras físicas o una combinación de éstas con barreras químicas o biológicas, para limitar su contacto con la población y el medio ambiente*».

La legislación nacional todavía no se ha adaptado a las últimas modificaciones establecidas en los instrumentos comunitarios que ya incorporan un conjunto de elementos a tener en cuenta en cualquier liberación intencional, como son el establecimiento de principios generales y uniformes para la evaluación del riesgo, la creación de planes de seguimiento y control de las liberaciones, el etiquetado de los productos de acuerdo a su finalidad[152], la aplicación e inclusión del Principio de precaución en las normativas aplicables, la diferenciación establecida entre los procedimientos de la Parte B y Parte C, la necesidad de Comités de Bioética y Comités científicos asesores, la incorporación de la valoración de la opinión pública y el establecimiento del plazo entre la autorización de comercialización y su posterior renovación (10 años).

Para proceder a realizar una liberación intencional en el medio ambiente de un ensayo de campo es necesaria su solicitud a la autoridad competente, presentándose la siguiente documentación:

1. Estudio técnico: reuniendo los requisitos establecidos en el Anexo IV, Parte A, del Reglamento, conteniendo:

   — Información general sobre la notificación: nombre y dirección del solicitante, título del proyecto, etc.

[152] Ciertamente, existen en la actualidad discrepancias entre los etiquetados legalmente exigidos en la Comunidad Europea en función de la utilización o uso que se de al organismo modificado genéticamente o al producto que lo contenga.

— Conocimiento de la taxonomía y biología del organismo receptor.
— Información sobre la modificación genética practicada.
— Lugar de la liberación.
— Información sobre interacción de esos organismos en los ecosistemas donde se libera, así como de los planes de seguimiento y control.
— Datos sobre la seguridad para la salud humana.
— Datos para la protección del medio ambiente.
— Tratamiento de residuos.

2. Efectos de la liberación: garantía de que las secuencias insertadas y los productos de su expresión se hayan caracterizado correctamente y sean seguros para la salud humana y el medio ambiente.
3. Resumen de la información contenida en la notificación: que posteriormente es utilizada por la autoridad competente estatal para remitirla a la *Comisión* y ésta a los Estados miembros, medio de intercambio de la información y conocimiento de todos los ensayos producidos en la Unión Europea.

El Reglamento desarrolla el procedimiento de liberación establecido en la Ley, que es el siguiente:

a) El notificador dirige la solicitud de autorización para comercialización a la autoridad competente, que deberá resolver en el plazo de 90 días. Dentro de este plazo, la *Comisión Nacional de Bioseguridad* estudiará el expediente presentado[153].
b) Recibida la documentación por la autoridad competente, que es el Ministerio de Medio Ambiente, y considerada completa, remitirá a la *Comisión Europea* el resumen de la información incorporada a la notificación por el notificador.

---

[153] En virtud de este estudio, otorgará su dictamen favorable, favorable requiriéndose mayor información, favorable pero con condiciones especiales o desfavorable.

Los criterios que sigue esta *Comisión* son los siguientes:

- Características del organismo donante del cual procede el material genético.
- Características del organismo receptor.
- Secuencias genéticas introducidas.
- Medio ambiente en el cual se pretende la liberación.

c) La *Comisión Europea* remitirá a las autoridades competentes de cada Estado miembro el resumen de información de la notificación para que, en el plazo máximo de 30 días, realicen sus observaciones u objeciones.

También se considera en el Reglamento un procedimiento simplificado de solicitud de autorización, consistente en presentar una única solicitud para varias liberaciones, siempre que se cumplan los siguientes requisitos[154]:

a) Que se hayan generado a partir de las mismas plantas receptoras, aunque difieran en las secuencias insertadas.
b) Para programas de desarrollo completo en torno a una única especie vegetal, siempre que cumpla los siguientes requisitos:

— Conocimiento de la taxonomía y biología del organismo receptor.
— Información sobre interacción de esos organismos en los ecosistemas donde se libera.
— Datos sobre la seguridad para la salud humana.
— Las secuencias insertadas y los productos de su expresión se hayan caracterizado correctamente y sean seguros para la salud y el medio ambiente.

4. *Comercialización de organismos modificados genéticamente o de los productos que los contienen.*

Contemplada en el Capítulo IV, define qué se entiende por comercialización[155]:

> «*(...) Todo acto que suponga una entrega a terceros de organismos modificados genéticamente o de productos que lo contengan*».

La solicitud para la comercialización de una variedad transgénica de vegetales requiere los siguientes trámites, de acuerdo con las recientes modificaciones introducidas en la normativa vigente:

[154] Contemplado en el artículo 27 del *Reglamento* aprobado por *Real Decreto 951/97*.
[155] En concreto, el artículo 17, 1.° contiene esta definición.

1. Remisión del expediente por parte del notificador al *Ministerio de Medio Ambiente,* que deberá contener:

   a) Estudio técnico de la comercialización: de acuerdo con la información requerida en el Anexo IV, Parte A, y el Anexo V del Reglamento.
   b) Evaluación de los efectos de la liberación para la salud humana y el medio ambiente: que deberá contemplarlos, aunque todavía no estén incluidos en la Ley, pero sí contemplados en la modificación de los instrumentos comunitarios, relativos a efectos directos, indirectos y diferidos.
   c) Condiciones en las cuales se pretende la comercialización.
   d) Plan de seguimiento, control y vigilancia.
   e) Propuesta de la duración de la comercialización, que en ningún supuesto puede superar los 10 años.
   f) Propuesta de etiquetado y envasado del producto, acorde a sus características.
   g) Resumen de la notificación.

2. El *Ministerio de Medio Ambiente,* como representante del *Órgano Colegiado* que debe adoptar la decisión, acusará recibo de la recepción de la notificación, quedando obligado a resolver en el plazo de 90 días.
3. El *Ministerio de Medio Ambiente* remitirá un resumen del expediente notificado a la *Comisión Europea* y al resto de los Estados miembros, mientras la *Comisión Nacional de Bioseguridad* emite su informe de evaluación, favorable[156] o desfavorable.
4. El *Órgano Colegiado,* una vez considerada completa la documentación aportada, que incluirá el informe de evaluación de la *Comisión Nacional de Bioseguridad,* remitirá a la *Comisión Europea* el expediente completo.
5. La *Comisión Europea* remitirá a la autoridad competente de cada Estado miembro una copia del expediente para que en el

[156] Sin requisitos o requiriendo información conplementaria o requiriendo unas condiciones especiales.

plazo máximo de 60 días realicen sus observaciones u objeciones. En caso de discrepancias se establece un plazo adicional de 45 días para alcanzar un acuerdo.

6. De no formularse objeciones por parte de ningún Estado miembro, se procede a otorgar la autorización por el país ponente. De existir objeciones, se procede a una votación entre los representantes que constituyen el *Comité de Autoridades Competentes de la Comunidad Europea*, que, de alcanzar una mayoría cualificada, otorgará la autorización. De no alcanzarse la mayoría cualificada, será el *Consejo de Ministros de Medio Ambiente* quien deberá alcanzar su aprobación por unanimidad, y, de no conseguirlo, la decisión quedará en manos de la *Comisión Europea*.

5. *Información y control.*

El procedimiento establece las siguientes medidas:

a) Confidencialidad de los datos excepto en:

— Descripción del organismo.
— Identidad del titular.
— Lugar y finalidad de la acción.
— Medidas de emergencia y control.
— Evaluación de efectos para la salud y el medio ambiente.

b) Medidas de emergencia: Protección Civil y Ley General de Sanidad.

c) Vigilancia y control: que se encuentra a cargo de las Comunidades Autónomas, que por medio de sus normativas autonómicas contemplarán la forma de realizar esta actividad.

6. *Infracciones y sanciones.*

Se dividen en leves, graves y muy graves, con responsabilidades civiles y penales y cierre de establecimientos.

7. *Competencias administrativas.*

La Ley establece que tanto el uso confinado como la liberación intencional al medio ambiente para ensayos en campo de organismos modificados genéticamente, su control y responsabilidad corresponde a las Comunidades Autónomas[157]. Quedan exceptuados los casos relativos a medicamentos de uso humano y veterinario y en investigación básica del Estado, donde el responsable será la Administración Central.

En este sentido, la Ley prácticamente obliga a las Comunidades Autónomas a desarrollar sus normativas en materia de bioseguridad para aplicar, en aquellos aspectos en los cuales se descentralizan en ellas las responsabilidades, los aspectos que la Ley general contempla[158].

El otorgamiento de autorizaciones para comercialización de organismos modificados genéticamente es competencia exclusiva de la Administración Central, ya que, finalmente, la autoriza-

---

[157] Como se contempla en el artículo 31 de la Ley 15/1994.

[158] Las normativas desarrolladas en las Comunidades Autónomas son las siguientes:

- *Comunidad Autónoma de Andalucía* a través de la Consejería de Agricultura: Decreto 178/99, de 7 de septiembre, por el que se regulan los órganos competentes en materia de utilización confinada y liberación voluntaria de organismos modificados genéticamente, modificado por Decreto 375/2000, de 28 de julio.
- *Comunidad Autónoma de Aragón*, a través del Departamento de Agricultura y Medio Ambiente: Decreto 142/98, de 7 de julio, por el que se regula el régimen jurídico en materia de actividades de utilización confinada, liberación voluntaria y comercialización de organismos modificados genéticamente o de productos que los contengan.
- *Comunidad Autónoma de Castilla-La Mancha*, a través de la Dirección General de Desarrollo Rural: Decreto 1/2000, de 11 de enero, por el que se atribuyen competencias en materia de organismos modificados genéticamente o de productos que los contengan.
- *Comunidad Autónoma de Castilla y León*, a través de la Consejería de Medio Ambiente y Ordenación del Territorio: Decreto 255/98, de 3 de diciembre, por el que se modifica parcialmente el Decreto 255/95, de 2 de noviembre, que establece la estructura orgánica de la Consejería de Medio Ambiente y Ordenación del Territorio.
- *Comunidad Autónoma de Extremadura*, a través de la Dirección General de Medio Ambiente: Ley 8/98, de 26 de junio, de conservación de la Naturaleza y de espacios naturales de Extremadura.
- *Comunidad Autónoma de Madrid*: Decreto 109/2000, de 1 de junio, por el que se crea la Oficina Regional de Control de Organismos Modificados Genéticamente y la Comisión Regional de Bioseguridad.
- *Comunidad Autónoma de Navarra*: Decreto Foral 204/98, de 22 de junio, por el que se asignan al Departamento de Medio Ambiente, Ordenación del Territorio y Vivienda, las funciones relacionadas con la utilización confinada y liberación voluntaria de organismos modificados genéticamente.

ción deberá ser dada por todos los Estados de la Comunidad Europea, según el procedimiento estudiado al analizar las Directivas.

Esta función la Administración Central la realizará a través de un Órgano Colegiado, adscrito al *Ministerio de Medio Ambiente* y constituido por representantes de los siguientes Ministerios[159]:

— *Ministerio de Medio Ambiente* (presidiendo el Órgano).
— *Ministerio de Sanidad y Consumo.*
— *Ministerio de Agricultura, Pesca y Alimentación.*
— *Ministerio de Educación, Cultura y Deportes.*
— *Ministerio de Ciencia y Tecnología.*

Del mismo modo, se contempla en el Reglamento la creación de una *Comisión Nacional de Bioseguridad*, como órgano técnico y científico, constituido por representantes de todos los ministerios implicados[160], que ayudará a las autoridades responsables de las Comunidades Autónomas y de la Administración Central a determinar los posibles riesgos que estas actividades representen para la salud humana o el medio ambiente[161].

8. *Disposiciones adicionales.*

Las disposiciones adicionales contemplan los siguientes aspectos:

— Las autorizaciones se rigen por el silencio administrativo para su denegación.
— Si la solicitud no tiene suficiente información, los medios para recabarla son a cargo del solicitante.

---

[159] Según establece el artículo 30 de la Ley 15/1994.

[160] De manera que a la lista anteriormente expuesta se suma un representante del *Ministerio del Interior,* de las Comunidades Autónomas que los soliciten, y que son todas las que tienen asumidas competencias en la materia, y por expertos que representen a las instituciones más relevantes en esta materia.

[161] Para el cumplimiento de este fin, la *Comisión* se reúne mensualmente, estudiando en sus reuniones todas las solicitudes recibidas en el territorio español, elaborando un informe para la autoridad competente.

— En 3 meses a partir de la entrada en vigor de la Ley, la Administración creará una Comisión Nacional de Bioseguridad, que una vez creada cumplirá (como cumple) las funciones descritas anteriormente.

Finalmente, las plantas transgénicas deberán ser inscritas en el Registro de Variedades Comerciales como cualquier otra variedad vegetal, sea o no modificada genéticamente, debiendo pasar una serie de controles establecidos por la *Subdirección General de Semillas y Plantas de Vivero* antes de ser inscritas en el Registro de Variedades Comerciales, de conformidad con la normativa comunitaria y su transposición a la normativa interna sobre esta materia.

5. Futuros desarrollos normativos

a) *Aspectos generales*

Sin embargo, debido a la problemática, fundamentalmente social, que han presentado los alimentos transgénicos, desde el campo (cultivos) hasta la mesa (productos alimenticios), provocó en Europa una moratoria en las Decisiones de autorización de comercialización de nuevos organismos modificados genéticamente que durante varios años se ha aplicado.

Por este motivo, y con la doble finalidad de: *a)* modificar y adaptar a las circunstancias actuales la *Directiva 90/220/CEE*, y *b)* finalizar lo antes posible la moratoria sobre la autorización de nuevas variedades transgénicas, el día 8 de noviembre del año 2000 se inició un Procedimiento de Conciliación entre el Parlamento Europeo y los quince Estados miembros a través de la Comisión para alcanzar estos dos fines anteriormente definidos, que concluyó en la segunda semana de diciembre del año 2000.

Entre los objetivos perseguidos se encuentra el registro de todos los cultivos de organismos modificados genéticamente, ya sea con fines de investigación, en campos de cultivo, como con fines de comercialización, así como renovar, de cara a los avances producidos en ambos campos, nuevas medidas respecto al etiquetado y a la trazabilidad de organismos transgénicos.

Resulta obvio pensar que, por los objetivos perseguidos y las circunstancias que envuelven las negociaciones relativas al levantamiento de la moratoria sobre la autorización de nuevas comercializaciones de organismos transgénicos[162], se dilaten en el tiempo antes de alcanzarse un consenso, sobre todo de cara a terminar con la polémica en la cual se debate actualmente Europa, dividida entre los Estados a favor de prohibir la comercialización de transgénicos y aquellos que optan por permitirla, aunque es ineludible que, de cara a la tranquilidad de la opinión pública sobre los efectos de los transgénicos, se establezcan más estrictos criterios para la autorización y más complejos trámites de control a exigir antes de permitir o autorizar una comercialización de organismos modificados genéticamente.

En lo que se refiere al registro de los cultivos transgénicos que se produzcan, es una práctica, por otro lado legal, que ya se viene realizando en algunos países europeos, entre ellos uno de los que posee una extensión importante de cultivos de maíz transgénico, como es España[163].

En el terreno correspondiente a la liberación intencional al medio ambiente de organismos modificados genéticamente con fines a su comercialización, ha sido presentada por Monsanto Europe la solicitud de autorización para la comercialización de una nueva variedad transgénica de maíz, denominada *Roundup Ready,* que está en proceso de aprobación en la Unión Europea y ha recibido recientemente el informe favorable del *Comité Científico de Plantas Europeo.* Esta variedad, que presenta la peculiaridad de ser tolerante a herbicidas, en concreto al glifosato, se

[162] Tal es el caso de los desacuerdos que existen entre distintos países europeos sobre la decisión de prohibir o no la comercialización de transgénicos a raíz de la reciente decisión unilateral de Italia de hacerlo, promoviendo la prohibición de transgénicos iniciada por Italia los Estados de Alemania, Austria, Grecia y Dinamarca y siendo contrarios a la postura mantenida por Italia de dicha prohibición por parte de Gran Bretaña, Países Bajos, Portugal, Finlandia, España e Irlanda, siendo incluso partidarios de sancionar a Italia por adoptar una decisión unilateral, manteniéndose al margen, por abstención, Bélgica, Luxemburgo y Francia.

[163] Entre las normativas de Comunidades Autónomas que tienen descentralizada esta función y, con ello, una normativa regional prevista, se encuentra la ya estudiada de la Comunidad Autónoma de Aragón, que contempla la obligación de declarar la localización catastral de cultivos transgénicos dentro de su ámbito geográfico.

está comercializando en Estados Unidos y Japón, y hasta su autorización en Europa, la empresa ha adoptado las medidas encaminadas a programar su segregación para asegurarse de que este maíz transgénico no se procese para la obtención de productos alimenticios que lo contengan destinados a ser exportados a la Unión Europea.

La variedad de maíz transgénico GA21, con tolerancia al glifosato, ya ha superado la evaluación de las autoridades españolas, habiendo sido también favorable el informe emitido por el Comité Científico de Plantas de la Comisión Europea, mostrándose su conformidad con la ausencia de riesgo para la salud humana o el medio ambiente por parte de esta variedad.

También se están desarrollando, pendientes de su aprobación en Estados Unidos para su comercialización con destino a su uso en piensos animales y alimentación humana, dos variedades nuevas de maíz, resistentes a gusanos de suelo y desarrolladas también por la empresa Monsanto[164].

Finalmente, en materia de etiquetado se pretende la realización de varias modificaciones, por otro lado necesarias, en las normativas existentes, tales como:

a) La ampliación de los supuestos contemplados por *el Reglamento 1139/98 y 49/2000,* que únicamente se centra en el maíz y en la soja transgénica, a otros organismos modificados genéticamente, comercializados o pendientes de autorización para comercializar, destinados a la alimentación humana.

---

[164] Entre los proyectos existentes, también se encuentra uno desarrollado conjuntamente por el *Instituto de Investigación de Energía Tata* (TERI) de Nueva Delhi, en la India, la *Universidad de Michigan State*, en Estados Unidos, y la empresa Monsanto, para desarrollar un producto transgénico denominado *Mostaza dorada*, que se cultivará para producir aceites de uso doméstico culinario con un alto contenido en beta-caroteno (provitamina A), para ser utilizado fundamentalmente en la dieta, pobre en vitamina A, de niños del Norte y Este de la India, y donde, por otro lado, el aceite de mostaza es el utilizado en la preparación de los alimentos. La tecnología fue desarrollada por Monsanto desde mediados de los años 90, sobre la base de la semilla de colza de primavera, para aumentar los niveles de caroteno en los cultivos de semilla de aceite, cuya característica fundamental es la acumulación de beta-caroteno. En marzo de 1999, Monsanto unió sus esfuerzos a la *USAID* y a la *Alianza Global por la Vitamina A* para trabajar conjuntamente en la consecución de unos fines, contando con los conocimientos y experiencia sobre variedades de mostaza mejoradas del *Departamento de Biorrecursos y Biotecnologia del TERI.*

b) El umbral del 1% es otro criterio, ciertamente impreciso en la actual legislación, que posiblemente sufra modificaciones en cuanto a la actual aplicación lineal a todos los productos, así como la definición del principio de equivalencia sustancial existente de cara a los nuevos productos.

c) Para el año 2001 se prevé la aparición del reglamento que contemplará el uso de la etiqueta «Libre de organismos modificados genéticamente», materia por otro lado necesaria de regular de una manera armonizada y homogénea cuando algunos Estados miembros se han anticipado a su uso sobre los productos comercializados en sus fronteras.

b) *Sustitución de la Directiva 90/220/CEE*

Las modificaciones sufridas desde 1990 por la *Directiva 90/220/CEE* para su adaptación a la realidad imperante en cada momento histórico, evitando la obsolescencia de su contenido y las lagunas legales que pudieran producirse; la necesaria reforma de algunos de sus postulados, con una profundidad mayor que la abordada hasta la actualidad por las reformas producidas, y la acumulación de ciertos factores de carácter económico[165] y social que afectaban al funcionamiento normal de los aspectos regulados por dicha Directiva, hicieron que, ya desde febrero de 1998, se abordara una amplia reforma, cuyo objetivo último sería la obtención de un texto que, mediante su entrada en vigor, sustituyera al ahora vigente por derogación.

Con este objetivo, los trabajos de conciliación iniciados entre el *Parlamento Europeo* y los quince Estados miembros el 8 de noviembre de 2000 han concluido con la aprobación por el *Comité de Conciliación*, a principios de 2001, de un texto conjunto contemplado al amparo del artículo 251, 4.° del Tratado de la Unión Europea, que, bajo el título de «Directiva 2001/.../CE, del Parlamento Europeo y del Consejo, sobre la liberación intencional en

165 El fundamental, constituido por la moratoria, vigente desde mayo de 1998, para autorizar la comercialización de nuevos organismos modificados genéticamente.

el medio ambiente de organismos modificados genéticamente y por la que se deroga la *Directiva 90/220/CEE* del Consejo»[166], recoge la Propuesta de Directiva que, producidos los tramites preceptivos para su adopción, culminará en el nuevo texto que regulará la materia y que supondrá una adaptación de las normativas internas de los Estados miembros a los nuevos postulados y a los objetivos que dicho texto presente.

Con estas premisas, el día 14 de febrero de 2001 fue votado favorablemente[167], por el *Parlamento Europeo*, el texto de la nueva Directiva, que no cuenta plenamente con el apoyo de seis Estados: Francia, Alemania, Italia, Grecia, Austria y Luxemburgo.

El nuevo texto de la Directiva supone, inicialmente, una recopilación de toda la normativa surgida desde la aprobación de la Directiva original en 1990, lo que ha supuesto su puesta al día, y la incorporación de nuevos aspectos, hasta la actualidad, sobre el texto original, normativa que se encontraba dispersa en diferentes textos legales.

Sin embargo, también supone la introducción de nuevos aspectos que requerían de la regulación que ahora los aborda, y resumidamente son los siguientes:

1. *Retirada progresiva de organismos modificados genéticamente con genes de resistencia a antibióticos.* Tendrán un plazo máximo, para dicha retirada, hasta el año 2004 para el supuesto de su comercialización y hasta el año 2008 para el supuesto de ensayos de campo.
2. *Aprobación caso por caso de nuevas comercializaciones de organismos modificados genéticamente.* Ello conllevará un plan de seguimiento individualizado.
3. *Plan de seguimiento obligatorio de productos que sean o contengan organismos modificados genéticamente en el mercado*[168].

---

[166] *Directiva 2001/.../CE, del Parlamento Europeo y del Consejo, sobre la liberación intencional en el medio ambiente de organismos modificados genéticamente y por la que se deroga la Directiva 90/220/CEE del Consejo.* PE-CONS 3664/00, Bruselas.

[167] Por 338 votos a favor, 52 en contra y 85 abstenciones.

[168] Este seguimiento se desarrolla en España desde la entrada en vigor de la Orden ministerial que registraba la variedad de maíz Bt, Compa CB, que se cultiva en territorio español.

Ello supone que cualquier modificación que se efectúe sobre productos ya autorizados tendrá que someterse someterse a una nueva autorización.

4. *Plazos de autorizaciones para comercialización*. Las autorizaciones para comercialización que se concedan serán por un plazo máximo de diez años, prorrogable, según las circunstancias, a otros diez más.
5. *Información en registros públicos*. Allí se conservan y podrán consultarse aquellos aspectos que no afecten a la confidencialidad de la información en ellos contenida[169].
6. *Incorporación de la opinión pública en la toma de decisiones*. Este aspecto es, ciertamente, una novedad que pretende dar mayor transparencia a las medidas adoptadas frente a la sociedad[170].
7. *Incorporación de los postulados del Protocolo de Bioseguridad*. Anteriormente analizados en otro apartado.
8. *Consulta a Comités de Ética y de Asesoramiento Científico*. Para aquellas materias que requieran informes específicos, se regula el recurso a órganos expertos para recabar informaciones adicionales previas a la toma de decisiones.
9. *Incorporación del Principio de Precaución*[171]. Es también conocido como de cautela, que prevalece en materia ali-

---

[169] Éste es otro de los aspectos que, con anterioridad a su establecimiento en esta normativa, se producía en la regulación sobre la materia española, que, de conformidad con la Orden ministerial citada anteriormente, establecía, como requisito obligatorio, el comunicar este tipo de datos al *Ministerio para las Administraciones Públicas* (MAPA).

[170] La importancia de este aspecto es fundamental. La incorporación de la opinión pública en la toma de decisiones —quizá podamos afirmar que iniciada en Estados Unidos—, con la finalidad de modular la reglamentación de materias de conformidad con la mayor o menor aceptación pública general, fue un elemento esencial en la actitud actual de aceptación y tolerancia de los transgénicos por la sociedad americana. Ciertamente, el temor a lo desconocido presupone un rechazo casi sistemático por parte del desconocedor. Si además tiene la capacidad y el poder de decidir (como sucede con la sociedad en general), su preparación, conocimiento e información serán decisivos a la hora de adoptar medidas y realizar actuaciones.

[171] Su uso, efectivo en materia de prevención de salud pública, se puede también convertir en un arma de doble filo si se emplea como freno o barrera económica o de protección del medio ambiente, usando a los consumidores con este fin. Ciertamente, en este sentido los ataques a los organismos modificados genéticamente se canalizan a través de los argumentos de protección de la salud para impedir su autorización en la Unión Europea, puesto que defensas en torno al medio ambiente, propiedades industriales (patentes), aspectos bioéticos o socioeconómicos, no captan, como los primeros, la aten-

mentaria. Su base, como hemos visto anteriormente, es que ante la mínima duda sobre un riesgo, perjuicio o daño para la salud humana o el medio ambiente ocasionados por un producto transgénico, la Comisión Europea no debe autorizar su comercialización, sino recomendar su inmovilización en los Estados miembros[172].

10. *Trazabilidad y etiquetado de organismos modificados genéticamente.* Se establecen medidas tendentes a configurar un sistema de rastreo de productos transgénicos, así como de etiquetado, que supondrán una modificación de la legislación existente sobre este tema. Sin embargo, esta materia se remite a una regulación específica posterior a la aprobación de la Directiva que comentamos, pero cuya aplicación no debería ser posterior a la fecha de finales del año 2001.
11. *Responsabilidad por daños ocasionados al medio ambiente a través de organismos transgénicos.* Sobre esta materia, al igual que sobre la anterior, dado el carácter tan complejo que presentan, se remite su tratamiento a una regulación específica, independiente de la somera reseña que sobre ella contiene la Directiva que nos ocupa. La Comisión Europea ha adquirido el compromiso de presentar una propuesta de regulación de la responsabilidad medioambiental sobre daños ocasionados por productos transgénicos antes de finales del año 2001.

El caballo de batalla, por tanto, de la nueva regulación serán dos materias: la trazabilidad y el etiquetado de productos transgénicos y la responsabilidad por daños al medio ambiente ocasionados por transgénicos, y su tratamiento legal se remite a normativas independientes de la nueva Directiva que comentamos y que verán la luz en una fecha posterior a ésta[173].

---

ción de quien solamente tiene la fuerza necesaria para impedir su autorización con su presión: la sociedad.

[172] En el caso de España, esta competencia está transferida de la Administración central a las Comunidades Autónomas.

[173] Aunque, por la urgencia de las materias de las que se ocupa, su regulación no debería posponerse de finales del año 2001, también es cierto que la complejidad que representa y las posturas, ciertamente contrapuestas, que existen entre territorios de la

Aunque la trazabilidad y el etiquetado de productos transgénicos no debieran encontrarse unidos necesariamente, pues la trazabilidad debe condicionar sólo la existencia de un producto transgénico en cualquiera de sus fases y el etiquetado está subordinado en exclusiva a ofrecer la máxima información necesaria para que los consumidores puedan adoptar sus decisiones consumistas, lo cierto es que permanecen unidos, parece deducirse, con una finalidad última que pretende garantizar al consumidor final que todo producto que sea o contenga organismos modificados genéticamente esté adecuadamente etiquetado.

En lo que respecta a la responsabilidad por daños al medio ambiente, ciertamente se ha convertido en una materia comprometida. La determinación de cuándo se ha producido un daño y cuál es la extensión del daño causado, para determinar, sobre elementos objetivos, la responsabilidad, representará la mayor dificultad para regular una cualificación, determinación y cuantificación de daños y responsabilidades asociadas, independientemente del criterio de cuándo el daño ha sido accidental, doloso, culposo, negligente, imprevisible, etc.

A pesar de estos aspectos, lo que sí queda claro es que se realizará una evaluación y seguimiento de los potenciales efectos que se hayan acumulado en el medio natural como consecuencia de la utilización de productos transgénicos con anterioridad a su comercialización en la Unión Europea.

Por otro lado, si uno de los objetivos de la elaboración de una normativa nueva sobre liberación intencional de organismos modificados genéticamente al medio ambiente era regular los aspectos polémicos necesarios para poder determinar el levantamiento de la moratoria sobre autorización de la comercialización de nuevos transgénicos desde 1998, no queda claro que con la aprobación de esta novedosa Directiva se pueda producir este efecto, pues quedan dos polémicos temas por regular, a saber: la trazabilidad y el etiquetado y los daños al medio ambiente causados

Unión Europea, hacen presumir unas difíciles negociaciones que se prolongarán en el tiempo, posiblemente hasta una fecha muy posterior a la señalada.

por productos u organismos transgénicos, los cuales podrían retrasar, hasta su regulación separada y posterior, el levantamiento de la moratoria establecida[174].

Sin embargo, la moratoria no posee una base legal, resultando difícil subordinar su levantamiento a la aprobación de una normativa sobre etiquetado y sobre responsabilidad por daños, y, de prolongarse excesivamente en el tiempo, dicha moratoria supondría un grave perjuicio para los estudios sobre nuevos transgénicos y un quebranto económico para las empresas biotecnológicas que los desarrollan, dando lugar a un nuevo enfrentamiento de éstas con las autoridades comunitarias.

Es obvio que el debate se mueve entre dos frentes, delimitados cada uno de ellos por aspectos políticos, económicos y sociales, difícilmente reconciliables en una postura que satisfaga ambas partes.

V. EL ÚLTIMO ESLABÓN: ALIMENTOS TRANSGÉNICOS O PRODUCTOS ALIMENTICIOS QUE CONTENGAN ENTRE SUS INGREDIENTES ORGANISMOS MODIFICADOS GENÉTICAMENTE

Ciertamente, la finalidad última de los productos obtenidos de un cultivo es su consumo, humano o animal, bien como el alimento que es o como producto alimenticio una vez transformado, pudiendo constituir, el fruto obtenido de ese cultivo, un ingrediente de otro.

Por otro lado, la aplicación de técnicas de ADN recombinante no supone más que un nuevo paso en los procedimientos que se han utilizado desde la antigüedad para obtener el mayor rendimiento e idoneidad de la fuente de sus alimentos.

---

[174] A este respecto, los plazos se debaten, por lo controvertido de las materias a regular, entre finales del año 2001 hasta un tiempo de un año y medio a dos.

Del mismo modo, algunos Estados miembros, como Francia, son partidarios de postergar el levantamiento de la moratoria hasta la aprobación de una normativa que regule la responsabilidad por daños al medio ambiente ocasionados por los transgénicos.

Efectivamente, el ser humano lleva miles de años modificando las plantas que utiliza como alimento, obteniendo variedades artificiales de la misma planta[175], o cruzando especies entre sí para obtener otras nuevas con unas características determinadas que las conviertan en un producto más valioso para la alimentación humana[176]. Sin embargo, contaba con los inconvenientes de no ser inalterable la modificación a través de la descendencia, de requerir años para su obtención o ser, muchas de ellas, una quimera deseada por los agricultores.

Actualmente, a través de las técnicas de ADN recombinante, se puede conseguir en pocos años, y de una manera controlada y ajustada a la finalidad perseguida, lo que antes era sólo una utopía o hubiera costado décadas o siglos de conseguir con las técnicas clásicas de selección o cruzamiento.

1. Estado actual de los alimentos transgénicos

Aunque la polémica social en torno a los alimentos transgénicos es reciente, la utilización de organismos modificados genéticamente es habitual desde hace algunos años[177].

Si bien podemos afirmar que la Era Biotecnológica comenzó con el descubrimiento y utilización de las técnicas de ADN recombinante en los años 70, la Era de los alimentos transgénicos comenzó el 18 de mayo de 1994, cuando la FDA, de Estados Unidos, autorizó la comercialización de un tomate transgénico cuya característica adquirida es una mayor longevidad[178]. Desde entonces

---

[175] Tal es el caso de las coles de Bruselas, el brócoli, la coliflor y el colinabo, que son variedades de la misma planta, aunque su parecido sea remoto.

[176] Es el caso del triticale, un híbrido entre trigo y centeno, más apto que éstos para terrenos de mala calidad pero con las buenas propiedades del trigo.

[177] Sobre todo enzimas y aditivos de los empleados en el procesado de alimentos, como es la quimosina, enzima obtenida tradicionalmente del estómago de los terneros y empleada en la fabricación de quesos, que actualmente se obtiene utilizando microorganismos en los cuales se ha introducido el gen correspondiente.

[178] Denominado *Flavr-Savr*, fue obtenido por la empresa Calgene y cuya característica proviene de la inhibición de la enzima poligalacturonasa, responsable de la pérdida de consistencia y de la senescencia del producto una vez maduro. Al no ser activa la enzima, el proceso se ralentiza, pudiéndose recoger los tomates ya maduros y comercializarse directamente, en lugar de, como tradicionalmente se hace, recogerlos verdes y madu-

superan el centenar las especies vegetales transgénicas que se encuentran en distintas etapas para conseguir la autorización para su comercialización y un número importante representado por las ya autorizadas, cultivándose en amplias zonas del globo y representando estos cultivos un importante porcentaje de la producción total mundial.

Los alimentos transgénicos se pueden clasificar en los siguientes grupos:

1. Sustancias obtenidas por técnicas de ADN recombinante en microorganismos y destinadas a tratamientos en animales para aumentar su productividad[179].
2. Sustancias obtenidas por técnicas de ADN recombinante en microorganismos y destinadas a su empleo en la industria alimentaria[180], en los cuales se induce la sobreexpresión de un gen propio. Éste es el campo donde existe mayor porcentaje de investigación pública.
3. Animales transgénicos: no existen especies todavía a nivel comercial[181]. Sin embargo, debemos decir que cubre todas las especies: mamíferos, aves, peces, etc.
4. Plantas transgénicas: deben ser consideradas, en sí, los auténticos alimentos transgénicos como tales. Su investigación se centra fundamentalmente en la industria privada.

De los tres primeros grupos, no se puede afirmar ciertamente que se liberen organismos al medio ambiente (que puedan provocar una transferencia de genes de resistencia, por ejemplo) ni que

---

rarlos artificialmente con etileno antes de su venta, con la consiguiente pérdida de aroma y sabor respecto al fruto madurado en la planta.

179 Como es la hormona de crecimiento recombinante bovina utilizada para aumentar la producción de leche en las vacas. Esta sustancia es de uso ilegal en Europa, pero está permitida en Estados Unidos.

180 Como es la quimosina (cuajo) recombinante. Su uso se encuentra ya permitido en la Comunidad Europea, no representando problemas ni para la salud humana ni para el medio ambiente, aunque sí de carácter burocrático, por conflictos con los postulados de las denominaciones de origen.

181 Sin embargo, los avances en investigación sobre animales transgénicos destinados a consumo humano son ya amplios, habiéndose obtenido a nivel experimental animales capaces de segregar en su leche una proteína humana o un menor contenido en lactosa, así como animales (cerdos) con un menor contenido en grasa, mayor producción de carne, etc.

su contacto con los seres humanos pueda provocar un riesgo para su salud, fácil de examinar y controlar, en estos casos. Así, en el caso de los microorganismos, sólo se comercializan las sustancias puras obtenidas, y, en el caso de los animales, el control natural de su reproducción impide mutaciones descontroladas en descendencia que no pueda ser aislada de producirse.

En el caso de plantas transgénicas, existen todavía, como hemos visto, pocas especies vegetales comercializadas con destino a su consumo humano:

1. El tomate transgénico, no comercializado en la actualidad, cuya característica añadida era una mayor resistencia después de madurado, es decir, una mayor longevidad, comercializado por Calgene y conocido por el nombre de *Flavr-Savr*, siendo la primera planta transgénica comercializada.
   La ingeniería genética aquí empleada no inserta en el genoma de la planta ningún gen o proteína nueva procedente de otro ser vivo, consistiendo exclusivamente en la inclusión de un gen antisentido artificial para inhibir la síntesis de la enzima poligalacturonasa, responsable de la senescencia. El gen insertado produce un mRNA que es complementario del mRNA de la enzima cuya síntesis se quiere inhibir. Al hibridarse ambos, el mRNA de la enzima no produce su síntesis[182].
2. La soja transgénica resistente al herbicida glifosato, comercializada por Monsanto y conocida con el nombre de *Roundup Ready*.
   En estos casos, la inclusión de genes vegetales, animales o bacterianos sí da lugar a la síntesis de proteínas específicas. Así, la resistencia al herbicida se consigue con un gen bacteriano que codifica la enzima 5-enolpiruvil-shikimato-3-fosfato sintetasa, enzima que participa en la síntesis de los aminoácidos aromáticos, y el propio del vegetal es inhibido por el glifosato, siendo ésta su acción herbicida, no siendo inhibido el bacteriano.

---

[182] La misma técnica empleada en conseguir una soja transgénica con un alto contenido en ácido oleico (80% más, frente al 24% que posee la soja normal), inhibiendo la síntesis de la enzima oleato desaturasa.

3. El maíz transgénico, resistente al gusano del taladro y al herbicida glufosinato de amonio.
   La resistencia contra el insecto se obtiene insertando en el maíz el gen de una proteína bacteriana de *Bacillus thuringiensis* con acción insecticida, que al ser capaz de unirse a receptores específicos en el tubo digestivo de los insectos, interfiere en su proceso de digestión y les causa la muerte. La proteína es inocua, careciendo de efectos negativos para los seres humanos u otros animales, siendo utilizada, también, en la agricultura ecológica. La utilización de plantas transgénicas con resistencia a insectos y herbicidas permite reducir el uso de plaguicidas.
4. Todavía en desarrollo, aunque se comercializarán próximamente, se encuentran aquellas plantas transgénicas con un gen de más en su genoma, representados por aquellos vegetales a los cuales se les dota de resistencia a insectos, resistencia a heladas, mejor adaptación a suelos excesivamente salinos, etc. Este tipo de transgénicos requieren, todavía, un minucioso estudio de sus efectos en cuanto a la seguridad de los consumidores antes de su comercialización (tales como toxicidad a medio-largo plazo, alergias inherentes, etc.).

2. Etiquetado de alimentos transgénicos o productos alimenticios que contengan organismos modificados genéticamente destinados al consumo humano

La utilización de organismos modificados genéticamente, más en concreto plantas transgénicas, como alimento o como ingrediente alimentario, debe cumplir los requisitos de etiquetado de productos alimenticios, así como los específicos para este tipo de productos.

En esta materia, es de aplicación el *Reglamento (CE) núm. 1139/98*[183], que contempla la indicación obligatoria en el etique-

---

[183] *Reglamento (CE) núm. 1139/98 del Consejo*, de 26 de mayo de 1998, *relativo a la indicación obligatoria, en el etiquetado de determinados productos alimenticios fabricados a partir de organismos modificados genéticamente, de información distinta de la prevista en la Directiva 79/112/CEE* (DOCE n.° L 159, de 3 de junio de 1998,

tado de aquellos productos alimenticios que sean o contengan organismos modificados genéticamente, de esta mención, como complemento a los requisitos de etiquetado de productos alimenticios contemplados en la *Directiva 79/112/CEE*[184].

La base de esta reglamentación normativa se encuentra en el artículo 4, 2.° de la *Directiva 79/112/CEE*, donde se especifica que, además de los requisitos de etiquetado generales establecidos por este cuerpo legal para los productos alimenticios, se podrán establecer otras indicaciones obligatorias además de las contempladas en el artículo 3, para productos alimenticios específicos. Dado que, a partir del surgimiento de un conjunto de normativa comunitaria (anteriormente analizado) se procedió a la autorización para comercializar plantas transgénicas, algunas de las cuales están, entre otros usos, destinadas al consumo humano y animal, como tales productos alimenticios nuevos y específicos requerían, además de cumplir con los requisitos de etiquetado de cualquier producto alimenticio, unos específicos contemplados a través del *Reglamento* que estudiamos.

Con este *Reglamento* se pretende que, además de cumplir con los requisitos de informar al consumidor sobre las características de los productos transgénicos que llegan a sus manos, se cree una normativa comunitaria uniforme y homogénea en materia de etiquetado que facilite la libre circulación de mercancías, y en concreto, de alimentos y productos alimenticios transgénicos, a través del territorio de la Comunidad Europea.

---

p. 4), con dos rectificaciones publicadas en el Diario Oficial de las Comunidades Europeas núm. L 173, de 18 de junio de 1998, p. 54, y núm. L 244, de 3 de septiembre de 1998, p. 20, respectivamente, y una modificación efectuada a través del *Reglamento de la Comisión (CE) núm. 49/2000*, de 10 de enero del 2000, *por el que se modifica el Reglamento (CE) núm. 1139/98 del Consejo* (DOCE n.° L 6, de 11 de enero del 2000, p. 13).

[184] *Directiva del Consejo 79/112/CEE*, de 18 de diciembre de 1978, *relativa a las aproximaciones de las legislaciones de los Estados miembros en materia de etiquetado, presentación y publicidad de los productos alimenticios* (DOCE n.° L 33, de 8 de febrero de 1979), modificada por última vez a través de la *Directiva 97/4/CE del Parlamento Europeo y del Consejo*, de 27 de enero de 1997, *por la que se modifica la Directiva 79/112/CEE del Consejo, relativa a las aproximaciones de las legislaciones de los Estados miembros en materia de etiquetado, presentación y publicidad de los productos alimenticios destinados al consumidor final* (DOCE n.° L 43, de 14 de febrero de 1997).

La importancia de esta normativa radica en que su antecesora, el *Reglamento (CE) núm. 1813/97*[185], en relación con lo establecido en el *Reglamento (CE) núm. 258/97*[186], establecía la exención de mencionar en el etiquetado de determinados productos alimenticios que eran o estaban producidos a partir de organismos modificados genéticamente, de esta mención, únicamente obligatoria para aquellos productos que se comercializasen bajo la regulación de estas normativas[187]. Sin embargo, la *Comisión,* pensando que esta medida podía causar distorsiones en la libre competencia, además de afectar al derecho de los consumidores de ser correctamente informados[188], máxime con la polémica social planteada en torno a los alimentos transgénicos, decidió redactar nuevamente este *Reglamento,* adoptando unas medidas que otorgasen el mismo tratamiento a aquellos productos modificados genéticamente, tanto anteriores como posteriores, a la entrada en vigor de la normativa que los regula en lo referente a su etiquetado como producto alimenticio[189].

El *Reglamento* también establece una exención a la obligatoriedad aludida[190]:

---

[185] *Reglamento de la Comisión (CE) núm. 1813/97,* de 19 de septiembre de 1997, *relativo a la indicación obligatoria, en el etiquetado de determinados productos alimenticios fabricados a partir de organismos modificados genéticamente, de información distinta de la prevista en la Directiva 79/112/CEE* (DOCE n.° L 257, de 20 de septiembre de 1997, p. 7), derogado por el *Reglamento (CE) núm. 1139/98.*

[186] *Reglamento (CE) núm. 258/97 del Parlamento Europeo y del Consejo,* de 27 de enero de 1997, *sobre nuevos alimentos e ingredientes alimentarios* (DOCE n.° L 43, de 14 de febrero de 1997, p. 1).

[187] Como se establece en el artículo 8 del *Reglamento (CE) núm. 258/97.*

[188] Se pretende garantizar que el consumidor final de estos productos sea informado de todas sus características o propiedades, tales como la composición, el valor nutritivo, efectos nutritivos o uso al cual se destina el alimento, producto o ingrediente alimenticio, basados en una evaluación científica.

[189] Aunque es cierto que el *Reglamento* está destinado exclusivamente a los productos transgénicos autorizados para su comercialización hasta el momento de su aprobación, que eran las semillas de soja modificadas genéticamente contempladas en la *Decisión 96/281/CE* y al maíz modificado genéticamente contemplado en la *Decisión 97/98/CE,* debemos entender que es aplicable, del mismo modo, al resto de los productos transgénicos que posteriormente fueron autorizados para su comercialización y que anteriormente hemos analizado.

[190] Contemplada en el artículo 2, 2.° del *Reglamento,* que ha sido objeto de la última modificación efectuada por el *Reglamento (CE) núm. 49/2000.*

1. La inexistencia, tanto en cada uno de los ingredientes que constituyen el producto final como en el posible único ingrediente que constituya el alimento, de presencia del ADN exógeno o de la proteína derivada de la modificación genética[191].
2. Que la presencia material procedente de organismos modificados genéticamente en el producto final no sea superior al 1%, siempre que esta presencia sea accidental[192], debiendo ser demostrada esta accidentalidad por parte del operador[193].

Del mismo modo, se establecen los requisitos específicos adicionales, además de los generales establecidos en el artículo 3 de la *Directiva 79/112/CEE*, que deben constar en el etiquetado de estos productos, y que son los siguientes:

1. Cuando se trate de ingredientes de un producto alimenticio, la mención «modificado genéticamente» se hará constar a continuación del ingrediente que presente esta característica[194]. También se permite hacer esta constancia al final de la lista de ingredientes, precedido de un asterisco que debe corresponderse con su marca homóloga al final del ingrediente, dentro de la lista, que presente esta peculiaridad de ser transgénico, debiendo hacerse con tamaño de carácter idéntico al de los ingredientes de la lista.
2. En aquellos productos en los que no exista lista de ingredientes, la mención «modificado genéticamente» figurará claramente en el etiquetado del alimento o producto alimenticio.

---

[191] Para facilitar esta aplicación, se prevé, con arreglo al artículo 17 de la *Directiva 79/112/CEE*, la elaboración de una lista no exhaustiva de ingredientes alimentarios o alimentos con un único ingrediente donde no se detecte presencia de ADN o proteína procedente de la modificación genética.

[192] Se plantea de este modo la posibilidad de contaminación de materias primas no transgénicas debido al cultivo, a la recolección, al transporte, al almacenamiento, a su transformación o a cualquier otra circunstancia.

[193] La forma de demostrar esta accidentalidad es mostrando que los ingredientes base no eran transgénicos y que la presencia se debe a una contaminación de los productos naturales.

[194] Lógicamente, dentro de la lista de ingredientes del producto alimenticio y con los requisitos establecidos en el artículo 6 de la *Directiva 79/112/CEE*.

3. Si un ingrediente se denomina con el nombre de una categoría[195], esta denominación se complementará con la mención «modificado genéticamente».
4. El ingrediente que, incluido en un ingrediente compuesto, sea modificado genéticamente, se mencionará en el etiquetado del producto final del mismo modo especificado en el número 2 de estos requisitos.

Finalmente el *Reglamento* establece qué productos no quedan sometidos a su regulación: los aditivos alimentarios, los aromas para productos alimenticios y los disolventes de extracción utilizados en la elaboración de productos alimenticios, de conformidad con el *Reglamento (CE) 258/97*[196].

Es por esta exclusión por la que la regulación de los aditivos alimentarios transgénicos, que de lo contrario no quedarían sometidos a ningún requisito específico de etiquetado[197], se produjo recientemente a través de una normativa específica: el *Reglamento de la Comisión (CE) núm. 50/2000*[198].

---

[195] Como establece el artículo 6, 5.° de la *Directiva 79/112/CEE.*

[196] De conformidad con lo establecido en el artículo 2, 1.° del *Reglamento (CE) 258/97*, no quedan sometidos a su regulación:

a) Los aditivos alimentarios incluidos en el ámbito de aplicación de la *Directiva del Consejo 89/107/CEE*, de 21 de diciembre de 1988, *relativa a las aproximaciones de las legislaciones de los Estados miembros sobre los aditivos alimentarios destinados al consumo humano* (DOCE n.° L 40, de 11 de febrero de 1989, p. 27), modificada por la *Directiva 94/34/CE* (DOCE n.° L 237, de 10 de septiembre de 1994, p. 1).

b) Los aromas para productos alimenticios incluidos en el ámbito de aplicación de *la Directiva del Consejo 88/388/CEE*, de 22 de junio de 1988, *relativa a la aproximación de las legislaciones de los Estados miembros en el ámbito de los aromas que se utilizan en los productos alimenticios y de los materiales de base para su producción* (DOCE n.° L 184, de 15 de julio de 1988, p. 61), modificada por la *Directiva 91/71/CEE* (DOCE n.° L 42, de 15 de febrero de 1991, p. 25).

c) Los disolventes de extracción utilizados en la fabricación de productos alimenticios incluidos en el ámbito de aplicación de la *Directiva del Consejo 88/344/CEE*, de 13 de junio de 1988, *relativa a la aproximación de las legislaciones de los Estados miembros sobre los disolventes de extracción utilizados en la fabricación de productos alimenticios y de sus ingredientes* (DOCE n.° L 157, de 24 de junio de 1988, p. 28), modificada por la *Directiva 92/115/CEE* (DOCE n.° L 409, de 31 de diciembre de 1992, p. 31).

[197] Prueba patente de ello son el artículo 8 del Reglamento (CE) núm. 258/97 y el artículo 2 del Reglamento (CE) núm. 1139/98.

[198] *Reglamento de la Comisión (CE) núm.50/2000*, de 10 de enero del 2000, *relativo al etiquetado de los productos alimenticios e ingredientes alimentarios que contienen aditivos y aromas modificados genéticamente o producidos a partir de organismos modificados genéticamente* (DOCE n.° L 6, de 11 de enero del 2000, p. 15).

Al igual que el *Reglamento (CE) núm. 1139/98* establece, el criterio base para la obligatoriedad de inclusión en el etiquetado del producto de la mención «modificado genéticamente» es la existencia en el producto final de presencia del ADN exógeno, de la proteína o de ambos, derivado de la modificación genética. Para el caso de contaminaciones adventicias a aquellos aditivos y aromas que no sean modificados genéticamente, no cubre esta regulación hasta que no se establezcan los umbrales que establecerán la obligatoriedad de su mención.

Los aditivos y aromas especificados[199] son:

a) Los aditivos que se contemplan en la Directiva 89/107/CEE.
b) Los aromas utilizados en los productos alimenticios contemplados por la Directiva 88/388/CEE.

Los requisitos que debe cumplir el etiquetado de los productos alimenticios especificados para cumplir con la función de informar al consumidor son:

1. Características y propiedades alimenticias, tales como composición, valor nutritivo, efectos nutritivos y uso al que están destinados, por los cuales los aditivos y aromas especificados no equivalen a los existentes.
2. De la existencia de sustancias no presentes en los productos equivalentes existentes que puedan afectar a la salud de determinados grupos de población vulnerables.
3. De la existencia de sustancias no presentes en los productos equivalentes existentes que puedan suscitar problemas éticos.
4. De la presencia de un aditivo o aroma que contenga un organismo modificado genéticamente de conformidad con las técnicas de modificación genética cuya lista, no exhaustiva, figura en la parte 1 del Anexo IA de la Directiva 90/220/CEE o consista en un organismo de este tipo.

---

[199] Ésta es la denominación que el *Reglamento* da a aquellos aditivos y aromas que sean modificados genéticamente y, por tanto, sometidos a la *Directiva 90/220/CEE.*

5. La mención «producido a partir de... modificado genéticamente» figurará en la lista de ingredientes, entre paréntesis, a continuación del aditivo o aroma de que se trate. También se permite hacer esta constancia al final de la lista de ingredientes, precedida de un asterisco que debe corresponderse con su marca homóloga al final del aditivo o aroma de que se trate, dentro de la lista, que presente esta peculiaridad de ser transgénico, debiendo hacerse con tamaño de carácter idéntico al de los ingredientes de la lista.
6. De no existir lista de ingredientes, se hará constar las palabras «modificado genéticamente» en un lugar visible del etiquetado del producto.

Se considera a un aditivo o aroma como especificado cuando se detecte en éste ADN exógeno o proteína procedente de una modificación genética en un umbral suficiente como para considerarse distinto de los clásicos y ya existentes.

Partiendo de los postulados contemplados en las normativas jurídicas analizadas, podemos resumir que es obligatorio etiquetar como transgénico un producto alimenticio, sólo cuando en el producto final se pueda seguir una trazabilidad de proteínas procedentes de la modificación genética o de éstas junto al ADN exógeno y en una proporción superior al 1% permitido para los casos de contaminación de las especies convencionales.

En base a esto, podemos hacer las siguientes apreciaciones respecto a los productos básicos comercializados en la actualidad, consistentes o conteniendo organismos modificados genéticamente:

1. El tomate transgénico, de producirse en Europa, su comercialización debería etiquetarse unidad por unidad, al presentar ADN y proteínas exógenas el producto final[200].

---

[200] En Estados Unidos, la compañía creadora ganó el juicio interpuesto contra ésta por quienes pensaban que debían etiquetarse unidad por unidad. Sin embargo, la empresa, no obligada a hacerlo por sentencia firme, decidió cumplir libremente con su etiquetado, pues la realidad es que suponía, lejos de un inconveniente, un valor añadido para su producto.

2. En el caso de la soja transgénica, su etiquetado es prácticamente imposible debido a dos circunstancias:

   - La soja se manipula a granel, en cantidades ingentes, mezclando variedades desde su cosecha, exigiéndose para determinar su trazabilidad recurrir constantemente al empleo de la técnica de PCR para su determinación.
   - La soja que es transformada, como por ejemplo en aceite, su carácter transgénico o convencional es irrelevante, ya que el producto final no presenta ni ADN ni proteína, motivo por el cual es imposible determinar su trazabilidad, además de no requerir legalmente su etiquetado obligatorio.

3. En el caso del maíz transgénico, las circunstancias que envuelven su etiquetado son similares a las de la soja:

   - En el supuesto de utilización de su harina, el etiquetado es obligatorio, y en las condiciones establecidas en la ley, ya que contiene la proteína de Bt trazable.
   - En el supuesto de obtención de almidón, con el cual se fabrica posteriormente glucosa y fructosa, son productos alimenticios que al no contener ADN ni proteína exógena, sus características son idénticas, tanto en las obtenidas a partir de variedades transgénicas como las convencionales[201].

VI. FINALIDAD DE LA APLICACIÓN DE LA TRANSGÉNESIS AL SECTOR AGRARIO

Desde que en la Cumbre Mundial sobre Alimentación, celebrada en Roma en 1996, 185 países ratificaran la *Declaración de Roma sobre Seguridad Alimentaria Mundial*, comprometiéndose, a través de su Plan de Acción, a garantizar la producción de alimentos suficientes para una nutrición adecuada de todos aquellos

[201] De hecho, su trazabilidad sería, de nuevo, imposible de determinar.

países que no son capaces de cubrir sus necesidades básicas[202], así como de mejorar la calidad de vida, por medio de su alimentación, de todo el planeta, la Biotecnología, a través de sus aplicaciones, encauzó sus esfuerzos hacia el objetivo de conseguir unos alimentos y productos alimenticios que, sin ser más sanos ni saludables, sí pudieran mejorar sus propiedades nutritivas[203], cumpliendo con los objetivos de seguridad alimentaria que anteriormente, en 1992, constituyeron la base del *Libro Verde del Derecho Alimentario Europeo:* respetar la salud humana y el medio ambiente, responsabilizando de los defectos en sus productos al sector primario, agrícola y ganadero, de todo aquello que fuera capaz de ocasionar un daño a alguien o algo en el proceso de transformación de las materias primas en productos alimenticios o en su consumo como tal.

La Cumbre Mundial sobre Alimentación de 1996 se hizo eco de la importancia que la Biotecnología tendría en la consecución de sus objetivos, desde que en la Reunión de la *Organización Mundial de la Salud*, celebrada en 1995, se concluyera que no existía ninguna diferencia entre los alimentos o los productos alimenticios obtenidos por ingeniería genética (transgénicos) y los obtenidos por métodos tradicionales.

A ello se une que la Biotecnología permite introducir en la agricultura y la ganadería, de forma controlada, selectiva y precisa, nuevos rasgos en las plantas y los animales, con los consiguientes beneficios específicos que ello representa. De esta manera, la ingeniería genética aporta racionalidad científica a la selección de cultivos mejor dotados genéticamente, uniéndose a la práctica ya

---

[202] Mediante el desarrollo de los denominados «Programas de Socorro y Rehabilitación Agrícolas» que aseguren el acceso de colectivos afectados a los alimentos que cubran sus necesidades nutricionales definiendo la composición de las dietas apropiadas. Alcanzar estas dietas más apropiadas para cada grupo de población es posible a través de la manipulación de alimentos para hacerlos más ricos en determinados nutrientes o adaptarlos a determinadas condiciones climatológicas y geográficas donde sería, por su naturaleza, imposible cultivar determinadas plantas.

[203] Facilita la posibilidad de incrementar determinados valores nutritivos de los cultivos, obteniéndose semillas con mayor contenido en proteínas, aceites vegetales con grasas menos saturadas, menor captación de componentes añadidos en su preparación culinaria, así como aumentar las propiedades organolépticas de frutas y verduras (olor, color, sabor).

clásica de selección genética de plantas y animales, por otro lado, menos precisa en su mantenimiento en sucesivas generaciones.

La mejora en plantas tradicionales se ha practicado en la agricultura con un éxito innegable, pero estos métodos resultan en la actualidad insuficientes para satisfacer las necesidades impuestas por el crecimiento demográfico y los parámetros de aumento en la calidad de vida, sin olvidar que ha generado el inconveniente de producir variedades que dependen en exceso de abonos agroquímicos, cuyo uso exagerado provoca un daño manifiesto al medio ambiente.

Los actuales programas de fitomejoramiento a través de la ingeniería genética se proponen, igual que éstos, aumentar el rendimiento, disminuir pérdidas por plagas y enfermedades y reducir los costes de producción, a pesar de que encierren ambiciosos intereses en otros campos como el farmacéutico, el químico y el industrial.

Resulta lógico que si estos objetivos descritos de alcanzar mejores rendimientos en el sector agrario son los mismos que marcaron el actuar humano en el período marcado por el sedentarismo de los primeros pobladores de la Tierra, con la creación de los sistemas de cultivo y ganadería que han llegado hasta nuestros días y, posteriormente, en la llamada «Revolución Verde», con la introducción a gran escala de cultivos de alta productividad a partir de los años 50, la Agrobiotecnología constituirá el último avance en la historia de la agricultura y la ganadería que el hombre ha desarrollado para proveerse de alimentos y mejorar sus condiciones de vida y sus hábitos alimentarios.

El sector donde mayor aplicación ha encontrado en los últimos años la Biotecnología es el sector agrario. Según un estudio de la OCDE, el sector de mercado más importante que cubre la industria biotecnológica está relacionado con la Sanidad (72%)[204], seguido del sector de Suministros Industriales (13%). El sector Agropecuario alcanza, por ahora, el 7%, pero alcanzará previsi-

[204] Debido a su uso en Medicina preventiva y predictiva y al desarrollo de nuevas terapias y tratamientos donde la incursión de la Biotecnología es más patente: terapia génica y fármacos obtenidos por técnicas de ingeniería genética.

blemente un 17% en los próximos años, considerándose prioritaria en países menos avanzados y más dependientes de la producción agraria, aunque de los 5 billones de pesetas que en 1991 se invirtieron en la Biotecnología en general, 3 billones correspondían exclusivamente a mejoras en la agricultura[205], lo cual indica que, en inversión, es uno de los primeros sectores.

La Agrobiotecnología, aunque inicialmente temida por el desconocimiento general que sobre ella existe y las informaciones confusas y sensacionalistas con las que se aborda a la sociedad, mediante una adecuada campaña basada en la veracidad y el contenido adecuado de una información realista, captaría tempranamente la aceptación de su aplicación, pues podría subsanar muchos de los aspectos negativos que han forjado una mala concepción de la política agraria tradicional, como son:

- La reducción en el uso de herbicidas, por presentar las plantas transgénicas una mejor resistencia frente a las malas hierbas[206], reduciendo la necesidad de utilización de las técnicas tradicionales del laboreo que erosionan la tierra.
- Disminución de los costes en la agricultura, al evitar la aplicación de medios o sustancias que garanticen el buen fin de las cosechas o al facilitar mejores condiciones para su obtención en ambientes que requerirían, en otras circunstancias, de una costosa preparación inicial y periódica.
- Que los cultivos obtenidos aplicando la transgénesis son iguales que los tradicionales, salvo en los caracteres mejorados añadidos.
- Obtener mejores rendimientos de la producción existente sin necesidad de extender —e incluso pudiendo reducir, para aprovecharlo con otros fines— el área de cultivo.
- Obtener los mejores rendimientos de la combinación de la agricultura tradicional con la moderna.

---

[205] No olvidemos que la primera planta transgénica (concretamente de tabaco) se consiguió en 1983, realizándose las primeras pruebas de campo hacia 1986 en Francia y en Estados Unidos.

[206] Como hemos visto en el estudio de las Decisiones a través de las cuales se aprueba la comercialización de organismos modificados genéticamente.

- Optimizar el uso de otros elementos necesarios sin necesidad de malgastarlos o reduciendo su consumo, tales como el agua o los nutrientes.
- Permite desarrollar procesos respetuosos con el medio ambiente, proporcionando herramientas para abordar problemas como la lucha contra la contaminación, el tratamiento de residuos o las mareas negras[207].
- Que las aplicaciones biotecnológicas facultan también a conseguir una reducción en los costes de almacenamiento, distribución y procesado de frutas y verduras destinadas al consumo humano, al facilitar por más tiempo que permanezcan frescas para su consumo[208].

Aplicando estos objetivos a la manipulación genética de plantas, se han obtenido variedades que:

- Resisten condiciones meteorológicas y geográficas adversas y agresivas, tales como heladas, sequías, exceso de salinidad en los suelos, etc.
- Poseen una mayor longevidad o una vida más larga.
- Son resistentes a herbicidas.
- Son resistentes a plagas y ataques de insectos.
- Son resistentes a enfermedades.
- Poseen características específicas buscadas: mayores propiedades nutritivas, aportación de determinados elementos insuficientes en dietas tradicionales, utilización como medio de vacunación o administración de determinados fármacos, etc.

[207] La moda por todo lo biodegradable alcanzará su máxima expresión gracias al llamado plástico vegetal, cuya base es el almidón, que sustituirá al que hoy conocemos en todos los objetos, envases y embalajes de la vida cotidiana. Por el momento su obtención es costosa, pero los estudios realizados en este sentido permitirán reducir los costes.

[208] Un ejemplo son los tomates transgénicos que se comercializan en Estados Unidos desde 1994 y que ya podemos consumir en Europa y España, dotados de un gen que bloquea la maduración y les impide pudrirse con la rapidez con que lo hacen los obtenidos por técnicas tradicionales, o como también es el caso de melones y brócolis transgénicos de maduración retardada.

CUADRO 6

BENEFICIOS POTENCIALES DE PLANTAS TRANSGÉNICAS

Dirigido a la agricultura ambiental
Resistencia a virus Resistencia a insectos Resistencia a nemátodos Resistencia a hongos Mejora de la captación de nutrientes y utilización Tolerancia a la salinidad / inundación
Dirigido a cultivos de alto rendimiento
Producción de híbridos F1 Aumento de la producción fotosintética Desviación de fotosintatos para la obtención de cosechas de órganos estables
Dirigido a prolongar la vida durante el almacenamiento
Retrasar la maduración del fruto; para permitir la exportación Retrasar el marchitamiento de las flores Reducir las pérdidas por almacenamiento Almacenamiento a temperatura ambiente dirigido a mejorar el sabor
Dirigido a aumentar la nutrición / procesamiento
Mejorar la calidad nutricional Aumentar la materia seca (por ejemplo, la fécula en la patata, mayor densidad, menor absorción de aceite) Suprimir los compuestos no deseados o tóxicos
Dirigido a aumentar el conocimiento
Desarrollo de procesos Procesos metabólicos Comunicación celular
Dirigido a aplicaciones innovadoras
Colores nuevos para flores Producción de anticuerpos en plantas Empleo de plantas como biorreactores Producción de plásticos biodegradables a partir de cereales Expresión de proteínas anticongelación de pescados para la tolerancia al frío

Fuente: Elaboración propia.

VII. LA SALUD HUMANA Y EL MEDIO AMBIENTE COMO VALORES FUNDAMENTALES

Las características que cualquier producto debe tener para ser considerado alimento o producto alimenticio, es que sea: sano, inocuo, nutritivo, adecuado al uso para el que ha sido programado y con una denominación acorde con sus especificaciones caracterizantes o definitorias. Si estos alimentos o productos alimenticios poseen la característica de ser nuevos, como sucede con los alimentos transgénicos, además se les exige que no representen un riesgo para la salud humana o el medio ambiente.

Resulta curioso que el término «riesgo» no aparezca claramente definido, ni legal ni doctrinalmente, en el caso de los productos transgénicos. Debemos considerar que es el resultado de, una vez superado o aplicado, el Principio de precaución.

Los efectos para la salud humana vienen marcados por la existencia o no de ADN exógeno o proteínas procedentes de la recombinación genética en el producto alimenticio final que es consumido por el consumidor. Si dicho ADN o proteína no llega a formar parte del alimento que es consumido (es decir, no es detectado en el producto final a través de las técnicas actualmente empleadas para ello de PCR), el riesgo de que pueda afectar a la salud humana a través de reacciones alérgicas, mutaciones genéticas por interacción entre el genoma humano y el artificial o cualquiera de otra índole, se reducen a prácticamente cero.

Por ello el supuesto de la utilización de la soja transgénica como alimento humano es puramente anecdótico desde la perspectiva de su riesgo para la salud. Efectivamente, la soja es utilizada como materia prima para obtener aceite, lecitina y proteína. La obtención de aceite, que es procesado químicamente por hidrogenación, y la lecitina carecen de la presencia de la proteína que ha sido introducida para inducir la resistencia, siendo en estos usos, por tanto, idénticas la soja transgénica y la convencional en cuanto a sus propiedades físicas, químicas, biológicas, nutricionales y toxicológicas[209]. Sólo en el caso de la proteína de soja, donde puede aparecer la proteína extraña, hay que considerar el riesgo del desarrollo de alergias a dicha nueva proteína[210].

En la utilización del maíz transgénico como alimento humano se presentan los mismos supuestos que en la soja. El maíz es utilizado como materia prima para obtener almidón, y a partir de éste, glucosa y fructosa, así como harinas. En el caso del almidón (y de la glucosa y fructosa obtenidos a partir de éste), no contiene ADN ni proteínas, ni en el caso del procedente de maíz convencional ni en el caso del procedente del maíz transgénico, motivo por el cual no existe ningún riesgo, ni siquiera hipotético, atribuible a la modificación genética[211]. De nuevo, sólo en el caso de harinas podría, hipotéticamente, presentarse el riesgo de alergias, al presentar la proteína extraña.

Una de las mayores polémicas planteadas en torno a los productos transgénicos es la resistencia a antibióticos que pueden provocar en los seres humanos.

El planteamiento, ciertamente también exagerado, se basa en el siguiente argumento: para modificar el genoma de la planta se utiliza el gen que se quiere insertar, junto a otros genes que deben cumplir una función auxiliar. Algunos de estos genes auxiliares utilizados confieren resistencia frente a determinados antibióticos, para poder seleccionar las células modificadas[212].

---

[209] Ello se evidencia porque ni tan siquiera a través de técnicas de PCR, altamente sensibles a la detección de material genético extraño, se pueden detectar. Ello implica, como estudiamos más en profundidad anteriormente, la no obligatoriedad de hacer constar en el etiquetado del producto el carácter diferencial de la materia prima empleada para su obtención.

[210] Sin embargo, no existen evidencias ni estudios científicos relevantes que demuestren ser más alergénicas las proteínas introducidas por ingeniería genética en vegetales que las naturales, que pueden producir este mismo resultado.

[211] Incluso en el caso de existencia de una alergia a una proteína de la semilla oleaginosa, bien sea la convencional, bien sea la transgénica, un aceite procesado no puede producir respuesta, debido a la inexistencia de ADN o proteínas (de nuevo, convencionales ni transgénicas) en éste.

[212] Un ejemplo es el maíz transgénico, que posee también insertado el gen de la betalactamasa, que confiere resistencia al antibiótico ampicilina.

Para que bacterias que puedan afectar a la salud humana se hagan resistentes al antibiótico que determine la resistencia, es necesario:

1. El mantenimiento intacto del gen de resistencia al antibiótico. El procesado de los alimentos implica la destrucción del ADN de la planta[213].
2. Que el gen pueda transferirse a otra bacteria.
3. Presión selectiva a favor de la bacteria que ha adquirido el gen de resistencia[214].

Como medida precautoria, no se utilizan genes de resistencia a antibióticos de uso clínico extendido o de aquellos nuevos sobre los cuales se prevea un futuro uso en la clínica médica.

Sin embargo, existe la posibilidad de, ante la consideración de que una determinada resistencia suponga un riesgo para la salud humana, ser eliminada, lo cual plantea, por los estudios realizados hasta la actualidad, quizás la obligación de plantearse esta necesidad, existiendo los medios y la técnica para hacerlo, de cara a un futuro.

VIII. ASPECTOS POSITIVOS Y NEGATIVOS DE LA BIOTECNOLOGÍA APLICADA AL SECTOR AGRARIO

Como hemos señalado, no existe en la actualidad ninguna dificultad en el control de la manipulación de seres vivos en confinamiento de alta seguridad, a excepción de los elevados costes de los mismos. Asimismo, y siguiendo normativas de obliga-

---

[213] En el ejemplo anteriormente puesto del maíz, sería necesario que éste fuera consumido crudo por los seres humanos. Esto descarta el problema en los seres humanos y lo circunscribe exclusivamente a los animales, en su utilización como pienso.

[214] Supuesto éste que sólo se produce en el supuesto de que el animal —pues en los seres humanos sería imposible en nuestro ejemplo del maíz— estuviera siendo tratado en ese momento con el antibiótico.

do cumplimiento, se dota a las especies manipuladas con características que impiden su desarrollo fuera del laboratorio. Sin embargo, estas medidas no son aplicables cuando lo que se pretende es obtener los beneficios de la liberación de los organismos al medio ambiente, sobre todo si se trata de microorganismos, los cuales por su reducido tamaño son difíciles de observar directamente y requieren técnicas de enriquecimiento y purificación para su identificación, o plantas, cuya capacidad de polinización apenas conoce límite. Sin embargo, el mayor problema en este campo corresponde al desconocimiento de la capacidad recombinatoria de los seres vivos, especialmente de los microorganismos, una vez que se ha podido detectar la existencia de mecanismos de transferencia horizontal de genes, incluso entre especies poco relacionadas o pertenecientes a distintos reinos (dominios).

Otras consideraciones que deben ser tenidas en cuenta al hablar de este tema corresponden a la crisis que las tecnologías al uso están experimentando en agricultura, tales como las restricciones a la utilización de pesticidas y plaguicidas, debido a sus efectos secundarios, y a la falta de metodologías sustitutivas que garanticen la posibilidad de combatir los problemas ocasionados por los patógenos. Las metodologías biotecnológicas permiten desarrollar y amplificar mecanismos de resistencia a patógenos, especialmente frente a virus; la posibilidad de seleccionar o modificar características de las plantas que permitan resistir condiciones extremas, como la salinidad, la sequedad, etc.; la introducción de microorganismos simbiontes capaces de mejorar la oferta nutritiva del suelo, afectar al desarrollo de patógenos, o incluso detoxificar el medio en el que se desarrollan las plantas de elementos nocivos, son nuevas posibilidades que ofrece la Biotecnología en este importante sector de la producción. Es conveniente recordar en este contexto que la experimentación en manipulación genética de plantas, con el fin de mejorar la selección de las mismas, ha sido una práctica habitual en la historia de la Humanidad, y que existe por lo menos un siglo de investigación en el campo de la patología vegetal, en el que se ha intentado conocer la etiología de las enfermedades producidas por distintos organismos, constituyendo los experimentos de campo un aspecto fundamental para conocer la ecología y la epidemiología de las mismas.

Existen procedimientos que modifican la información genética o su expresión en la línea somática. Otros procedimientos están dirigidos a la modificación de la información genética de la línea germinal, pudiendo, por tanto, transmitirse a la descendencia, incluyéndose en este apartado los organismos quiméricos producto de la tecnología de ADN recombinante. El término incluye tanto macro (animales y plantas) como microorganismos, así como las formas víricas o subvíricas[215].

Los condicionantes económicos y de mejora del medio ambiente han apuntado afirmativamente a la utilización de estas técnicas, los factores de seguridad han abogado por el establecimiento de unos patrones o normas de conducta que garanticen su adecuada utilización.

Estos patrones de seguridad deberían responder a dos requisitos básicos:

1. Un carácter uniforme en el ámbito internacional que garantice la imposibilidad de desarrollar experimentos prohibidos en un país en otro más permisivo, estableciéndose los mismos cánones de permisibilidad y prohibición sea cual sea la zona geográfica de liberación de organismos modificados genéticamente[216].
2. Mantener un control de los efectos de la utilización no confinada o de la liberación de organismos genéticamente modificados en el medio ambiente (ya sean microorganismos, animales o plantas).

---

[215] Así lo establece The U.S. Department of Agriculture, Animal and Plant Health Inspection Service (APHIS); The U.S. Department Health Human Service of National Institute of Health, en sus *Guidelines for Research involving Recombinant DNA Molecules*; The Final Rule y la Agencia de Protección del Medio Ambiente de Estados Unidos, en *Federal Insecticide, Fungicide and Rodenticide Act* y en *Toxic Substances Control Act*.

[216] Con el término «organismos» queremos hacer alusión al elenco de éstos que pueden ser manipulados genéticamente y que en el ámbito del presente estudio nos interesan: microorganismos, animales y plantas.

La utilización de organismos genéticamente modificados se enfrenta al hecho de que la manipulación se realiza sobre un organismo que en sí mismo no es patógeno o perjudicial, pero que al introducirse en su genoma otros genes se crea un organismo *ex novo*, diseñado para cumplir una función concreta, y del que se desconoce su potencialidad patogénica. Se desconoce la posibilidad de interacción de su genoma modificado con el genoma de otros microorganismos, animales o plantas, al irrumpir dentro de una cadena trófica, así como el posible alcance de los cambios que pueda provocar sobre éstos.

Pero no es éste el único problema que puede presentarse. La liberación de un organismo modificado genéticamente en el medio ambiente, sin conocer sus posibles efectos secundarios, puede provocar su rápida propagación con repercusiones transfronterizas, creando una situación de difícil control, máxime si, por falta de un estudio adecuado de su interacción con distintos ambientes, no se tiene en cuenta que las características morfológicas, climáticas, vegetales y animales de otro país puedan influir en producir efectos no deseados por parte de ese organismo inocuo, en principio, en el país donde se experimenta. Por ello existía la necesidad de que se elaborase un código internacional de conducta y prácticas admitidas en este área, que estableciera un marco general y señalase directrices que garantizasen la seguridad de la investigación, el desarrollo, la producción, el comercio y la utilización de esos organismos, tal y como se produjo. Con ello se facilitó la introducción ordenada de las aplicaciones seguras de la Biotecnología. Paralelamente a las grandes expectativas suscitadas por la aplicación de la Biotecnología, ha surgido la necesidad de considerar las cuestiones de seguridad para la salud pública y el medio ambiente que dimanan de la introducción y el desarrollo de esas aplicaciones.

En el supuesto de riesgos para la salud humana, existe la posibilidad de que se presenten alergias por parte de los consumidores a determinados productos transgénicos. Lógicamente, esta posibilidad es de las más reales que se pueden presentar, pero por un principio lógico: contra alimentos naturales también se desarrollan alergias o cuadros patológicos de intolerancia por algunos consumidores, denominados grupos de población vulnerables. Tal es el caso de las alergias a la soja, al cacahuete o a las fresas, entre otros alimentos, que, como otros vegetales, poseen miles de proteínas extrañas para el ser humano, o la intolerancia al trigo, la cebada, el triticale (transgénico, por otro lado, creado por cruzamientos genéticos al estilo clásico), entre otros, presentado por quienes padecen la enfermedad celiaca. En estos casos, una proteína más entre esos miles no puede provocar un aumento del riesgo tan elevado como para considerar estos alimentos como un riesgo excesivo para la salud humana.

En el supuesto de efectos para el medio ambiente, debemos distinguir, dado que la mayoría de los transgénicos vegetales comercializados hasta este momento son los resistentes a herbicidas e insectos, entre ambos. Así, respecto a los efectos potenciales de la resistencia a herbicidas, se puede señalar una progresiva adaptación al herbicida, lo cual obligará al uso de otros alternativos a la intensificación de las dosis por la adaptación provocada. En este sentido, es cierto que la mayoría de las empresas que comercializan las semillas saben que la vida media de esta resistencia será de aproximadamente 5 años, y para prolongar este plazo se recomienda conjuntar la siembra de semillas transgénicas con semillas tradicionales en la misma cosecha. Por otro lado, el glifosato es un herbicida poco tóxico y biodegradable, pero no selectivo, por lo que su utilización no puede ser posible en determinados cultivos como los de soja tradicional, en cuyo caso la mejor solución es la resistencia propia de la planta, creada a través de su transgénesis. En lo referido a los potenciales efectos para el medio ambiente derivados de la resistencia de plantas transgénicas a insectos, el mayor inconveniente es la posible educción de la población de insectos que termine afectando a animales insectívoros, tales como aves y murciélagos, entre otros, ya que se les priva de su alimento. Sin embargo, este efecto no se puede generalizar para todos los insectos, es decir, no mueren todos los insectos, sino sólo los propios que afectan a la cosecha, y, por otro lado, la alimentación de animales insectívoros no consta solamente de una sola especie, aunque sí es cierto que puede acabar con una de éstas. También es cierto que la utilización de plantas transgénicas resistentes a insectos implica un menor uso de insecticidas en los cultivos, con el consiguiente menor deterioro del medio, no sólo del suelo, sino también de la contaminación acuífera que estos productos provoca.

Disponemos en la actualidad de las herramientas necesarias para fabricar una serie de agentes que son nuevos en la naturaleza y que pueden ser peligrosos, o por lo menos pueden ser utilizados peligrosamente. Su regulación es compleja y requiere una adecuada interacción entre conocimiento científico y regulación jurídica.

Ésta es la razón fundamental para exigir unos controles científicos que rebasen la duda razonable sobre sus posibles efectos, siendo imprescindible que la política jurídica de control posea un carácter internacional homogéneo, pues la ciencia carece de fronteras políticas y su desarrollo normativo debe adecuarse al máximo a las exigencias de la ciencia para impedir invertir el proceso de sus beneficiosos avances.

Junto al problema de la manipulación de los organismos se encuentra la adecuación del centro donde la manipulación se vaya a realizar. Dependiendo del organismo utilizado, la manipulación genética que se realice y las posible consecuencias para el ser humano y el medio ambiente que pueda tener, los centros experimentales deberán poseer unas determinadas características que garanticen la adecuada confinación de los organismos tratados hasta que se verifique su inocuidad. Debido a que los laboratorios manejan habitualmente organismos patógenos, deben tener unas condiciones de seguridad muy estrictas. A esto deberíamos añadir la absoluta necesidad de una adecuada preparación de los investigadores y el personal auxiliar en el manejo de las técnicas y de los elementos y productos utilizados en ellas, que garanticen la mayor seguridad para los seres humanos y el medio ambiente.

IX. LA COMUNICACIÓN OFRECIDA

Si bien el sector científico ha abordado y reconocido los beneficios de las aplicaciones biotecnológicas, su aceptación social no es tan clara, influyendo este factor decisivamente en un sector tan tradicional (tecnología mecánica aparte) como el agrario.

Sin embargo, es innegable la preocupación de los agricultores y ganaderos por adaptar sus producciones cada vez más a las necesidades nutritivas de aquellos colectivos a los que suministran, así como por obtener productos más idóneos, eligiendo las semillas, los cultivos y las herramientas apropiadas, contribuyendo a la rehabilitación, fomento e incremento de la agricultura, ganadería y pesca y ayudando a los agentes de extensión agrícola a generar programas de autosuficiencia y educación agraria.

Del mismo modo, la confusión existente en los gobiernos de los Estados miembros de la Comunidad, y sus discrepantes criterios políticos en torno a los productos transgénicos, influye de manera decisiva en crear la duda en la sociedad. Es obvio que el sensacionalismo sobre los efectos negativos que pueden producir los transgénicos en la salud humana, provocado en los últimos años, se puede ver incrementado por su comparación con otros sucesos con los cuales se relaciona, tales como las encefalopatías espongiformes bovinas, las dioxinas, los restos de plaguicidas y fungicidas en productos vegetales, etc., aunque sólo sea utilizado, ya que su relación es nula, como medio político, utilizándose por grupos de presión para provocar el rechazo social y la mediación política, como está sucediendo en Francia, donde se plantean disyuntivas entre harinas animales y harinas vegetales transgénicas en la alimentación animal, comparando a ambas con el mismo peligro para la salud humana, o la reciente postura del *Ministerio de Agricultura italiano* (MIPA), con una radical oposición a todo lo relacionado con la Biotecnología[217], que incluye los recortes a proyectos ya aprobados o la prohibición unilateral de

[217] Circunstancia originada por el Ministro de Agricultura italiano, del Partido Verde, que adoptó la decisión sobre la base de unos estudios sobre los efectos del maíz transgénico Bt sobre las larvas de la mariposa monarca.

comercializar cuatro tipos de maíz transgénico (Bt)[218], en base a una aplicación, ciertamente confusa, del Principio de precaución, siendo mantenida esta misma postura de prohibición de transgénicos por Alemania, Austria, Grecia y Dinamarca, y siendo contrarios a la postura mantenida por Italia de dicha prohibición, por parte de Gran Bretaña, Países Bajos, Portugal, Finlandia, España e Irlanda, siendo incluso partidarios de sancionar a Italia por adoptar una decisión unilateral, manteniéndose al margen de la polémica por abstención los Estados de Bélgica, Luxemburgo y Francia.

X. LA INDUSTRIA BIOTECNOLÓGICA

Es evidente que las características, en el sector que nos ocupa y en cualquier otro, del mercado biotecnológico europeo son difícilmente asemejables a las existentes en Estados Unidos, debido, como es obvio, a diferencias culturales, de infraestructura, de inversión, de desarrollo industrial, etc. A este respecto es significativo que el mercado tecnológico en Europa es solamente un 12% del estadounidense, representando el número de empresas biotecnológicas en Europa la mitad de las existentes en Estados Unidos, y siendo muchas de ellas filiales de éstas, aunque también es cierto que en los últimos años se ha producido un incremento paulatino de la inversión comunitaria iniciada en 1994 con una media de un 20% anual en inversión.

El incremento europeo paulatino, recortando distancias con sus competidores, se debe fundamentalmente a un fomento adecuado de colaboración entre instituciones públicas (institutos de investigación, universidades, etc.) y empresas privadas, creándose una infraestructura significativa de empresas biotecnológicas competitivas capaces de ofrecer sus productos a un mercado tan vinculado con la protección de la salud pública y del medio ambiente como con

---

La polémica es tal que la EPA estadounidense decidió realizar un estudio de revisión y actualización sobre la información existente en torno a esta materia, concluyendo que el impacto de los organismos transgénicos del tipo Bt sobre las mariposas monarca es mínimo, no presentando peligros ni para el medio ambiente ni para la salud humana.

[218] Decisión unilateral sobre la cual debe dictar una resolución el *Comité Permanente de Seguridad Alimentaria de la Unión Europea*.

ofrecer a sus consumidores los productos más idóneos para garantizar un nivel de vida lo más cercano al de una idoneidad perfecta, impulsado por una adecuada transmisión de la información que permita al consumidor final decidir sobre los valores de una correcta información de las ventajas e inconvenientes de su uso.

El crecimiento del mercado biotecnológico es indudable. Se estima que el número de empresas dedicadas a la investigación biotecnológica es superior a las 1.000 en la Unión Europea, de las cuales más de 50 cotizan en los mercados bursátiles, con una inversión anual en I+D de 750.000 millones de pesetas y empleando a más de 60.000 personas. Sin embargo, las diferencias a este respecto con Estados Unidos son todavía importantes: 1.600 empresas biotecnológicas, de las cuales cotizan en Bolsa más de 300, invirtiendo anualmente en I+D más de 7.500 millones de pesetas y empleando a más de 260.000 personas.

Por sectores biotecnológicos, los más competitivos en Europa están representados por los productos químicos y farmacéuticos, los biomédicos, las aplicaciones agrarias y medioambientales, en concreto los referidos a biorremediación, descontaminación y eliminación y tratamiento de residuos, que, dada la importancia creciente que están cobrando estos últimos, se prevé que en un plazo muy corto de tiempo superen a los que hasta este momento les han precedido.

Las previsiones para el inicio de la nueva centuria indican que el 20% del producto interior bruto europeo estará representado por la Biotecnología, alcanzando el 30% de las exportaciones[219]. Estas cifras rompen incluso las previsiones que la Comisión Europea realizó en 1991, cuando estimó que el volumen total del mercado de la Biotecnología para el año 2000 oscilaría entre los 26.000 y los 41.000 millones de Ecus, cifra que tan sólo dos años después (en 1993) se convirtió en una nueva previsión de la Comisión, que esta vez era de 100.000 millones de Ecus[220].

---

[219] Según los estudios realizados por la firma Arthur D. Little.

[220] Comisión de las Comunidades Europeas, 1993, «Libro Blanco sobre el Crecimiento, Competitividad y Empleo: Retos y pistas para entrar en el siglo XXI», Comisión Europea COM (93) 700 final, Bruselas.

España no es una excepción en el avance del sector biotecnológico. De este modo, la Comunidad Autónoma con mayor número de empresas biotecnológicas, que es Cataluña, genera un volumen de negocio de 945 millones de euros, el equivalente a 157.000 millones de pesetas, lo que representa el 35% de todo el sector en el territorio español[221]. La Comunidad Autónoma con mayor superficie cultivada con transgénicos, en concreto maíz, es Aragón, la región española más afectada por el gusano del taladro, en la cual el 95% de los agricultores maiceros lo conocen, y el 66% está dispuesto a sembrarlo[222]. Entre las Comunidades Autónomas que recogen el mayor número de ensayos de campo se encuentran Andalucía (con 154) y Castilla y León (con 84).

Finalmente, cabe señalar que en torno a lo que se denomina Agrobiotecnología o Agricultura Biotecnológica se encuentran un conjunto de empresas que investigan en transgénesis de animales y plantas y cuyos gastos científicos se deben amortizar por medio de la comercialización de sus productos. Ello ha dado lugar a un importante campo económico en torno a las patentes de estas invenciones biotecnológicas que analizaremos brevemente, en cuanto a su situación actual y a su repercusión en el sector agrario, en el apartado siguiente.

Del mismo modo, supone unas modificaciones en las condiciones de su aplicación y en el posible surgimiento de nuevas formas de agricultura y ganadería que, hasta el momento actual, no se habían aplicado, incluso relacionadas, no sólo con las necesidades alimenticias de los seres humanos, sino también con su salud[223].

---

[221] Datos aportados por *Asebio* en el año 2000.

[222] Según información publicada por *El Heraldo de Huesca* en septiembre del 2000.

[223] Aunque también hablaremos de ello en el apartado siguiente, comentamos este tema en el citado texto introductorio de este Documento presentado ante el Grupo de Trabajo.

XI. LAS PATENTES BIOTECNOLÓGICAS

A lo largo de la historia, los sistemas de patentes han sido utilizados como un medio de flexibilizar el mercado, suponiendo un apoyo a la innovación y a la transferencia de tecnología[224]. La patente, como monopolio comercial de carácter temporal, no sólo se otorga por el Estado para rentabilizar los costes de su desarrollo, sino también como contrapartida a la información revelada y al acceso a ella de toda la sociedad[225].

Esta lógica relación entre invento-conocimiento-explotación ha guiado la evolución del sistema de patentes desde su creación hasta nuestros días; así, la actualización y reorganización para interpretar los nuevos avances tecnológicos por parte de las oficinas gubernamentales de patentes implica que sea inevitable cierto grado de confusión y duda. Hasta la aparición de las aplicaciones biotecnológicas, las patentes suponían simplemente una manera de asegurar a sus inventores la obtención de un beneficio por su inversión, circunstancia esta que no merecía mayor discusión; sin embargo, la duda gira actualmente en torno al hecho de que las empresas no sólo demanden un monopolio exclusivo que les permita obtener unos beneficios, sino que también busquen el poder dictar las condiciones de acceso a sus invenciones, interviniendo directamente en el control del mercado, independientemente del deterioro de conceptos intrínsecos al ser humano. En efecto, estamos viendo cómo las empresas empiezan a sobrepasar el valor de la rentabilidad de las patentes para entrar en el meramente especulativo, apoyándose en la adopción

[224] «Libro Verde sobre la patente comunitaria y el sistema de patentes en Europa», presentado por la Comisión Europea en 1995.

[225] La patente de invención es un título otorgado por el Estado o Estados, que confiere a su titular un monopolio de explotación industrial de la invención patentada. A cambio del monopolio de explotación otorgado por el Estado, el titular se compromete a describir su invención suficientemente como para que un experto medio en la materia pueda ejecutarla. También tiene la obligación de explotar la patente, bien por sí mismo o bien a través de persona autorizada por él. En la actualidad, el derecho exclusivo es de 20 años en todas las legislaciones industriales, necesitando un pago de tasas anuales. Una vez transcurrido el tiempo de duración, la invención es de dominio público y cualquier persona puede utilizarla libremente.

de un sistema de patentes diseñado para máquinas y aplicarlo a invenciones biotecnológicas donde se encuentran involucrados seres vivos. Y la falta de preparación y adaptación a éstas del sistema de patentes tradicional nos permite contemplar cómo se intentan hacer valer derechos de propiedad, incluso, sobre el ser humano.

Estamos en un mundo cada vez más marcado por las nuevas tecnologías, que supone, en la actualidad, que más del 45% de la economía mundial se basa en productos y procesos biológicos obtenidos a través de procedimientos biotecnológicos.

El desarrollo, a partir de los años 70, de las técnicas de DNA recombinante abrió un campo comercial de imprevisibles consecuencias económicas, y con ello la necesidad de proteger, por medio de patentes, las invenciones biotecnológicas, que darían lugar a las fructíferas ganancias que esta industria generaba e iba a generar.

Los problemas éticos y legales que la patente de materia viva podía originar fueron resueltos con una legislación que, aunque útil, no respondía de manera adecuada al carácter internacional que la materia a regular representaba. Era necesario un derecho de patentes más homogéneo, que aunara, cuanto menos, los intereses comerciales de todos los países europeos y no creara una desprotección de Europa frente a otros países.

La conveniencia de un Derecho de Patentes más acorde a esta nueva realidad puso de manifiesto en 1988 la necesidad de impulsar una Directiva Comunitaria que respondiera a las continuas quejas emanadas de las industrias europeas debido a la falta de precisión que sobre esta materia representaba el Derecho clásico de patentes.

Tras una azarosa evolución de los objetivos y los obstáculos con los que se ha encontrado la Directiva, las dificultades culminaron en marzo de 1995 con la no aprobación por el Parlamento Europeo de la propuesta de Directiva, pero tan sólo unos meses después, el 13 de diciembre de 1995, una nueva propuesta de Directiva vio la luz, intentando hacer frente a los problemas que hicieron que la anterior no prosperase.

Dicha propuesta se transformó en la actual Directiva, relativa a la Protección Jurídica de las Invenciones Biotecnológicas[226], que desde 1998 regula las patentes surgidas de las aplicaciones de la Biotecnología, aunando los valores éticos, sociales, comerciales y políticos, que aun no siendo un texto que garantice los valores que deben presidir las patentes en las cuales están involucrados seres vivos (entre ellos, el ser humano), ciertamente pone los justos límites que requiere la materia que nos ocupa.

La posibilidad de patentar plantas transgénicas, así como animales transgénicos, es obvia.

En primer lugar, el Convenio de la Patente Europea no prohíbe patentar animales, sino razas de animales (Convenio de Munich, en su artículo 53, párrafo b). Se interpretó el artículo citado del siguiente modo: no se permite patentar razas animales, pero sí «animales», de modo que al patentar un animal, que por cierto era genéticamente «inventado», no sólo era la patente de «un animal» (no raza), sino que además tenía una actividad inventiva implícita: su manipulación genética. Del mismo modo sucedía con las variedades vegetales: no es posible patentar éstas, pero sí plantas. Es decir, en realidad lo que se patentan son las líneas de animales o plantas transgénicas, no el animal o la planta en sí mismo. Gracias a esta protección legal es posible que muchas empresas que hace tan sólo unos años no eran capaces de arriesgar su capital en transgénicos, ya que se trataba de investigaciones a largo plazo, costosas y que podían fracasar, ahora lo están haciendo. El resultado es que mediante esta interpretación legal se protegen razas y especies, ya que por medio de la patente de ese «animal» o «planta», queda, lógicamente, protegido también su linaje.

En segundo lugar, los organismos modificados genéticamente cumplen los requisitos necesarios para ser patentados por la legislación comunitaria y nacional, a saber:

---

[226] *Directiva 98/44/CE del Parlamento Europeo y del Consejo*, de 6 de julio de 1998, *relativa a la Protección Jurídica de las Invenciones Biotecnológicas* (Diario Oficial de las Comunidades Europeas núm. L 213, de 30 de julio de 1998, p. 13).

Las tendencias europeas a restringir la patentabilidad de formas de vida es mayor, hasta tal punto que los expertos legales del *Consejo de Europa* se plantearon si la ingeniería genética, que consiste en el cambio o adición de segmentos de material genético (DNA) a un ser vivo, puede considerarse un invento o simplemente un descubrimiento. En este último caso no serían patentables las especies transgénicas. El resultado de esta polémica ha sido favorable a su patente, siempre que quede demostrada su utilidad.

En este mismo sentido se muestra la Directiva de invenciones biotecnológicas, que recoge los principios anteriores en su Considerando 45, en relación con el artículo 6 d)[227], pero considerando unas restricciones mayores que las planteadas en Estados Unidos.

La Directiva 98/44/CE, relativa a la Protección Jurídica de las Invenciones Biotecnológicas, posee un marcado carácter comercial e industrial, buscando, en estos aspectos, la armonización de las legislaciones nacionales en materia biotecnológica para cumplir unos objetivos:

a) Alcanzar una mayor uniformidad en las prácticas de las oficinas de patentes de los Estados miembros y ofrecer criterios más objetivos a la jurisprudencia.
b) Mejorar el mercado comunitario de productos biotecnológicos patentados, garantizando y facilitando su libre circulación.
c) Evitar conductas de competencia desleal entre empresas biotecnológicas[228].

[227] Donde se prohíbe la patente de animales transgénicos «si no poseen una utilidad médica», de manera que quedando ésta demostrada, es posible su patente.

[228] En Estados Unidos la normativa sobre patentes es más permisiva que en Europa, llevando este hecho, en un ambiente previo a la Directiva, a ciertas tensiones, dado que la industria biotecnológica prefiere invertir en los países en los cuales el sistema de patentes es más propicio a la concesión de monopolios de patente. Ello conduce a que las empresas inscritas en el ámbito geográfico europeo se sientan perjudicadas por un régimen de patentes más estricto, siendo fundamental la presión que la Comisión Europea ha tenido (con independencia de los grupos ecologistas en sentido contrario) para conseguir una legislación al respecto que considere unas condiciones más igualitarias. En este sentido, los números son representativos: solamente hasta la entrada en vigor de la Directiva comunitaria se habían concedido en Estados Unidos 1.250 patentes sobre secuencias genéticas humanas, y al menos 10 sobre líneas celulares humanas.

d) Garantizar que la investigación y el desarrollo biotecnológico tenga el apropiado marco legal, gracias a la armonización de los sistemas legales de los Estados miembros y a la uniformidad de criterios.

e) Mejorar la competitividad de empresas biotecnológicas, que ven garantizadas sus inversiones y la propiedad en el desenvolvimiento del mercado comunitario.

f) Considerar en su justa medida la dimensión y valoración ética de las invenciones biotecnológicas (sobre todo, las relativas al ser humano o sus estructuras).

En efecto, uno de los objetivos de la Directiva es proteger, de manera concreta, el mercado en el que se desarrolla la actividad empresarial biotecnológica[229]. La Directiva invita, de una manera indirecta, a las empresas biotecnológicas para contribuir a incrementar la balanza de pagos de la Comunidad Europea. Para alcanzar este objetivo, las empresas necesitan ocupar una posición comercial que adecuadamente refleje su competitividad en el seno de un mercado comunitario e internacional, requiriendo para ello un adecuado marco legal que regule un campo tan comprometido, por sus límites y vulnerabilidad, y tan rentable, por lo competitivo y expandido, como es el biotecnológico[230]. Sin embargo, mientras la inversión en investigación y desarrollo de nuevos productos biotecnológicos es alta, también resulta ser incierta, porque la protección legal ofrecida por el sistema de patentes para invenciones biotecnológicas no está tan adecuado como en otras áreas de la tecnología, cuando el conjunto de actividades que cubren las empresas biotecnológicas es de lo más amplio: farmacéuticas, químicas, agrícolas, alimentarias, medioambientales, etc.

---

[229] Esta idea cobra valor, respecto a los objetivos apuntados por la Directiva, en el «Libro Blanco del Crecimiento, Competitividad y Empleo», que centra un interés predominante en la preocupación que deben tener los Estados miembros y la Comunidad Europea en la creación de un marco empresarial donde se haga tan factible como sea posible la competitividad de los negocios.

[230] Por ello la normativa establecida afecta de manera general a industrias creadoras de productos biotecnológicos sea cual sea su capacidad, aunque la práctica muestra cómo están beneficiadas netamente las multinacionales, con ingentes recursos económicos.

Del mismo modo, la entrada en vigor de la Directiva y la adecuada transposición a las normativas internas de los Estados es y será incentivada por una serie de ayudas económicas para su adecuada implantación y para hacer realidad su beneficio. En este sentido, se fomentará la inversión en las empresas existentes para su mejora y se facilitará el establecimiento de nuevas. La armonización de la protección legal de las invenciones biotecnológicas se notará más claramente en los costes e inversiones de las empresas, sobre todo a partir de que se aclare, aún más, el derecho de patentes en el campo de los productos biotecnológicos y sean asimiladas las limitaciones de este exclusivo derecho de patentes, lo cual permitirá a las empresas recuperar las inversiones realizadas por medio de la explotación comercial de las propiedades que poseen con una mayor garantía legal. La expansión comercial fomentará el aumento de empleo, tanto en instituciones públicas como privadas, ya que se promueven, en la actualidad, y se promoverán, en un futuro cercano, innovaciones en las empresas de los distintos sectores biotecnológicos, con el consiguiente incentivo para continuar e incrementar sus inversiones en investigación[231].

Dejando a un lado el aspecto comercial, en lo referido al contenido de la Directiva, es taxativa al establecer claramente la distinción entre «descubrimiento», que no se puede patentar, e «invención», que sí es patentable, estableciendo también las condiciones en las cuales se puede realizar (artículo 3).

Del mismo modo, también es taxativa al establecer que ni el cuerpo humano ni sus estructuras por separado, en su estado natural, podrán ser objeto de invención y, por tanto, patentables (artículo 5, 1.°). Tampoco podrán ser objeto de patente los «procedimientos esencialmente biológicos» para la producción de animales o plantas (artículo 4, 1.°), tal y como establece el artículo 53, b) del Convenio de Munich. Se consideran también no patentables los métodos de clonación de seres humanos [artículo 6, 2.°

[231] En este sentido, se puede ver «El mercado de trabajo en España. Nuevas oportunidades de empleo», *Revista del Instituto de Estudios Económicos*, N.° 3/1999.

a)] o el uso de embriones humanos con fines industriales o comerciales [artículo 6, 2.° c)]. Asimismo se considera, en el sentido general dado para cualquier tipo de patentes, no patentables las invenciones contrarias al orden público o la moral (artículo 6, 1.°), lo cual, como en toda patente, vendrá establecido por los valores morales de cada momento histórico o cada momento «comercial». En base a estos dos principios generales de cualquier norma reguladora, quedan excluidos, por tanto, los tratamientos médicos en los que se esté involucrada la terapia génica en la línea germinal, debido a la moratoria existente de utilización de este tipo de terapia [artículo 6, 2.° b)], la terapia de células somáticas y los procesos de modificación genética que puedan conducir a la adopción de medidas eugenésicas (artículo 6, 1.°), así como la misma sobre animales cuando les cause un daño desproporcionado al objetivo perseguido [artículo 6, 2.° d)].

Sin embargo, el carácter eminentemente comercial de la Propuesta conduce a establecer que sí serán patentables:

1. Aquellas invenciones que posean una aplicación industrial (recordemos que es uno de los tres requisitos generales establecidos para que una invención sea patentable), referidas a un elemento aislado del cuerpo humano o producido por medio de un proceso técnico, aunque la estructura de dicho elemento sea idéntica a la de un elemento natural (artículo 3, 1.°)[232].
2. El material biológico, ya que de manera genérica no queda excluido de la patente por poseer parte, usarse o aplicarse al objeto de la invención este elemento (artículo 4, 2.°). Tampoco queda excluido por el hecho de formar parte de la naturaleza (artículo 8), aludiendo aquí a lo que se establece en el Capítulo IV, Parte C, del Convenio Europeo de Patentes, marcando la diferencia entre descubrimiento, que no es patentable, e invención, que sí lo es.

[232] En este sentido, un elemento aislado del cuerpo humano, como un gen, obtenido por un procedimiento técnico, puede ser patentado aunque su estructura sea idéntica a la del elemento natural, es decir, no se puede patentar el simple descubrimiento de un gen, pero sí el gen cuando se reproduzca fuera del organismo al que pertenece.

3. El material biológico que incluya plantas y animales o elementos de éstos, siempre que no se hayan conseguido por un «procedimiento esencialmente biológico» (artículo 4, 2.°).
4. Los procedimientos microbiológicos y los productos obtenidos por estos procedimientos, como ya establecía la anterior Propuesta y como también lo hacía la normativa europea existente, tal como el Convenio Europeo de Patentes en su artículo 53, b) respecto de los microorganismos.
5. La utilización de variedades vegetales o animales y los procesos para su producción, si no se limitan a una variedad vegetal o raza animal (artículo 4, 2.°).

El alcance de la protección conferida a una patente sobre material biológico alcanza también al material biológico derivado de su multiplicación, bien posea éste las mismas o distintas características del que deriva (artículos 8 a 10), protegiendo también la patente a estas nuevas características producidas de las inicialmente protegidas. Esto implica, por tanto, la protección del linaje de la invención biotecnológica patentada, que también aparecía protegida, eso sí, de manera implícita, en la normativa existente anterior a la aparición de esta Directiva.

Cuando la invención verse sobre un producto que contenga o consista en información genética, la patente cubrirá todo el material, incluido el que contenga dicha información genética, salvo que se trate de elementos del cuerpo humano en su estado natural, que, a tenor del artículo 5, 1.°, no puede ser objeto de patente (artículo 9).

Una diferencia sustancial con la anterior Propuesta de Directiva radica casualmente en uno de los motivos de disputa que indujo al *Parlamento Europeo* a su no aprobación en marzo de 1995. Según se establece en los artículos 11 y 12 con respecto al «privilegio del agricultor» y al «privilegio del ganadero», éstos pueden utilizar la semilla obtenida en su cosecha para uso propio de la siguiente, al igual que los animales a través de su reproducción. Este aspecto fue el caballo de batalla en el anterior intento de regulación, al suponer la desaparición de este privilegio, ejercido desde antaño por los agricultores como por los ganaderos, en analogía a los animales de crianza.

Para la utilización por un agricultor de variedades de plantas o invenciones biotecnológicas sobre las cuales el propietario de la patente se niegue a su aplicación, se establece un sistema de licencia obligatoria para su utilización (artículo 12, 1.°) que puede ser solicitada por quien requiera la explotación de la variedad vegetal que deba protegerse. Del mismo modo, el propietario de la patente biotecnológica que no pudiera explotarla sin infringir un derecho de obtención vegetal anterior sobre una determinada variedad, podrá solicitar también una licencia obligatoria (artículo 12, 2.°).

Tanto en uno como en otro caso, para su concesión deben cumplirse unos requisitos (artículo 12, 3.°):

1. Que se haya solicitado, de manera infructuosa, al propietario de la patente una licencia contractual de utilización.
2. Que exista un auténtico interés público en la utilización de la invención biotecnológica o variedad vegetal que suponga un importante progreso tecnológico.

Esta licencia se concede a cambio del pago de un canon por su utilización, establecido de acuerdo a las reglas del sentido común y del mercado, siendo regulado y controlado por la Oficina Comunitaria de Variedades Vegetales (artículo 12, 4.°).

En lo que respecta al depósito del material biológico, éste se debe de hacer, de acuerdo a lo establecido en el Tratado de Budapest, en una *Institución de Depósito Internacional*, como efecto previo a la solicitud de la patente y como medio de poseer una descripción mayor del material biológico que la que se pueda dar en el texto de la patente. La forma del depósito es la tradicional, realizada también por analogía, en las patentes de microorganismos (artículos 13 y 14).

Sin embargo, la Directiva no cuenta con el beneplácito de todos los países europeos. Tras la adopción en julio de 1998 de la Directiva 98/44/CE, el 21 de octubre de 1998, el gobierno de los

Países Bajos presentó un recurso ante el Tribunal de Justicia de las Comunidades Europeas pidiendo la anulación de la Directiva. Entre los diversos argumentos presentados, unos de orden jurídico y otros de fondo, se encuentra la violación de la Convención sobre Biodiversidad y la violación de Derechos Humanos. Italia y Noruega también han presentado recursos contra la Directiva, fundados en que su adopción debería realizarse por unanimidad, sobre la base del artículo 235 del Tratado de la Comunidad Europea, no siendo posible por simple mayoría cualificada, de conformidad con el artículo 100A del mismo Tratado.

Los Servicios Jurídicos del *Parlamento* y *Consejo Europeo,* como demandados, preparan una memoria de defensa de la Directiva para ser presentada ante el *Tribunal de Luxemburgo*[233].

Finalmente, la transposición de la Directiva 98/44/CE a la normativa interna nacional se está ultimando con el desarrollo del Proyecto de Ley de modificación de la Ley 11/1986, de 20 de marzo, de Patentes, adoptado por el Consejo de Ministros en su reunión del día 15 de diciembre del 2000.

Dicho Proyecto de Ley debe ser objeto de los siguientes comentarios:

a) Contempla fundamentalmente las patentes de plantas transgénicas, aspecto por el cual se refiere reiteradamente al término «agrícola» y no «agrario»[234], que contempla tanto la agricultura como la ganadería. Sin embargo, dados los últimos desarrollos en transgénesis, el término más correcto sería «agrario», pues englobaría la posibilidad de patentes de especies vegetales y animales[235], es decir, cubriría todo la agrícola, pecuario y piscícola.

---

[233] Las posibilidades de que la Directiva no se vea afectada por estas acciones legales es amplia, si consideramos que los recursos no son suspensivos, y, para cuando pueda existir un fallo del Tribunal, la Directiva se encuentre transpuesta a las legislaciones nacionales de los Estados miembros.

[234] En este sentido se muestra la Exposición de Motivos del Proyecto de Ley.

[235] No olvidemos los desarrollos biotecnológicos ya aludidos en animales transgénicos destinados al consumo humano (cerdos, vacas y ovejas), así como también en el sector piscícola (investigaciones realizadas sobre salmones transgénicos).

b) Otro aspecto en el que resulta difícil de conjugar los intereses en juego es el relativo a la patente de cultivos microbiológicos[236], como son las levaduras o fermentos microbianos, utilizados en la elaboración de bebidas alcohólicas sometidas a denominación de origen o a productos lácteos sometidos a denominaciones de especificidad y origen. El problema provendrá de conseguir propiedades organolépticas propias de una denominación de origen o específica en cualquier otra área geográfica remota, provocada por el desarrollo de dichas levaduras y fermentos con las características requeridas para obtener las aludidas propiedades organolépticas, hoy sólo conseguibles por las características especiales de las cepas naturales utilizadas. Ciertamente, éste no es un problema de patentes, sino más bien de estudios de globalización económica.

c) Finalmente, resulta importante que, a pesar de ser necesario cuando se comenzó a tratar la materia a nivel comunitario, la diferenciación legal de las patentes en general de las patentes de invenciones biotecnológicas, es importante que en las normativas de los Estados miembros, y de cara a una mejor integración de la Biotecnología en nuestra vida diaria, los tratamientos normativos y legales de ésta, la Biotecnología, queden englobados dentro de las normativas que rigen otros aspectos que afectan a nuestra vida en general: sociales, políticos, económicos, etc. En este sentido, el no crear a nivel nacional una Ley de Patentes Biotecnológicas y sí su inclusión en la Ley de Patentes general, parece un acierto de integración de aquello que ya es cotidiano en nuestra vida diaria: los resultados de las aplicaciones biotecnológicas.

[236] Contemplada en el artículo 1, 3.° y 3 del Proyecto de Ley relativo a la modificación del artículo 5 de la Ley 11/86.

XII. EPÍLOGO

La Biotecnología aplicada al sector agrario es una realidad que, independientemente de la polémica que suscita, forma parte de nuestra realidad cotidiana. Son muchos los años y experiencias con organismos modificados genéticamente en uso confinado los que han demostrado, hasta lo que la experiencia y el estado de la técnica y de la ciencia son capaces de demostrar, los grandes beneficios frente a los escasos riesgos previsibles y conocidos que presenta.

Es destacable el valor añadido y estratégico que la Biotecnología tiene en el sector agrario, con aplicaciones de gran interés para la producción y transformación de alimentos y productos alimenticios, la reducción de costes y la corrección de problemas de degradación del medio ambiente, a la vez que de mejor adaptación a éste. De hecho, el sector ya es bastante activo en España, como país europeo, sobre todo en el área agroalimentaria, y posee una aprovechable capacidad de crecimiento y potencialidad de desarrollo e innovación tecnológica que deberá verse, como ya se está viendo, potenciado por las correcciones pertinentes en los desarrollos normativos que faciliten la competitividad de las empresas biotecnológicas europeas sin poner en riesgo la salud humana ni el medio ambiente.

En esta función deben jugar un papel fundamental no sólo los gobiernos de los Estados miembros, entre ellos el español, sino también la sociedad científica internacional y los desarrollos comunitarios pertinentes, cuya función principal será, además de continuar garantizando la salvaguarda y efectividad de los controles sobre cultivos transgénicos, el desarrollo de programas de información clara y veraz que inspire la confianza necesaria por parte de la opinión pública. Para ello se deberá, a través de la propia comunidad científica y el desarrollo de instituciones adscritas a los ministerios pertinentes, estimular la discusión y el mayor conocimiento de los cultivos transgénicos y de los organismos modificados genéticamente por medio de ellos obtenidos con la sociedad, informándola sobre la realidad del impacto de las nuevas tecnologías sobre el medio ambiente, la seguridad alimentaria y, por aplicación del Principio de precaución, la salvaguarda de la salud pública presente y futura, condiciones éstas que, hoy por hoy, quedan aseguradas por los medios empleados, pero que requerirán, de cara a los años de experiencia, realizarse evaluaciones periódicas de los riesgos que se minimizan, por comprobación, y de aquellos que adquieren mayor relevancia de la hasta entonces dada, por los estudios de impacto periódicos que se efectúen para su control.

REFERENCIAS BIBLIOGRÁFICAS

ADLER, R.G. (1988): «Controlling the Applications of Biotechnology: A Critical Analysis of the Proposed Moratorium on Animal Patenting», *Harv. J. Law Technol.* 1.1-61.

BAS MAESTRE, F. (1997): «Aspectos económicos de la Biotecnología en Europa y Estados Unidos», *Estudios CEFI*, mayo de 1997 (9): 17-22.

BEGUER DEL SALVADOR, M. (1992): *Investigación y Patentes, Temas de Futuro*, CEFI, Barcelona.

BERG, P.; BALTIMORE, D.; BOYER, H.W.; COHEN, S. N.; DAVIS, R. W. *et al.* (1974): «Potential Biohazards of Recombinant DNA Molecules», *Science* 185: 303.

BERG, P.; BALTIMORE, D.; BRENNER, S.; ROBLIN, R.O. III; SINGER, M. F. (1975): «Asilomar Conference on Recombinant DNA Molecules», *Science* 188: 991-94.

— *Borrador de Directiva 2000/.../CE, del Parlamento Europeo y del Consejo, sobre la liberación intencional en el medio ambiente de organismos modificados genéticamente, y por la que se deroga la Directiva 90/220/CEE del Consejo.* PE-CONS 3664/00.

BRILL,W. J. (1988): «Why Engineered Organisms are Safe», *Issues Sci. Technol.* 5: 44-50.

CASTRO MARTÍNEZ, E. (1993): «Balance del Programa de Estímulo a la Transferencia de Resultados de Investigación (PETRI)», *Política Científica*, julio de 1993 (37): 36-37.

CNUMAD (1992): *La Biotecnología debe respetar el medio ambiente. Alemania aboga por reglas internacionales.* The Earth Summit Committee to Promote The Pledge, Bonn.

COMISIÓN DE LAS COMUNIDADES EUROPEAS, 4 de mayo de 1988: *Propuesta de Directiva del Consejo relativa a la utilización confinada de microorganismos modificados genéticamente.* COM (88) 160 final. -SYN 131. Oficina de Publicaciones de las Comunidades Europeas, Luxemburgo.

— 4 de mayo de 1988: *Propuesta de Directiva del Consejo relativa a la liberación intencional en el medio ambiente de organismos modificados genéticamente.* COM (88) 160 final. -SYN 131. Oficina de Publicaciones de las Comunidades Europeas, Luxemburgo.

— *Proposición de Directiva del Consejo relativa a la Protección Jurídica de las Invenciones Biotecnológicas.* COM (88) 496 final. -SYN 159, Bruselas, 21 de octubre de 1988.

— 15 de julio de 1992: *Propuesta de Directiva del Consejo por la que se modifica la Directiva 90/679/CEE sobre la protección de los trabajadores contra los riesgos relacionados con la exposición a agentes biológicos durante el trabajo*. COM (92) 261 final. -SYN 421. Oficina de Publicaciones de las Comunidades Europeas, Luxemburgo.

— *Propuesta modificada de Directiva del Consejo relativa a la Protección Jurídica de las Invenciones Biotecnológicas*. COM (92) 589 final. -SYN 159. Bruselas, 16 de febrero de 1993.

— (1993): *Libro Blanco sobre el Crecimiento, Competitividad y Empleo: retos y pistas para entrar en el siglo XXI*, Comisión Europea, COM (93) 700 final, Bruselas.

— (1995): *Libro Verde sobre la Innovación*, Comisión Europea, Bruselas.

— (1997): *Primer Plan de Acción para la Innovación en Europa*, Comisión Europea, Bruselas.

COMMITTEE ON THE INTRODUCTION OF GENETICALLY ENGINEERED ORGANISMS INTO THE ENVIRONMENT, 1987. *Introduction of Recombinant DNA- engineered organisms into the Environment: Key Issues*. Counc. Natl. Acad. Sci. Washington, DC.

CONFERENCIA DE LAS PARTES: *Convenio sobre Diversidad Biológica*, junio de 1992.

COVELLO, V.T.; FIKSELL, J.R. (eds.) (1985): *The Suitability and Applicability of Risk Assessment methods for Environmental Applications of Biotechnology*. Rep. No. NFS/PRA 8502286. Natl. Sci. Found. Washington, DC, 53 pp.

DAVIS, B.D. (1987): «Bacterial domestication: Underlying assumptions», *Science* 235: 1329, 1332-1335.

DECISIÓN DE 18 DE DICIEMBRE DE 1992, *relativa a la comercialización de un producto que contiene organismos modificados genéticamente, la vacuna de virus vivos Nobi-Porvac Aujeszky (gl, tk), en virtud del artículo 13 de la Directiva 90/220/CEE del Consejo* [C (92) 3215 final].

DECISIÓN DE LA COMISIÓN 94/505/CEE, de 18 de julio de 1994, *que modifica la Decisión de 18 de diciembre de 1992* (DOCE n.° L 203, de 6 de agosto de 1994, p. 22).

— 93/572/CEE, de 19 de octubre de 1993, *relativa a la comercialización de un producto que contiene organismos modificados genéticamente con arreglo al artículo 13 de la Directiva 90/220/CEE del Consejo* (DOCE n.° L 276, de 9 de noviembre de 1993, p. 16).

— 94/385/CE, de 8 de junio de 1994, *sobre la comercialización de un producto consistente en organismos modificados genéticamente, semillas de la variedad de tabaco ITB 1000 OX resistente a herbicidas, con arreglo al artículo 13 de la Directiva 90/220/CEE del Consejo* (DOCE n.° L 176, de 9 de julio de 1994, p. 23).

— 96/158/CE, de 6 de febrero de 1996, *relativa a la comercialización de un producto consistente en un organismo modificado genéticamente, semilla de colza híbrida (Brassia napus L. Oleifera Metzq. MS1Bn x RF1Bn) resistente a herbicidas, con arreglo a la Directiva 90/220/CEE del Consejo* (DOCE n.° L 37, de 15 de febrero de 1996, p. 30).

— 96/281/CE, de 3 de abril de 1996, *relativa a la comercialización de semillas de soja (Glycine max L.) modificada genéticamente con una mayor resistencia al herbicida glifosato, de conformidad con la Directiva 90/220/CEE del Consejo* (DOCE n.° L 107, de 30 de abril de 1996, p. 10).

— 96/424/CE, de 20 de mayo de 1996, *relativa a la comercialización de achicoria modificada genéticamente (Cichorium intybus L.) con esterilidad masculina y resistencia parcial al herbicida glufosinato de amonio, con arreglo a la Directiva 90/220/CEE del Consejo* (DOCE n.° L 175, de 13 de julio de 1996, p. 25).

— 97/98/CE, de 23 de enero de 1997, *relativa a la comercialización de maíz (Zea mays L.) modificado genéticamente con una alteración de las propiedades insecticidas conferidas por el gen de la endotoxina Bt, combinada con una mayor resistencia al herbicida glufosinato de aminio, con arreglo a la Directiva 90/220/CEE del Consejo* (DOCE n.° L 35, de 1 de febrero de 1997, p. 69).

— 97/392/CE, de 6 de junio de 1997, *relativa a la comercialización de colza modificada genéticamente (Brassica napus L. Oleifera Metzg. MS1, RF1) con arreglo a la Directiva 90/220/CEE del Consejo* (DOCE n.° L 164, de 21 de junio de 1997, p. 38).

— 97/393/CE, de 6 de junio de 1997, *relativa a la comercialización de colza modificada genéticamente (Brassica napus L. Oleifera Metzg. MS1, RF2) con arreglo a la Directiva 90/220/CEE del Consejo* (DOCE n.° L 164, de 21 de junio de 1997, p. 40).

— 97/549/CE, de 14 de julio de 1997, *relativa a la comercialización de T102-test (Streptococcus thermophilus T102) con arreglo a la Directiva 90/220/CEE del Consejo* (DOCE n.° L 225, de 15 de agosto de 1997, p. 34).

— 98/291/CE, de 22 de abril de 1998, *relativa a la comercialización de colza de primavera modificada genéticamente (Brassica napus L. Ssp. Oleifera) con arreglo a la Directiva 90/220/CEE del Consejo* (DOCE n.° L 131, de 5 de mayo de 1998, p. 26).

— 98/292/CE, de 22 de abril de 1998, *relativa a la comercialización de maíz modificado genéticamente (Zea mays L. Línea Bt-11) con arreglo a la Directiva 90/220/CEE del Consejo* (DOCE n.° L 131, de 5 de mayo de 1998, p. 28).

— 98/293/CE, de 22 de abril de 1998, *relativa a la comercialización de maíz modificado genéticamente (Zea mays L. T25) con arreglo a la Directiva 90/220/CEE del Consejo* (DOCE n.° L 131, de 5 de mayo de 1998, p. 30).

— 98/294/CE, de 22 de abril de 1998, *relativa a la comercialización de maíz (Zea mays L. Línea MON 810) modificado genéticamente con arreglo a la Directiva 90/220/CEE del Consejo* (DOCE n.° L 131, de 5 de mayo de 1998, p. 32).

Designer genes that don't fit: A tort regime for commercial releases of genetic engineering products. Note 1987. *Harv. Law Rev.* 100: 1086-1105.

DIRECTIVA DEL CONSEJO, de 23 de abril de 1990, *relativa a la utilización confinada de microorganismos modificados genéticamente* (90/219/CEE, DOCE 8 de mayo de 1990).

— de 23 de abril de 1990, *sobre la liberación intencional de organismos modificados genéticamente* (90/220/CEE, DOCE 8 de mayo de 1990).

— de 26 de noviembre de 1990, *sobre la protección de los trabajadores contra los riesgos relacionados con la exposición a agentes biológicos durante el trabajo* (90/679/CEE, DOCE 31 de diciembre de 1990).

— de 12 de junio de 1989, *relativa a la aplicación de medidas para promover la mejora de la seguridad y de la salud de los trabajadores en el trabajo* (89/391/CEE, DOCE 29 de junio de 1989).

DIRECTIVA DEL PARLAMENTO EUROPEO Y DEL CONSEJO 98/44/CE, de 6 de julio de 1998, *relativa a la Protección Jurídica de las Invenciones Biotecnológicas*. Diario Oficial de las Comunidades Europeas núm. L 213, de 30 de julio de 1998, pp. 13-21.

ENVIRONMENTAL PROTECTION ACT (1990): Reino Unido.

ERNST & YOUNG (1996): *European Biotechnology 96: Volatility & Value,* Ernst & Young, Londres.

FUNDACIÓN BBV (ed.) (1991): *Proyecto Genoma Humano: Ética,* Fundación BBV, Bilbao.

— (ed.) (1994): *El Derecho ante el Proyecto Genoma Humano,* vol. II, Fundación BBV, Bilbao.

GABIOTEC (1998): «Anotaciones temáticas del encuentro GABIOTEC», *Boletín del Gabinete de Biotecnología,* diciembre de 1998 (5): 6.

GAFO, Javier (ed.) (1993): *Ética y biotecnología,* Publicaciones de la Universidad Pontificia Comillas, Madrid.

GUILLET, J.W. (ed.) (1986): «Potential impacts of Environmental Release of Biotechnology Products: Assessment, Regulation, and Research Needs», *Environ. Manage.* 10: 433-563.

HAMMER, R.E.; PURSEL, V.G.; REXROAD, E.C.; WALL, R.J.; BOLT,D. J. *et al.* (1985): «Production on Transgenic Rabbits, Sheepand Pigs by Microinjection», *Nature*, 315: 680-82.

HARDY, R.W.F.; GLASS, D.J. (1985): «Our Investment: What is at Stake?», *Issues Sci. Technol.* 1: 69-82.

Heraldo de Huesca: «Nuevas plantas para el futuro», 28 de septiembre del 2000.

Health and Safety (1989): «The Genetic Manipulation Regulations», n.° 1810, Reino Unido.

HIRST, S.I. (1992): «Biopatents; a sense of order», *Trends in Biotechnology,* vol. 10, agosto de 1992, pp. 269-271.

IGLESIAS PRADA, Juan Luis (1995): *La protección jurídica de los descubrimientos genéticos y el proyecto genoma humano,* Ed. Civitas, Madrid.

KEYSTONE NATIONAL BIOTECHNOLOGY FORUM (1988): *An Analysis of the Federal Framework for Regulating Planned Introduction of Engineered Organisms.* Interim Summ. Rep., Dec. The Keystone Center, Keystone, CO. 57 pp.

LEY 15/1994, de 3 de junio, *por la que se establece el régimen jurídico de la utilizacion confinada, liberación voluntaria y comercialización de organismos modificados genéticamente, a fin de prevenir los riesgos para la salud humana y para el medio ambiente* (B.O.E. n.° 133, de 4 de junio de 1996).

MARCHANT, G. (1988): «Modified Rules for Modified Bugs: Balancing Safety and Efficiency in the regulation of Deliberate Realease of Genetically Engineered Microorganisms», *Harv. J. Law Technol.* 1: 163-208.

MCGARITY, T.O. (1987): «Federal regulation of Agricultural Biotechnologies», *Univ. Mich. J. Law Reform.* 20: 1089-1155.

MILEWSKI, E.; TALBOT, B. (1983): «Proposal Involving Field Testing of Recombinant DNA containig Organisms», *Recombinant DNA Tech. Bull.* 6: 141-45.

ONUDI/PNUMA/OMS/FAO (julio 1991): *Código de conducta voluntario para la liberación de organismos en el medio ambiente.* Organización de las Naciones Unidas para el Desarrollo Industrial.

PERPICH, J.G. (ed.) (1986): *Biotechnology in Society: Privat Iniciatives and Public Oversight*. New York, Pergamon, 223 pp.

Response of the RAC Risk assessment Subcommittee to Scientific Issues Raised in an HH Memorandum (1986): *Recombinant DNA Tech. Bull.* 8: 109-14.

TOLIN, S.A.; VIDAVER, A.K. (1989): «Guidelines and Regulations for Research with Genetically Modified Organisms: A View from Academy», *Annu. Rev. Phytopathol.* 27: 551-81.

TONEGUZZO, F.; KEATING, A. (1986): «Stable Expression of Selectable Genes Introduced into Hematopoietic Stem Cells by Electric Field-mediated DNA Transfer», *Proc. Natl. Acad. Sci.* USA, 83: 3496-99.

U.S. DEPT. AGRIC. ANIM. PLANT HEALTH INNSP. SERV. (1987): «7 CFR Parts 330 and 340», *Plant Pest: Introduction of Genetically Engineered Organisms or Products; Final Rule. Fed. Regist.* 52: 22892-915. June 16.

U.S. DEPT. HEALTH HUM. SERV. NATL. INST. HEALTH. (1986): *Guidelines for Research Involving Recombinant DNA Molecules*. Fed. Regist. 51: 16958-85. May 7.

VV.AA. (2000): *La Biotecnología aplicada a la Agricultura,* Sebiot y Eumedia, Madrid.

WALHS, W.J. III. (1988): «EPA must Clarify the Regulatory Process for U.S. to Maintain its Lead in Biotechnology», *Genet. Eng. News* 8 (10): 4, 72.

WANG, Y.-C.; KLEIN, T.M.; FROMM, M.; CAO, J.; SANFORD, J.C.; WU, R. (1988): «Transient Expression of Foreign Genes in Rice, Wheat and Soybean Cell Following Particle Bombardment», *Plant. Mol. Biol.* 11: 433-39.

WATSON, J.D.; TOOZE, J. (1981): *The DNA Story. A Documentary History of Gene Cloning*, San Francisco, Freeman, 605 pp.

ABREVIATURAS

ADN	Ácido Desoxirribonucleico
ANPG	Advanced Notice of Proposed Guidelines
APHIS	Animal and Plant Health Inspection Service
ASEBIO	Asociación Española de Bioempresas
BECS	Biotechnology and Environmental Coordinating Staff
BSCC	Biotechnology Science Coordinating Committee
CDC	Center for Disease Control
CFRB	Coordinated Framework for Regulation of Biotechnology
CSB	Consejo de Seguridad Biológica
CSN	Consejo de Seguridad Nuclear
CSRS	Cooperative State Research Service
EIS	Environmental Impact Statement
EPA	Environmental Protection Agency
EUP	Experimental Use Permit
FDA	Food and Drug Administration
FIFRA	Federal Insecticide, Fungicide and Rodenticide Act
FR	Final Rule
GRACE	Generally Recognized as Compatible with the Environment
IBC	Institutional Biosafety Committee
ISAAA	The International Service for the Acquisition of Agri-biotech Applications
MGM	Microorganismos Genéticamente Modificados
MIS	Marketing and Inspection Service
NBIAP	National Biological Impact Assessment Program
NEPA	National Environmental Policy Act
NIH	National Institutes of Health
NSF	National Science Foundation
OCDE	Organización para la Cooperación y el Desarrollo Económicos
ORDA	Office of Recombinant DNA
OSTP	Office Of Science and Technology Policy
PCR	Polimerase Chain Reaction (Reacción en cadena de polimerasa)

PWG	Plant Working Group
RAC	Recombinant DNA Advisory Committee
TSCA	Toxic Substances Control Act
USDA	United States Department of Agriculture
VS	Veterinary Services
WGHGT	Working Group on Human Gene Therapy
WGRE	Working Group for Release with the Environment

Conclusiones

La incorporación de los nuevos avances de la biotecnología a la agricultura constituye uno de los principales retos a los que se enfrenta este sector en la actualidad. A pesar de las ventajas que en principio supone, no faltan los prejuicios sobre su implantación, la mayoría de las veces por razones ideológicas no suficientemente fundadas en datos técnicos. Por ello, el Instituto de Estudios Económicos ha querido analizar, desde una perspectiva objetiva e independiente, el impacto que la introducción de la biotecnología agrícola podría suponer para nuestro país. Dada la complejidad del tema, el estudio se afronta desde una perspectiva multidisciplinar (técnica, económica y jurídica) de la mano de tres de los principales expertos españoles en biotecnología.

• En el estudio realizado por Francisco García Olmedo se introducen las nociones técnicas básicas de la biotecnología agraria en un intento de desmitificar el confuso lenguaje que la rodea y de advertir sobre la importancia de estos avances para el futuro de la agricultura, así como de los riesgos específicos de su aplicación para la alimentación y el medio ambiente. La biotecnología, en sentido amplio, abarca a todas las tecnologías mediadas por un ser vivo, o parte de él, y, por tanto, resulta más apropiado referirnos a la biotecnología molecular o ingeniería genética cuando estamos restringiendo el ámbito de las técnicas al manejo del ADN. Así, se denominan organismos genéticamente modificados a aquéllos cuyo genoma ha sido alterado por ingeniería genética, ya sea por la adición de uno o varios genes, que previamente formaban parte de él, o por la inutilización de uno o varios genes entre los ya existentes.

La biotecnología vegetal pretende dar respuesta a las limitaciones a las que se enfrenta la agricultura en la actualidad: la atenuación de los incrementos anuales en la producción de alimentos en un contexto de fuerte crecimiento demográfico y la dificultad de aumentar la disponibilidad de los factores de producción esenciales para incrementar la producción agrícola (suelo, agua y energía). En este escenario, se precisa de nuevas técnicas que, por un lado, permitan la obtención de mayores rendimientos por hectárea, mediante la creación de nuevas variedades, menos sensibles a factores adversos (plagas, insectos, etc.) y que requieran menos tratamientos agroquímicos (fertilizantes), y, por el otro, el logro de una agricultura compatible con el medio ambiente, utilizando para ello productos específicos (que no afecten a organismos distintos del nocivo) y biodegradables.

El rechazo de estas técnicas por el mero hecho de ser *contra naturam* refleja un profundo desconocimiento sobre el tratamiento de los alimentos cultivados desde los inicios de la agricultura. Prácticamente todos los alimentos que consumimos han sido genéticamente modificados y no son, por tanto, «naturales». Ello es debido, por un lado, a que la mayoría de los organismos de los que se derivan los alimentos que ingerimos han perdido su capacidad para sobrevivir libremente y, por otro, porque han sufrido alteraciones genéticas para eliminar sustancias naturales tóxicas para el ser humano. Estas alteraciones genéticas no son nuevas, sino que se remontan a siglos atrás. Antiguamente se operaba sobre alteraciones accidentales de los genes o mutaciones. Más tarde se trató de favorecer dichas mutaciones mediante agentes físicos o químicos, y recientemente, gracias a la ingeniería genética, se ha logrado controlarlas y dirigirlas con gran precisión, mediante la alteración o adición de unos pocos genes elegidos *a priori*, reduciendo así, en extremo, la selección posterior de las variedades obtenidas. Asimismo, y a diferencia de la vieja biotecnología, las nuevas aplicaciones se basan en modificaciones genéticas por adición exógena o transformación (frente a la vía sexual), manejando para ello genes de cualquier especie (no sólo procedentes del reino vegetal).

Con todo, es cierto que, en algún caso excepcional, pueden existir riesgos asociados a los elementos genéticamente modificados, pero también que las precauciones adoptadas para minimizarlos son extremas y su evaluación se realiza aplicación por aplicación. Los principales riesgos para el ser humano se derivan de la posibilidad de que el gen transferido pudiera tener un carácter tóxico, poseer propiedades alergénicas notables o de que se produzcan flujos génicos desde estos organismos a otros. Los dos primeros casos se evitan mediante tests previos y, en cuanto al tercero, carece de fundamento el temor a que los genes incorporados al cultivo genéticamente modificado puedan transferirse al hombre, siendo muy limitadas las posibilidades de flujos génicos desde el transgénico a otras plantas cultivadas. Más debatidos han sido los riesgos que para el medio ambiente supone la presencia de cultivos genéticamente modificados, en cuanto a los daños que éstos puedan causar en otros organismos que entren en contacto con ellos. En cualquier caso, estos daños serían inferiores a los que se derivan, en la actualidad, de la utilización de productos químicos. Así, y pese a los temores que despierta una tecnología incipiente y desconocida por muchos, no cabe duda de que se están aplicando criterios de precaución a los cultivos genéticamente modificados en materia de seguridad alimentaria y medioambiental que no cumplirían el resto de los cultivos, ni los productos de la mal llamada agricultura biológica.

• En la segunda parte del trabajo, el profesor Gonzalo Sanz-Magallón analiza los efectos económicos derivados de la adopción de los nuevos organismos genéticamente modificados (GM) que se comercializan en la actualidad en nuestro país. El autor parte de un análisis de la estructura del sector de biotecnología agraria a nivel mundial, para después particularizar el estudio del impacto económico de sus efectos sobre el caso español. Desde la perspectiva de la demanda, la aceptación por parte del consumidor de productos derivados de cultivos GM ha sido amplia en EE.UU. y especialmente en los países en desarrollo, mientras que en Europa existe todavía un elevado grado de rechazo hacia los mismos. Al margen de las cuestiones culturales, la desconfianza de los europeos hacia los GM se agravó por la coincidencia temporal de la comercialización de estos productos con importantes crisis en los sistemas de salud de diversos países europeos que acrecentaron la inseguridad ciudadana frente a los sistemas de seguridad alimentaria y la receptividad de los medios de comunicación frente a cualquier información relativa a posibles riesgos alimentarios. Por ello no es de extrañar que si bien los cultivos GM representan en la actualidad alrededor del 40 por 100 de la producción agraria total, su comercialización se concentre, en un 90 por 100, en EE.UU., Canadá y Argentina. Por el lado de la oferta, el número de empresas biotecnológicas en Estados Unidos duplica a las existentes en Europa, siendo muchas de ellas filiales de las primeras. En nuestro país, y pese a poseer una amplia experiencia investigadora en biotecnología agraria, la participación empresarial es muy reducida, e impide que los avances científicos se traduzcan en innovaciones, dado el elevado riesgo que implica su comercialización en el actual clima de desconfianza. Actualmente se encuentran en proceso de inscripción en el Registro de Variedades Comerciales español, variedades genéticamente modificadas que contienen modificaciones genéticas ya aprobadas por la Unión Europea, como son: resistencia Bt-176 a insectos en maíz, resistencia Bt-MON810 a insectos en maíz, y resistencia T25 a herbicida de maíz. La Orden ministerial de 28 de marzo de 1988 autorizó, para su comercialización para siembra, dos variedades de maíz Compa CB y Jordi CB, ambas conteniendo la modificación Bt-176 y comercializadas por Novartis Seeds. Desde entonces, no se han dado más autorizaciones, y ahora mismo son más de veinte las variedades de maíz con alguna de las tres modificaciones aprobadas en la Unión Europea que están a la espera de una Orden ministerial que autorice su comercialización en España.

En un intento de analizar el impacto de los avances de la biotecnología sobre la economía española, el trabajo presenta los resultados de los principales estudios realizados hasta la fecha sobre los GM comercializados en nuestro país, así como la experiencia de otros países en la comercialización de nuevos productos, lo que permite realizar simulaciones para el caso español y comparar las ventajas de la adopción de productos GM frente a un escenario de rechazo de los mismos. En términos generales, en el corto plazo, los principales beneficiarios de la implantación de GM han sido los agricultores, al ver incrementados sus márgenes de explotación, ante la mayor eficiencia en el uso de los *inputs* que permiten las nuevas aplicaciones, sin que de ello se deriven menores precios, dado el mayor precio relativo de la semilla. Sin embargo, a medio plazo, y a medida que se vayan generalizando los cultivos GM, los precios posiblemente irán decreciendo, al descender los costes de producción, como muestra la experiencia de otros países en la utilización de los productos actualmente comercializados en nuestro país (maíz Bt) o en trámite de comercialización (algodón Bt). En concreto, se estima que la introducción generalizada de los nuevos productos de la biotecnología agraria puede llegar a suponer, a medio plazo, una mejora del valor añadido agrario español próxima al 5 por 100, con efectos beneficiosos para el resto de la economía, que serán tanto mayores cuanto mayor sea la traslación a precios de las mejoras de eficiencia obtenidas. En efecto, las simulaciones realizadas por el autor estiman que una caída de los precios agrarios de un 5 por 100, resultado del incremento de la productividad, provocaría efectos muy beneficiosos para el conjunto de la economía: descenso del deflactor del consumo privado en un 0,4 por 100, el ahorro de 124.000 millones de pesetas para los consumidores y la mejora del saldo comercial de 14.000 millones de pesetas. Mientras, la no aceptación de estos cultivos y de la importación de productos transgénicos incidiría negativamente sobre la renta agraria y sobre la competitividad de la economía española, al elevar los costes del maíz, la soja y otras materias primas utilizadas para la producción ganadera y el conjunto de la industria.

• Justificados los beneficios económicos derivados de la utilización de los alimentos GM, parece razonable impulsar su desarrollo, con el respaldo de un adecuado marco jurídico que garantice la minimización de sus riesgos tanto para la salud humana como para el medio ambiente. El estado actual de la legislación referente a la biotecnología agraria es analizado en profundidad por el profesor Enrique Marín Palma, que realiza un estudio de la normativa aplicable al uso de organismos GM, partiendo del sistema vigente en EE.UU., que es el que posee mayor grado de desarrollo, para analizar posteriormente el europeo, y más concretamente, el caso español. La comercialización de los organismos GM exige una adecuada interacción entre conocimiento científico y regulación jurídica, de modo que esta última garantice la realización de controles científicos que rebasen la duda razonable sobre sus posibles efectos. En este sentido, y para que estas medidas de control sean efectivas, la normativa jurídica debe regirse por dos principios fundamentales: tener un carácter internacional uniforme, lo que requiere establecer los mismos grados de permisibilidad y prohibición independientemente de cuál sea la zona geográfica de liberación de organismos GM, y mantener un control periódico de los efectos de la utilización no confinada de la liberación de organismos GM en el medio ambiente.

La normativa jurídica aplicable a la biotecnología agraria en Europa se concentra en dos Directivas: la *Directiva del Consejo 90/219/ CEE de 1990*, relativa a la *utilización confinada de microorganismos modificados genéticamente*, y la *Directiva del Consejo 90/ 220/CEE de 1999*, sobre *liberación intencional en el medio ambiente de organismos modificados genéticamente*, regidas por los principios anteriormente comentados. Asimismo, las más recientes modificaciones de estas Directivas introducen la aplicación del principio de precaución, como un planteamiento a largo plazo del análisis de riesgos que se estructura en tres fases: evaluación, gestión y comunicación del riesgo. En este principio se ha basado la actual legislación española sobre organismos GM, recogida en la Ley de Bioseguridad, de 3 de junio de 1994, que contempla todos los aspectos relativos al uso confinado, la liberación intencional, la comercialización, el transporte, el control, etc., de los organismos GM (microorganismos, animales y plantas). El posterior Real Decreto 951/ 1997, de 20 de junio, desarrollaría los aspectos pertinentes para garantizar la efectividad de la Ley, adecuando ésta a las adaptaciones al estado de la técnica sufridas por las Directivas comunitarias.

El principal problema con el que se enfrenta el desarrollo de productos GM en Europa no reside en la falta de garantía jurídica sobre el uso de los mismos, sino más bien en la ambigüedad hacia su utilización por una parte de la opinión pública e incluso de algunos Gobiernos de la Unión Europea. Así, las disensiones que enfrentan a Italia, Alemania, Austria, Grecia y Dinamarca, partidarios de la prohibición de determinados organismos GM, frente al Reino Unido, los Países Bajos, Portugal, Finlandia, España e Irlanda, han provocado una moratoria injustificada de las Decisiones de autorización de comercialización de nuevos organismos GM. El desbloqueo de la situación actual no sólo exige que se perfeccionen y adapten a las nuevas técnicas los controles necesarios para salvaguardar la seguridad alimentaria y medioambiental, sino, y sobre todo, que se estimule la discusión científica y la divulgación de sus resultados a la sociedad en su conjunto, para que ésta pueda ser consciente de los beneficios y los riesgos que las nuevas técnicas reportan al consumidor.

PUBLICACIONES DEL INSTITUTO DE ESTUDIOS ECONÓMICOS

COLECCIÓN *TABLERO*

Crisis y amenaza nuclear, por F.L. Sepúlveda. 1982.
La aventura americana, por J.M. Carrascal. 1982.
El loco y el proletario, por E. Todd. 1982.
El terrorismo en España, por A. Muñoz Alonso. 1982.
Prisionero de Castro, por A. Valladares. 1982.
La gran mutación, por J.P. Quiñonero. 1982.
La nueva derecha, por A. de Benoist. 1982.
El poder sindical en España, por J.A. Sagardoy y D. León. 1982.
Los partidos políticos en la España actual, por J. de Esteban y L. López Guerra. 1982.
Andalucía ayer y hoy, por A. Domínguez Ortiz. 1983.
La gran mentira, por J. Sinova. 1983.
España: un presente para el futuro
Vol. 1: La Sociedad, por J. Linz y otros. 1984.
Vol. 2: Las Instituciones, por E. García de Enterría y otros. 1984.
Militarismo y civilismo en la España contemporánea, por C. Seco Serrano. 1984.
Riqueza y pobreza, por G. Gilder. 1984.
El sistema educativo español, por J. González-Anleo. 1985.
Qué hacemos con la Universidad, por A. Ollero Tassara. 1985.
Por qué la propiedad, por H. Lepage, 1986.
El retorno de la sociedad civil, por V. Pérez Díaz. 1987.
Las drogas un problema de todos, por R. Sánchez-Ocaña. 1987.
Estrategia para la defensa. Los elementos de la situación militar en España, por M. Alonso Baquer. 1988.
El desierto invade España, por M. Toharia. 1988.

La URSS y la perestroika desde España, por J. Tusell. 1988.
El País Vasco, por J.M. de Azoala. 1988.
Cambios recientes en la sociedad española, por J.J. Toharia. 1989.
El pueblo contra la democracia, por G. Hermet. 1989.
Las organizaciones agrarias españolas, por G. de la Fuente Blanco. 1991.
Opinión pública y coyuntura económica, por A. de Miguel. 1998.
La agricultura española ante los retos de la biotecnología, por F. García Olmedo, G. Sanz-Magallón y E. Marín Palma. 2001.

COLECCIÓN *ESTUDIOS*

La Industria española ante la CEE, por ESADE. 1979.
La huelga y el cierre empresarial, por M. Alonso García. 1979.
La solución de los conflictos colectivos de trabajo, por M. Alonso García. 1979.
La terminación del contrato de trabajo, por J. A. Sagardoy Bengoechea. 1980.
La distribución de las competencias económicas entre el Poder central y las Autonomías territoriales en el Derecho comparado y en la Constitución Española, equipo dirigido por E. García de Enterría. 1980.
La participación de los trabajadores en la empresa, por L. E. de la Villa. 1980.
Problemas actuales de la Seguridad Social en España, por V. Anguera, J. de Istúriz, E. Fontela y A. Mantero. 1981.
El modelo económico en la Constitución española (2 volúmenes), equipo dirigido por F. Garrido Falla. 1981.
La distribución funcional de la renta en España y en la Comunidad Económica Europea, equipo dirigido por A. Yábar Sterling. 1982.
La integración de España en el Mercado Común. Un estudio de protección arancelaria efectiva, por F. Melo y M.ª A. Monés. 1982.
Madrid Comunidad Autónoma Metropolitana, equipo dirigido por E. García de Enterría. 1983.
La agricultura española ante la CEE, equipo dirigido por A. Camilleri Lapeyre, 3.ª ed. 1986.
Los Fondos de pensiones. Su futuro en España, equipo dirigido por M. Rabadán Forniés, 2.ª ed. 1984 (agotado).
Contabilidad e impuestos en España, por A. Esteban Marina. Prólogo de M. J. Lagares Calvo. 1985.
Inflación e impuestos sobre la renta en España, por F. Utrera Mora. 1985.
Economía y fiscalidad de los municipios en España, por A. Díaz Álvarez. Prólogo de A. Pedrós Abelló. 1985.
Integración de los Impuestos sobre la Renta y Sociedades, por J. F. Corona Ramón. Prólogo de A. Pedrós Abelló. 1985.

La empresa española: estructura y resultados, equipo dirigido por E. Bueno Campos. 2.ª ed. 1990.

Tratamiento fiscal de las plusvalías en España, por J. F. Corona Ramón. Prólogo de E. Domingo Solans. 1987.

Barreras a la creación de empresas y economía irregular, por J. Trigo Portela. 1988.

Pasado, presente y futuro de las Comunidades Autónomas, equipo dirigido por S. Martín-Retortillo. 1989.

El tercer viraje de la Seguridad Social en España, por J. Velarde Fuentes. 1990.

El ECU privado: aspectos jurídicos desde la óptica española, por B. M. Cremades y C. Pazos. 1990.

Las infraestructuras en España: carencias y soluciones, por A. Carbonell Romero, V. Sánchez Blanco, J. Peña Abizanda, L. Marquina Sánchez, J. M.ª Martín Mendiluce, J. M.ª Gil Egea y F. Alvarez-Miranda Urech. 1990.

El déficit tecnológico español, por R. Pampillón Olmedo. Introducción de M. Paloma Sánchez. Prólogo de G. de la Dehesa. 1991.

Los desequilibrios regionales en España, por J. Villaverde Castro. 1992.

Solvencia y rentabilidad de la empresa española, por V. García Martín y M. A. Fernández Gámez. 1992.

Efectos del Mercado Único sobre los sectores productivos españoles, Equipo dirigido por J. Carlos Collado. 1992.

La financiación de las comunidades autónomas: una propuesta de corresponsabilidad fiscal, por N. Fernández Gómez. 1993.

Aspectos jurídicos de la privatización de la empresa pública en España, por E. J. Rodríguez Chirillo. 1993.

El sistema de gestión y de costes basado en las actividades, por E. Castelló Taliani y J. Lizcano Álvarez. 1994.

El problema de la eficiencia del sector público en España, por J. Barea Tejeiro y A. Gómez Ciria. 1994.

Reestructuración socioeconómica y desequilibrios regionales en la Unión Europea, por A. Rodríguez Pose. 1995.

La reforma de la imposición empresarial en España, por J.F. Corona Ramón y R. Paredes Gómez. 1996.

El futuro de la tributación del capital en Europa, por G. Izquierdo Llanes. 1997.

Los efectos del euro en los sectores productivos españoles, obra en colaboración con Arthur Andersen. 1997.

Los servicios de la economía española, por M. González Moreno. 1997.

Asturias: de una economía de transferencias a una economía productiva, VV.AA. Introducción de Juan E. Iranzo y Gregorio Izquiedo. 1999.

Nuevas estrategias del sistema bancario en la Unión Económica y Monetaria, por A. Sebastián González. Prólogo de E. Domingo Solans. 1999.

El nuevo Impuesto sobre la Renta de las Personas Físicas: reflexiones y consideraciones, por L.M. Alonso González, J.F. Corona Ramón y A. Durán-Sindreu Buxadé. 2000.
El reparto del trabajo: el mito y la razón, por J. Rosell Lastortras y J. Trigo Portela. 2000.
Los servicios a empresas en la industria española, por J.R. Cuadrado Roura y L. Rubalcaba Bermejo. 2000.

COLECCIÓN *UNIVERSIDAD*

El futuro de la política fiscal, por R. A. Musgrave. Traducción y estudio introductorio de R. Calle. 1980.
Educación y empleo, por M. Blaug. Prólogo de F. Bosch Font. 1981.
El Impuesto sobre el Valor Añadido en la CEE, por J. Zurdo y Ruiz-Ayúcar. 1981.
Déficit público y crisis económica, por M. J. Lagares Calvo. Prólogo de E. Fuentes Quintana. 1982 (agotado).
El paro en España, por L. Albentosa Puche. 1984.
El sector exterior en España, por L. Albentosa Puche. 1984.
El análisis económico de lo político, por J. M. Buchanan, R. E. McCormick y R. D. Tollison. Traducción y estudio introductorio por J. Casas Pardo. 1984.
Diez años de crisis en la economía mundial, por A. Martínez Estévez, 1985 (agotado).
Nuevas reformas fiscales: una experiencia para España, por E. Albi Ibáñez, J. A. Rodríguez Ondarza y J. J. Rubio Guerrero. 1988.
Economía y votos en España: una aproximación a la interdependencia político-económica en España, por T. Mancha Navarro. 1993.
Racionalidad económica y estrategia, por J. Gómez-Pomar. 1998.
Administración de Entidades Públicas, por I. De Val Pardo. 1999.
El Sistema Europeo de Cuentas y los Tratados de la Unión Europea, por F. Carrasco Canals. 2000.

COLECCIÓN *INFORMES*

El Proyecto de Ley sobre protección pública a la vivienda. 1979 (agotado).
El Proyecto de Ley sobre valoración del suelo, rescate de plusvalías y gestión urbanística, por R. Entrena Cuesta. 1980 (agotado).
El Proyecto de Ley sobre arrendamientos rústicos, por A. Luna Serrano. 1980 (agotado).
La empresa pública, una casa sin amo, por G. Ariño Ortiz. 1980 (agotado).
El sistema financiero español, por F. J. Ramos Gascón. 1980 (agotado).

La política industrial española, por J. Espí Martínez. 1980.

La reforma del Derecho penal económico español, por J.M.ª Stampa Braun. 1980.

El sector agroalimentario ante la CEE. Servicio de Estudios del IEE. 1980.

El comercio español con Africa. Especial referencia a Guinea Ecuatorial, por D. Ndongo-Bidyogo. 1980.

El impuesto sobre sucesiones y donaciones, por J. Zurdo y Ruiz-Ayúcar. 1981.

El Proyecto de Ley de Bases de la Administración local. 1981.

La política de conservación energética, por J. Espí Martínez. 1981.

El Impuesto sobre el Valor Añadido en España, por J. L. de Juan Peñalosa y J. Zurdo y Ruiz-Ayúcar. 1981 (agotado).

El Proyecto de Ley orgánica de armonización del proceso autonómico (LOAPA), por J. L. Fuertes Suárez. 1982.

El Proyecto de Ley orgánica de libertad sindical, por J. A. Sagardoy y F. Durán. 1984.

El Proyecto de Ley de represión del fraude fiscal, por F Clavijo. 1984.

La supresión de las reclamaciones económico-administrativas en las Haciendas Locales, por A. Martínez Lafuente. 1985 (agotado).

El Proyecto de Ley de Aguas, por M. R. Llamas, E. Custodio y G. Ariño. 1985 (agotado).

El Impuesto sobre el Valor Añadido en España, por J. L. de Juan, F. López Iranzo y J. Zurdo. 1985.

El Proyecto de Ley de fomento y coordinación general de la investigación científica y técnica, por P. González Blasco. 1985.

El Proyecto de Ley general de Sanidad, por F. González Navarro, J. C. Costas Terrones y C. Soler Durall. 1985.

El Proyecto de Ley del Impuesto sobre Sucesiones y Donaciones, por J. Recuero Astray. 1987.

El Proyecto de Ley sobre Televisión privada, por G. Ariño Ortiz. 1987.

El Proyecto de Ley reguladora de las Haciendas Locales, por J. J. Ferreiro Lapatza, E. Simón Acosta y J. Martín Queralt. 1988.

El Proyecto de Ley de Reforma del Régimen Urbanístico y Valoraciones del Suelo, por J. González Pérez. 1989 (agotado).

El Proyecto de Ley sobre derechos de información de los representantes de los trabajadores en materia de contratación, por J. A. Sagardoy y A. Montoya Melgar. 1990.

Los Proyectos de Ley del Impuesto sobre la Renta de las Personas Físicas y del Impuesto sobre el Patrimonio, por J. Banacloche y F. Utrera. 1990.

La proposición de Ley de Comercio, por J.L. Martínez López-Muñiz, A. Calonge Velázquez, J.C. Laguna de Paz y J.A. García de Coca. 1994.

Fe pública y vida económica, por J.J. Toharia, B. Arruñada y C. Paz-Ares. 1997.

El Proyecto de Ley del Impuesto sobre la Renta de las Personas Físicas, por L.M. Alonso González y J.F. Corona Ramón. 1998.
¿Por qué se compran y se venden las empresas en España?, por J. Mascareñas Pérez-Íñigo y G. Izquierdo Llanes. 2000.
Los Proyectos de Ley General de Estabilidad Presupuestaria y Orgánica Complementaria, por R. Calle Sáiz y L. Gonzalo y González. 2001.

COLECCIÓN *PUNTO DE VISTA*

Los fines de la gestión del sistema educativo español, por F. Bosch. 1987.
La educación y el mercado de trabajo, por J. Díaz Malledo. 1987.
Una reforma fiscal para España, por V. Mendoza Oliván. 1989.
Más allá del Estado de bienestar, por Ralph Harris. 1989.
El largo plazo en política económica: el ejemplo de la agricultura y la alimentación, por Theodore W. Schultz. 1989.
La apertura de los mercados del Este europeo: condicionamientos y consecuencias, por Juergen B. Donges. 1990.
Organizaciones innovadoras y flexibles, por V. Pérez Díaz. 1992.
La transformación de una economía postsocialista. La experiencia en Alemania, por Juergen B. Donges. 1992.
La unión monetaria europea y su futuro y El impacto de la unificación alemana sobre los países de la Comunidad Europea, por Otmar Issing. 1993.
Representación política, elecciones generales y procesos de confianza en la España actual, por A. Garrorena Morales. 1994.
Gobierno y Cortes, por M. Aragón Reyes. 1994.
La jurisdicción en España: Ensayo de valoración constitucional, por L. M. Díez-Picazo. 1994.
Las autonomías políticas, por C. Viver i Pi-Sunyer, 1994.
El régimen jurídico de la comunicación social, por F. J. Bastida Freijedo, 1994.
La ética en la empresa, por A. Argandoña Rámiz, 1994.
La armonización bancaria en la Unión Europea, por E. Domingo Solans, 1994.
Las causas del paro, por R. Termes. 1995.
El futuro del gasto público en España, Servicio de Estudios del IEE. 1998.
1979-1999: 20 años de cambios trascendentales en la sociedad española, por A. Ollero Tassara, J. Velarde Fuertes y E. de Ybarra y Churruca. 1999.

REVISTA DEL INSTITUTO DE ESTUDIOS ECONÓMICOS

Número 2/1989.	*Hacia la unión monetaria europea.*
Número 3/1989.	*Aspectos económicos de la propiedad intelectual e industrial.*
Número 4/1989.	*Los cambios en las economías de los países del Este de Europa.*
Número 1/1990.	*La reforma del sistema tributario español.*
Número 2/1990.	*Medio ambiente y crecimiento económico.*
Número 3/1990.	*Claves de la creación de empleo.*
Número 4/1990.	*Elecciones y economía.*
Número 1/1991.	*Reforma y armonización de la fiscalidad sobre el capital.*
Número 2/1991.	*La unión económica y monetaria de Europa en una perspectiva liberal.*
Número 3/1991.	*El impacto del mercado único en el Sur de Europa.*
Número 4/1991.	*Presente y futuro del sector eléctrico.*
Número 1/1992.	*La revisión del sector público en los 90.*
Número 2/1992.	*La transición al mercado de las economías socialistas.*
Número 3/1992.	*La reforma del impuesto sobre sociedades.*
Número 4/1992.	*El resurgimiento de la economía iberoamericana.*
Número 1/1993.	*Formación profesional y creación de empleo.*
Número 2/1993.	*El SME ante la Unión Económica y Monetaria Europea.*
Número 3/1993.	*El problema del déficit público.*
Número 4/1993.	*El déficit exterior de la economía española.*
Núm. 1-2/1994.	*El Estado del Bienestar posible.*
Número 3/1994.	*La necesaria liberalización de los servicios en España.*
Número 4/1994.	*La inmigración en Europa: expectativas y recelos.*
Núm. 1-2/1995.	*El problema de la inflación en España.*
Núm. 3-4/1995.	*El gobierno de los mercados financieros.*
Número 1/1996.	*Libertad económica y progreso I. Un marco conceptual.*
Número 2/1996.	*Libertad económica y progreso II. Aprender de los demás.*
Número 3/1996.	*La hora de la Universidad española.*
Número 4/1996.	*¿Qué ocurre con el consumo?*
Núm. 1-2/1997.	*Factores productivos y competitividad en España.*
Número 3/1997.	*Liberalización del suelo en España I. Antecedentes y marco jurídico.*
Número 4/1997.	*Liberalización del suelo en España II. La futura Ley del Suelo.*

Número 1/1998.	*La propiedad industrial en la nueva estructura económica internacional.*
Núm. 2-3/1998.	*La reforma del IRPF en España.*
Número 4/1998.	*La crisis inédita.*
Núm. 1-2/1999.	*El mercado de trabajo en España I. Realidades y posibilidades.*
Número 3/1999.	*El mercado de trabajo en España II. Nuevas oportunidades de empleo.*
Número 4/1999.	*Estrategias para una economía dinámica.*
Número 1/2000.	*Medio ambiente y mercado en España.*
Núm. 2-3/2000.	*Hacia un nuevo modelo de transporte terrestre de viajeros.*

COLECCIÓN *CÓDIGOS EMPRESARIALES*

Beneficios fiscales a las empresas, recopilación de J. García Carrera. 1984.
Guía contable del IVA, por J. Lizcano Álvarez. Prólogo de L. Cañibano Calvo. 1986.

COLECCIÓN *TESIS DOCTORALES* (PREMIO «VÍCTOR MENDOZA»)

Las normas de conducta en el Derecho del Mercado de Valores, por A. Fernández de Araoz Gómez-Acebo. 2000.

EDICIONES ESPECIALES

En defensa de la libertad, libro homenaje a Víctor Mendoza Oliván, 2 volúmenes. 1997.
20 años por la economía de mercado, libro conmemorativo del 20 Aniversario del IEE. 1999.

Para solicitar cualquiera de nuestras publicaciones
o más información sobre ellas, dirigirse a:

SERVICIO DE PUBLICACIONES DEL IEE

C/ Castelló, 128 - 6.ª planta - 28006 Madrid
Tel.: 91 782 05 80 - Fax: 91 562 36 13
E-mail: iee@ieemadrid.com
www.ieemadrid.com

Instituto de
Estudios Económicos

20

años
por la economía de mercado